趋势 2030

重塑未来世界的八大趋势

[西]莫洛·F. 纪廉（Mauro F. Guillén） 著　曹博文 译

2030

How Today's Biggest Trends
Will Collide and Reshape the Future of Everything

中信出版集团 | 北京

图书在版编目（CIP）数据

趋势 2030：重塑未来世界的八大趋势 /（西）莫洛·F. 纪廉著；曹博文译 . -- 北京：中信出版社，2022.3（2025.11 重印）

书名原文：2030：How Today's Biggest Trends Will Collide and Reshape the Future of Everything

ISBN 978-7-5217-4001-1

Ⅰ. ①趋… Ⅱ. ①莫… ②曹… Ⅲ. ①世界经济－经济发展趋势－研究 Ⅳ. ① F113.4

中国版本图书馆 CIP 数据核字（2022）第 021364 号

趋势 2030：重塑未来世界的八大趋势
著者：［西］莫洛 · F. 纪廉
译者：曹博文
出版发行：中信出版集团股份有限公司
（北京市朝阳区东三环北路 27 号嘉铭中心　邮编　100020）
承印者：河北鹏润印刷有限公司

开本：787mm×1092mm 1/16　印张：20.75　字数：220 千字
版次：2022 年 3 月第 1 版　印次：2025 年 11 月第 23 次印刷
京权图字：01–2020–3718　书号：ISBN 978–7–5217–4001–1
定价：69.00 元

服务热线：400–600–8099
投稿邮箱：author@citicpub.com

目录

推荐序一

2030 年的世界将大不同于今日的世界

中国海洋大学海洋发展研究院院长　庞中英

纪廉教授的《趋势 2030》一书，我公允地说，对于审时度势者，对于有审时度势习惯的人，是值得一读的。

关于未来，我们很多人谈的是短期的，比如下一季度、下一年度，顶多就是未来五年，也有人谈的是长期的——很长，比如未来 30 年，甚至未来 100 年。冷战结束后，联合国确定了一个 15 年的时长，来讨论未来的趋势和目标。这就是联合国 2000 年确立的千年发展目标（MDGs）和 2015 年确立的具有国际规范意义的《2030 年可持续发展议程》。《2030 年可持续发展议程》确定了到 2030 年世界要达到的 17 个全球可持续发展目标（SDGs）。

以下，我分享自己的三点读后感。

第一，关于“2030 年”这个概念、“2030 年的世界”和“2030 年研究”。

如上所述，以联合国《2030 年可持续发展议程》制定之日算，今天，“2030 年”已不是新概念，我们已经使用了很多年。

以 2030 年为预测目标或者目标设定的基于多学科的各种研究非常多，2030 年研究俨然一门新兴的重要学科。这本书是国际上 2030 年研究的重要成果，将其翻译出版将有助于我国的 2030 年研究。

纪廉教授认为，走向 2030 年的未来世界将是非常动荡的，存在多方面的不确定性和风险。他潜心研究了相互联系的八大趋势，构思了一个逻辑严密的认识论体系，描述和叙述了多个大趋势及其相互关系，以使读者看到"真实的 2030 年的世界"。所以，这本书首先是关于 2030 年的世界到底是什么样子的。纪廉教授提出，2030 年的世界将与今天我们想象的未来世界非常不同，而且提醒我们："我们今天熟知的世界将在 2030 年（21 世纪 30 年代）消失。"

第二，这是一本出自世界知名商学院的有关世界大势研究的前沿著作。

20 世纪 80 年代出版的《大趋势：改变我们生活的十个新方向》一书及其作者、杰出的未来学家约翰·奈斯比特在 2021 年 4 月溘然辞世，引发世人再次聚焦于世界大势研究。1982 年，奈斯比特在纽约出版《大趋势》一书，该书中文版于 1983 年面市。《大趋势》不过是一本小册子，却威震全球思想界，从初版面市到冷战结束，经历了风起云涌的全球化，迄今在世界各地畅销达千万册。今天，奈斯比特当年预测和提醒人们注意的 21 世纪世界大趋势已基本实现，尤其是他预测的信息时代、高科技、全球化和数字化。

1985 年，我从南开大学经济学院毕业。如果问我大学时阅读的哪些书对我后来的影响比较大，我一定要提到《大趋势》，可以说它影响了很多 20 世纪八九十年代的中国大学生。

纪廉教授提出了2020—2030年的八大趋势，比奈斯比特的“十个新方向”少了两大趋势，其价值却与奈斯比特的《大趋势》一样，甚至可能更独特。

纪廉教授在“致谢”部分说，他在2013年前后开始准备这本书的写作。那时，他在全球顶级商学院之一的宾夕法尼亚大学沃顿商学院任管理学教授，他形容沃顿商学院的学术环境是“美妙”的。2016年10月，我受邀到宾大校园参加一个关于中美国际法的研讨会，路过沃顿商学院，忍不住看了一眼沃顿商学院的大楼。今天读这本书，我如同在沃顿商学院聆听了纪廉教授的课。

《大趋势》的作者奈斯比特是畅销书作家，尽管他在因为《大趋势》功成名就后在全球做了大量的讲座和演讲，却不是大学教授。纪廉教授则长期在英美各大商学院任教，现任世界顶尖商学院英国剑桥大学贾奇商学院院长。二人的职业差异也体现在《趋势2030》和《大趋势》两本书中。显然，《趋势2030》是学术性的，是严谨的，不是一般的非虚构类畅销书。这一点，我们从这本书大量的权威的参考文献就可以看出。

第三，“后记”部分值得从比较角度细思。

由于纪廉教授是在新冠肺炎全球肆虐前完成本书的，其预测当然未考虑到新冠肺炎疫情这一“大变局”。这本书的英文第1版出版于新冠肺炎疫情全球蔓延的2020年8月。纪廉教授强烈意识到大流行病是世界历史分水岭，担心读者觉得他的预测受到疫情冲击而过时，所以赶紧在书后补充了一个“后记”，这并不是画蛇添足，而是必要的补充。

我给这本书读者的阅读建议是，从书尾（即从“后记”）读起。“后记”只有短短千字，却表明作者面对疫情，坚持、捍卫了他在疫情前的大趋势预测。然后再读全书，思考一下作者提出的八大趋势是否有道理，以及他在“后记”中的答辩是否成立。

新冠肺炎疫情考验、检验了作者的大趋势预测，在“后记”中他采用了“新冠肺炎疫情加快、加速（而非阻挠、延缓）发展趋势”的理论来捍卫其用了 7 年做出的八大趋势预测：疫情后，世界历史进程将加快，八大趋势将在作者设定的 2030 年前或者更早到来，人们将提前看到 2030 年的世界。“后记”说明了为什么八大趋势将会加速到来，这主要是因为疫情对人口大趋势的重大、深刻且长期的影响，“人口大逆转”等趋势不仅几乎难以被逆转，而且已经是我们的世界、我们的全球时代，尤其是中国的现实与未来。

时间飞快，现在距离 2030 年只剩下不到 8 年。走向 2030 年的我们即将验证纪廉教授“2030 年研究”的正确性。

推荐序二

畅想 2030 年的世界与中国
——趋势性变化与认知颠覆

交通银行金融研究中心高级研究员　邓宇

关于未来的预测和展望或多或少可能都带有臆想或想象的影子，既有对世界悲观前景的预测，也有对未来无限美好的想象，无论出自经济数据、人口变迁和科技变化，还是基于科学探测、政策规划和愿景目标，中国乃至世界的变化都是难以准确预估的。但这本书的未来畅想没有脱离实际，而是在现实数据基础之上的演绎，背后是客观发展的事实和有力的数据支撑，因而对人口逆转、老龄化、中产阶级、共享世界、货币类型等不同领域的未来场景构建具有很强的说服力。虽然这些不同领域的预测很大部分是关于人口与社会结构急剧变化带来的影响，但不可避免地引发了经济与商业的变化，这其中孕育着新的行业发展机遇。这本书的寓意在于，针对世界和中国的未来图景提供了应对未来变化与挑战的路线图，而这些经验和启发均源于作者持续数十年的研究、公开演讲、实地调查和公众反馈。

这本书的许多精彩描述揭示了未来的中国乃至世界的发展趋势，

如作者所言，2030 年并非不可预见或遥不可及，它是一个不断迈进的时间节点。这本书提出了富有洞见的预言和假设，出自对跨时代的缓慢转变过程的细微观察，日积月累形成了范式变迁和结构性变化，这些趋势性变化并非突然发生或臆造而来，仿佛一切都是现实的、可触摸的、可感知的，只是我们在很多时候或是出于先入为主的观念而对这些趋势变化置若罔闻，或是源于对未来不确定性的恐惧而不愿意面对这些现实，因而产生了焦虑、未知和知识盲点。这本书的启发性更进一步拓宽了我们对世界细微变化的认知范畴，并将过去所谓的常识重新置于跨时代变化的背景之下，将看似毫无联系的细小事物通过建构新的认知世界构成互相关联的事物，比如人口老龄化与现代科技、城市化、中产阶级的生活、共享经济衍生，作者的讨论范畴使得这本书变得有趣且深刻。有一点可以明确的是，2030 年的愿景和挑战是一个相对变化的概念，本书的线性表示并非完全忽略非线性的趋势演变，世界的变化始终是无法准确预测的，但基于数据和大量调研的预测令人信服。

回到这本书的内容结构，这本书的论述与其他通常所看到的“循规蹈矩”的书并不一样，或者说有一些“另辟蹊径”，八章的内容看似凌乱却透露了作者极为关注的世界性议题，这些议题恰恰也是经济与商业领域经常会讨论到的问题，并且作者给出的设想与观点在很多层面颠覆了我们的认知。显然，作者对人口结构的变化尤为关注，这也凸显了最底层且最重要的逻辑——人口因素是所有经济和商业变迁的基础。就目前我们所处的人口结构和趋势来看，人口老龄化、少子化及人的寿命延长等逐渐形成银发经济和老龄化金融，并使得女性的角色变得更加重要，而人口结构变化也会影响到城市化、中产阶级及互联网文化等，这些因素构成了未来的数字化、智能化并伴随共享经济、货币结构变化及新的消费习惯、社交文化。2030年的世界将是一个万物互联的时代，以人工智能、大数据、云计算等为代表的智能科技将使人们的生活方式发生很大的变化。因而，作者呼吁我们摒弃“垂直思维”，打破原有的逻辑思维，向更宽阔的领域延伸，重新架构和横向思考。

目前学术界和商业领域围绕人口逆转的讨论非常广泛，是因为人口因素促使世界经济出现“低增长、低通胀、低利率、高债务、高杠杆”的“日本化”倾向，即在日本经济和社会变化过程中，人口成为重要一环。日本央行前行长白川方明系统性地研究了日本人口老龄化对日本经济、劳动力市场、货币政策等产生的重大影响，日本人口老龄化使得日本陷入长期的经济增长低迷阶段，改变了传统的经济学理论范式，而适应60岁及以上人口占比超过28%（接近总人口的1/3）的深度老龄化社会并不容易。这本书也说明了同样的情况，即低生育背后的社会经济结构变化和对经济的影响。低生育是经济社会发展到一定阶段的自然产物，财富积累足够充裕，民众生活水平大幅改善且受教育水平显著提升，发达国家和地区对于更好地养育和培养子女有着比较精确的投资收益测算，这也可以解释为什么中国许多中产家庭的生育率在持续下降，却对子女教育给予了前所未有的关注，倾注了金钱、时间和精力，并牺牲了个人的生活品质和独有时间。追求更加有品质的生活也使得现在的年轻人更多地选择“晚婚晚育”，如韩国就出现了比较严重的“晚婚晚育”现象，由此引发低生育率和人口增长危机。

反过来，作者对于世界大多数发达国家和新兴市场国家正在或未来可能经历的老龄化社会，在经济和商业层面进行了比较前沿的思考，包括老年消费市场、老年就业和相关科技产业、生活方式的变化，并将催生出新的商业模式和消费市场，这是老龄化社会加速发展带来的新机遇。辩证看，人们必须适应2030年后的人口老龄化社会，老年群体护理服务、智能科技和相配套的服务都将应运而生，并发展成为未来的商业主流。另外，年轻世代群体在2030年将成长为社会主流群体，这个群体是在互联网时代发展而来，浸染了科技文明、网络社会和消费世界，在若干年后可能有大部分成为中产阶级，势必也会催生出新的经济和商业模式，并改变过去对中产阶级的认知。原本这个群体就代表着较好的教育背景、稳定的收入来源及较好的生活品质，在职场、社交领域和生活中都是一个与过去完全不同的群体，代际隔膜和摩擦的发生是极为可能的。作者也指出了中产阶级在发达国家和新兴市场国家的分布是不均衡的，并认为旧中产阶级与新中产阶级的特征差异可能使得传统的经济和商业模式失灵。

这本书对于因人口结构变化而对经济、商业和社会等产生的八大趋势变化进行了横向思考，可以从两个层面来理解：第一是人口结构的变化将使传统的发达国家与新兴市场国家的未来发展趋势出现分化，或者可以说是“大分流”，双方在应对人口老龄化、新中产阶级和随之衍生出的共享经济、新的城市化等方面将产生巨大的差异和迥异的发展模式，作者由此提出对当今世界生态、环境的保护，并着重对不平等现象、发展失衡问题等给予特别关注，倡议人们既要看到未来世界变化的挑战和机遇，更要为之展开实质性行动；第二是经济、社会与商业模式的变化充满了不确定性，应学会更好地与未来的图景相处，包括学会与不确定性共处、有目标地多样化、从小处着手、把握当下等，作者给出的七个“锦囊”成为对未来预测和假设的落脚点。

本书的出版正值新冠肺炎疫情在全球肆虐之时，作者认为未来的趋势变化是过去多重因素累积的结果，最终从量变到质变，对此我们应有更好的准备，而不是集体性麻木不仁，这些变革将在未来10 年达到临界点。

推荐序三

世界变局和中国机遇

——改变商业社会的八个趋势

浙江大学国际联合商学院院长助理、首届金融硕士项目主任、首届工商管理硕士（MBA）项目主任　陈弘益

很荣幸在2020年有机会与莫洛·F. 纪廉教授同台，以直播的形式一同进行在线讲座，当时我们讨论的主题正是“2030世界变局”，近万名网友热情参与。纪廉教授幽默风趣，在谈笑间表达他对下个十年全球趋势的预测。很高兴得知这本书中文版即将出版，让广大中国读者得以受惠其中。

2020年新冠肺炎疫情冲击全球，许多人对于未来深感不安。我在课堂上也感受到学生们的焦虑，对新生来说，转换到在线学习使其校园生活与其憧憬的相距甚远，对即将毕业的学生来说，面临就业市场的变动，内心彷徨可想而知。更遑论在社会上奋斗的人们。

当下的我不断地思考自己能够为社会做点儿什么，也许阅读是一种使人们获得内心平静的方式。然而现代社会工作的忙碌及课业的繁重，使得阅读这件事情变得不是那么容易。2020年7月，我决定带领团队挑选20本好书，邀请全球顶尖作者一同进行在线公益讲座，让想读书却苦无时间的群体可以享受阅读带来的快乐及知

识的丰富。我把这个想法和纪廉教授分享后，立刻获得他的支持及认同，并相约数周后在线探讨议题，希望可以和观众一同发掘世界发展的新方向。

纪廉教授在这本书中点出了2030年的八大趋势，第一次阅读这本书的读者可能会感到疑惑，因为这些议题看起来彼此独立并无关联，就像只是将报章杂志的各种报道整合在一起。但读完这本书，你将会发现，事实上这些趋势彼此间环环相扣且相互影响，进而加速未来十年世界的大变局。

在讲座中，纪廉教授从历史的角度认为这场大变革就如同300年前的工业革命，将改变我们所认知的世界格局。他指出，这两次变革皆导因于人口增长、科技突破及消费遽增。例如，工业革命是粮食增加带来人口成长、蒸汽机改变生产方式及大英帝国创造全球化市场促使消费市场大幅增长，让人类从农业社会迈入工业时代。而在2030年的世界变局中，我们可以看到本书提到的八大趋势同样受以上三大因素驱动，例如：人口大逆转、城市成为变革引擎，皆与人口增长息息相关；技术创新与未来、共享与协同经济、加密货币与区块链，无疑是受益于科技突破；银发族引领新潮流、新兴市场的中产阶级、女性影响力增加，则创造出新一波的消费遽增。

我们何其有幸能够见证一个伟大世代的到来，但随着变革将带来全球大洗牌，身处时代转折点的我们应该如何迎接挑战及机遇呢？首先应建立起新时代的思维。我和纪廉教授提到，优步（Uber）及优食（UberEats）商业模式在全球的普及导致就业市场充斥着没有保障的工作。举例而言，优步和司机间并不存在雇主及员工关系，因此相较于传统劳工，司机在福利及权益方面可谓相当弱势。纪廉教授回应，我们现在习以为常的上学、上班及退休，其实是到 19 世纪末才出现的制度。换句话说，这样的社会形态也才维系了 100 多年。所以为什么我们会不适应社会的变革呢？那是因为我们正在用旧时代的观念，过新时代的生活。

如何建立新时代的思维呢？纪廉教授在这本书中指出，现在为 2030 年做准备还为时不晚。首先我们需要意识到，未来 10 年或许将会颠覆我们对于世界既有的认知及想象。人类面对新的趋势，不应单单只是沿用过往的经验和思维。相反，我们应该发展出更多样化的思路，保持各种选择的开放性，关注变局中的机遇，顺势而行地寻求各种横向联系的机会。如是，才能在 2030 年的世界占有一席之地。

我们进一步聊到，近年来少子化所导致的各国养老金制度将面临未来不足以给付，甚至濒临破产等严峻挑战。理由相当简单，因为当初制度设计者并未考虑到少子化的进程竟然如此迅速，导致人口结构在短短几年内就开始呈现倒金字塔形，也就是老年人口约等于或者大于青壮年人口。对于这个问题，纪廉教授的观点也相当有意思：首先，我们应该把退休年龄往上调，因为现代 65 岁届龄退休者的身心远比以往时代的同龄人健康，所以不应该也没必要这么早退休；其次，先进国家可以考虑引进移民，补充青壮年人口的不足，借以支撑岌岌可危的养老金制度；最后，随着在家工作的普及，意味着老年人口有更多机会在有限体力下从事生产活动。因此，我们身处的时代虽然有诸多新挑战需要应对，但也不乏许多新思路可以用于解决问题。

诚如西方哲学家赫拉克利特所言，世界上唯一不变的就是改变；我们东方哲学家荀子则有言，千举万变，其道一也。这两个东西方哲学思想其实可以合而为一，也就是我们不只要洞察先机提前看到世界变局，更要能够掌握这些多变趋势所蕴藏的道理。纪廉教授提出的八大趋势让读者看到世界未来 10 年的剧变，且提醒了我们在阅读本书时，思考驱动这场变局的三大因素——人口增长、科技突破及消费遽增。有了这样的思维模式，这本书将不只是趋势解读，更帮助我们培养解读趋势的能力。纪廉教授在这本书的“总结”中分享了应对未来的七个生存指南，即与不确定性共存、有目标地实现多样化、从小处着手、保留选择权、乐观对待不确定性、不要害怕匮乏、把握当下，更是值得读者逐一细细品味，这将让我们从解读趋势的高度，进一步升华到驾驭趋势的境界。

纪廉教授 2021 年刚从任教多年的美国沃顿商学院转赴英国就任剑桥大学贾奇商学院院长，其学术名望享誉国际，更是全球高管课程的热门教授人选。能够有缘接触到这本书的读者，可以说相当幸运！接下来，就让我们一起阅读这本前瞻性大作，跟着纪廉教授一同穿越时空提前感受 2030 年的世界，定会有一番新的体悟！

前言

看见 2030 年

人们通常只看见他们在寻找的东西，只听见他们想听到的话。

—— **泰勒法官**

引自哈珀·李的长篇小说《杀死一只知更鸟》

现在是 2030 年。

据国际媒体报道，从巴黎到柏林，整个欧洲西部的气候异常温暖，夏季的最高气温不断刷新纪录，并且依然没有要结束的迹象，这不得不令人提高警惕。雷希曼刚在伦敦与一些远房亲戚待了几周，将飞回她的家乡内罗毕。上次在机场看到零散几家开门营业的店铺让她感觉沮丧，这可能是因为在新冠肺炎大流行期间，人们大多已经习惯网购。以移民的视角来观察英国，使她对周围世界的多样性有了深刻的认知。行走在内罗毕机场，她忖度着自己的祖国与那个不到一个世纪前还是无可争议的殖民大国之一的国家有何不同。她震惊地看到英国人仍在使用现金，在肯尼亚，用手机取代钱包的移动支付早已普及。出了内罗毕机场，她在回家的路上和表妹开玩笑说，当她告诉英国人她从 6 岁起就与邻居朋友在网上“上学”时，英国人表现得非常震惊。

千里之外，安杰尔正在纽约约翰 · 肯尼迪国际机场等待办理入关手续。两周后，她将在纽约大学开始为期两年的理学硕士学位课程学习。趁着等待的间隙，她读着当日的《纽约时报》，头版报道称，美国的祖父母人数有史以来首次超过孙辈，这与她的祖国菲律宾的情况形成了鲜明的对比。事实证明，美国成千上万日常生活依靠机器人照料的空巢老人，尤其是在他们的退休金已不足以构建他们所期望的金融安全网的情况下，正在出租家中多余的房间以维持生计。安杰尔转而注意到一篇相当保守的专栏文章，该文章对如下事实进行了谴责：如今美国女性的财富份额积累速度已超过美国男性，这个趋势令文章作者对美国经济的未来感到莫名的不安。排在前进速度缓慢的外国人队列中，安杰尔有足够的时间阅读报纸上绝大部分的内容。与此同时，公民和永久居民那边的队伍却移动迅速，她无意间听到他们的一些谈话细节，有关美国人现在如何运用高端的区块链技术来查验护照。这是一项大有裨益的突破：这些技术可以评估在国外购买的商品的消费税，并在你取到行李后立即安排一辆自动驾驶汽车来接你。

– – –

2020 年，“中国将在一切领域首屈一指”。

这句话如今已耳熟能详，另一句则是“在可预见的未来，中美将为争夺全球霸权地位而战”。这些说法有一定的现实依据，但未免有以偏概全之嫌。2014 年，印度因成功地将一个火星探测器送入环绕火星轨道而震惊世界，它是第一个首次尝试便实现壮举的国家。自太空时代拉开序幕以来，美国、俄罗斯和欧洲其他国家的发射任务成功率不足 50%，这更衬托出印度此番成就的非凡。更不可思议的是，印度空间研究组织仅以 7 400 万美元的预算就完成了该任务，因而名垂史册。

如今，确切地说，发射一颗环绕红色星球轨道运行的卫星需要投入多少经费呢？这样说吧，单独执行一次航天飞行任务大约需要耗费 4.5 亿美元，相比之下，电影《星际穿越》的制作成本为 1.65 亿美元，影院上映的《火星救援》的制作费是 1.08 亿美元。

正如汤姆 · 沃尔夫提到的那样，印度人证明了他们也是“太空先锋”。他们证明了自己是一个世界级的技术强国，能够高效、准时地完成任务。对印度来说，火星任务并非侥幸，事实上，这是印度第二次超越世界老牌超级大国。据《卫报》报道，早在 2009 年，印度首次探月任务就收集到了月球上有水存在的初步证据——“水显然集中在两极，可能是因太阳风形成的”。而美国国家航空航天局（NASA）需要 10 年的时间才能独立证实印度的发现。

大多数人都是在这样一个探索宇宙成为一项众擎易举的事业的世界长大的。这个世界是由火箭科学家提出构想，由拥有巨量资源的超级大国提供资金，并且由英勇的宇航员和有能力的任务专家付诸实践。空间任务相对的复杂性和高成本（以及哪些国家有能力完成这些任务）被我们认为是理所应当的，然而实际上这种情况早已成为历史。

从前，不仅世界上一众国家被整齐划一地区分为繁荣经济体和落后经济体，而且新生人口数量充盈，在职员工数量多于退休人员，人人都渴望拥有住房和汽车，公司只需要专注欧美市场就能顺利开展业务，纸币是所有公共和私人债务的法定货币。在学校，我们被告知应该如何“玩转游戏规则”，甚至我们在成长过程中认为游戏规则会一成不变。这就像我们找到第一份工作，组建一个家庭，看着我们的孩子离开家，然后最终退休那样。

而今由一套全新规则驱动的令人迷惑的新现实粉墨登场，以往那个熟悉的世界正在迅速消亡。在我们意识到这个趋势形成之前，大多数国家的祖父母人数将会比孙辈人数多，亚洲的中产阶级市场将比美国和欧洲国家的总和还要大，女性拥有的财富将比男性多，人们将发现自己置身于工业机器人多于制造业工人、计算机多于人脑、传感器多于人眼、货币种类数多于国家数量等趋势中。然而，我们通常后知后觉。

这将是 2030 年的世界。

过去几年，我对未来 10 年的前景进行了研究。作为沃顿商学院教授，我不仅担心未来的商业状况，还担心工人与消费者可能受到即将到来的雪崩式剧变的影响。我就本书所包含的内容做了无数次演讲，听众来自各行各业，有高管、政策制定者、中层管理者、大学生和高中生……我还通过社交媒体和在线课程接触了数以万计的人，我的听众都对我所描绘的未来感到困惑和忧虑。

本书则为应对未来的动荡提供了一幅路线图。

没有人确切地知道未来会发生什么，如果你知道，请与我分享，让我们一起发家致富。虽然预测不可能完全精准，但我们依然可以对未来 10 年可能发生的事情做出一系列相对安全的假设。例如，受本书预测影响的大多数人已经出生，考虑到他们相应的受教育程度或者当前的社交媒体活动模式，我们也许可以笼统地描述我们对他们作为消费者的期望。我们还可以合理准确地计算出有多少人能活到八九十岁，甚至有一定程度的信心预测将有一定比例的老年人需要护理人员或机器人的看护。提到机器人，试想一下，机器人会用各种口音说不同的语言，不会自以为是，不会请假，也不会在经济上或其他方面虐待被看护者。

岁月不居，时节如流。2030 年并非不可预见的未来中一个遥不可及的时间节点，它即将到来，我们需要为迎接机遇和挑战做好准备。简而言之，我们今天所熟知的世界将在 2030 年消失。

对许多人来说，这些趋势不仅令人困惑，更令人深感不安。这意味着我们的没落吗？又或许它们实际上象征着繁荣多过凋零。本书为读者提供了一个指南，帮助读者参透如此多的变数。在我们处理当前的焦虑时，它会向我们传递对未来乐观的信号。它为我们提供了一个有助于应对未来划时代变革的工具，在全新的未知环境中为我们提供了何所可为、何所不可为的建议。

最基本的一点是，每个结局都意味着充满机遇的新现实的曙光，你是否敢于深究表象，预测趋势，参与其中而不是脱节，学习如何为自己、孩子、伴侣或配偶、未来的家庭、公司等做出有效的决定。每个人都将受到影响。

— — —

把跨时代的转变看作一个缓慢的过程大有裨益，每个微小的变革都让我们更接近于范式的转变，突然之间，物换星移。我们常常忽略的微小变化在逐渐累积，可以把它想象成正在填满容器的缓慢滴落的水滴，滴滴答答的声音让人想起时钟，传递出一种时光流逝的感觉。当水突然从容器中溢出来时，我们惊醒，闹钟铃声大作。

畅想到2030年，南亚和撒哈拉以南非洲将为“世界人口最多地区”这个头衔展开“激烈争夺”。这与20世纪最后几年的情况相去甚远，当时能够冠以这一头衔的是包括中国、韩国和日本在内的东亚地区。真实情况是，随着时间的推移，在肯尼亚和尼日利亚这样的国家出生的婴儿越来越少，但与全球大多数国家相比，这些国家的新生儿数量仍然多很多。此外，这些国家的居民预期寿命正在显著延长。

你可能认为人口的绝对规模无关紧要，然而请试一试将未来年新增人口数乘以他们口袋里可能拥有的财富值。你会看到，到2030年前后，亚洲市场（甚至不包括日本）将变得非常大，以至于全球消费重心将向东方转移。届时企业别无选择，只能顺应亚洲市场的趋势，使大多数新产品和服务都趋向于迎合亚洲消费者的偏好。

让我们暂停片刻，认真思考这个问题。

接下来再考虑一下，越来越多的趋势之间的联系更加紧密意味着什么？

全球大部分地区不断缩减的新生儿数量预示着我们正在朝人口的迅速老龄化稳步迈进。大多数人口结构的变化都由女性驱动，越来越多的女性选择走进校园接受教育，追求家庭以外的事业（而不仅仅是一份单纯意义上的工作），生育的子女数量也越来越少。在你意识到这一变化之前，百万富翁中的女性数量将超过男性。同时，财富渐渐向城市聚集：城市人口正以每周150万人的速度增长。虽然城市占地面积仅占全球陆地面积的1%，但是城市人口数量占全球总人口数量的55%，并且他们的能源消耗（与碳排放量）占比达到80%。这恰恰诠释了为何城市站在抗击气候变化的第一线。

与此同时，不同年代的人表现出不同的期望与抱负。人们都很关注千禧一代，他们是共享经济的领跑者（却回避所有权），然而千禧一代受到的这份关注远超过他们应得的。未来10年，60岁以上人群将成为时代主力军，他们拥有今日美国财富的80%，这催生了“老年市场”——所有市场人群中最大的消费者群体诞生。因此，无论公司大小，只要希望与时俱进，都应该把关注点转移到老年群体身上。

图1描述了一系列相互关联的微小变化的进程。独立地看，它们都不会导致真正意义上的全球性转变。如果把它们单独进行剖析，你可能完全有能力应对这些变化。人类很擅长心理区隔，这是一种潜意识的心理防御机制。我们用它来避免认知失调——相互冲突的趋势、事件、感知或情绪引起的不适与焦虑。心理区隔的关键在于将事物区分开，以避免被它们之间的相互作用压垮。

人口老龄化逐渐成为美国和西欧的常态。与此同时，在绝大多数新兴市场，年轻一代正在推动中产阶级崛起。他们与目前存在于世界上的另一类消费者非常不同，这更多地体现在他们的习惯上。例如，随着中产阶级的扩张，越来越多的女性将积累空前数额的财富，无论男女都会接受城镇化的生活方式，并推动前所未见的世界各地城市最大的移民潮。城市造就了一大批创造者和企业家，他们致力于用创新和技术打破现状。

科技颠覆了旧的习惯与生活方式，它带来的创新方式使人们对

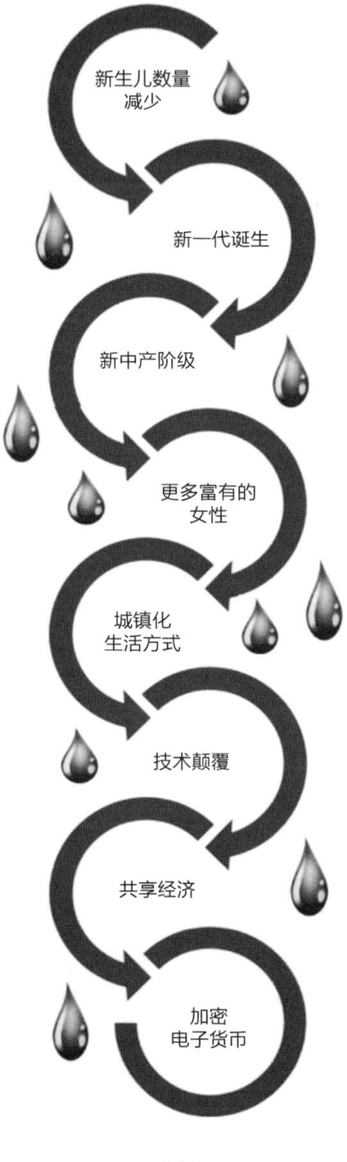

图 1

上至家庭与职场，下至汽车与私人物品的每一事物进行思考并参与其中。反之，这将引申出另一种更多地呈分布式、去中心化及流通便捷的货币概念。部分趋势已初显，但需到2030年前后才会达到临界点。（然而，如本书后记中提及的新冠肺炎疫情，当这一改变时代的大事件发生时，所有趋势都在加速和加剧演变。）

这种诠释我们周遭变化的线性表示，为本书提供了一个条理清晰、简单易懂的章节序列，但它并非这个世界运作的秩序。

人类学家与社会学家长期以来一直认为，人类将世界的复杂性归结为可以梳理事务、制定策略的类别。作为参照系，这些类别帮助我们了解周围环境模糊的性质，确保我们对一切事物智珠在握。

公司和组织机构也有此共识，它们将一切区分归类，将顾客区分为“领先用户”“早期采用者”“迟缓者”等小群体，将产品归类为“明星产品”“现金牛”“瘦狗”“问题产品”，这些都由它们目前的市场份额和未来的潜在增长决定。它们视员工为“团队合作者”或“攀登者”，这取决于他们的态度、行为和潜力。

然而，分类会让你对新的可能性视而不见。

举个例子，除了电灯泡、电话和汽车，19世纪末最伟大的发明之一就是“退休”这个概念：我们在这一时期专注于爱好和家庭，并且有机会回味我们的一生所得。我们从那个世纪继承了一种人生观，即人生是具有不同阶段的过程——童年、工作和退休，希望我们能一路享受。

伴随着新生儿数量的减少和代际间的新动态，我们的未来社会非常需要对传统生活方式重新做出设想。同为消费者的老年群体，有着自己独特的生活方式，他们也可以成为技术的早期采用者，并在群体规模上较千禧一代有增无减。想想虚拟现实、人工智能或机器人技术，以及这些技术将如何彻底改变人们的晚年生活，我们可能不得不瓦解旧秩序。与过去不同的是，我们会去上学，在完成学业之前会学习非常多的新技能。想想 2019 年《纽约时报》刊登的新闻标题——“随着适龄儿童的减少，韩国一所学校开始招收目不识丁的老奶奶”。

我强烈建议人们避开线性思维，有时也被叫作“垂直思维”，如图 1 所示。相反，我建议在这个问题上采用横向处理方式。“横向思维”这个概念由发明家、咨询顾问爱德华 · 德 · 波诺（Edward De Bono）提出，“是一种打破逻辑局限，将思维往更宽广的领域拓展的前进式思考模式”。它在本质上涉及重新架构和横向思维。突破不会在人们按照既定模式工作时发生，而产生于预设被抛弃、规则被忽视、创造力涌现时。正是因为摒弃了既定的有关比例和透视的假设和规则，毕加索和布拉克才得以开立体主义的先河。勒 · 柯布西耶（Le Corbusier）在创立现代主义建筑时也是如此，他通过去掉墙壁释放大规模开放空间，让窗户贯穿整个建筑立面并展示出钢筋、玻璃和水泥的内在格调，而不是试图将其隐藏在多余的装饰物下。马塞尔 · 普鲁斯特（Marcel Proust）曾经写道：“真正的发现之旅不在于寻找新的风景，而在于拥有新的视角。”

事实上，横向思维可以通过“周边视觉”进一步提升增益效果，这是我在沃顿商学院的同事乔治 · 戴（George Day）和保罗 · 舍梅克（Paul Schoemaker）提出的概念。与人类的视觉原理一样，公司和其他类型的组织如果不能感知、解读来自其直接关注领域外的微弱信号并对其采取行动，很难高效地展开工作。

例如，成立于1888年的柯达公司在整个20世纪通过销售摄影胶卷和其他周边产品赚取了巨额利润。尽管自20世纪90年代初，该公司的工程师就敏锐地洞察到数码摄影的巨大潜力，但最高管理层仅着眼于短期市场，认为大众会持续偏爱冲洗照片。结果呢？2012年，柯达申请破产。正如泰勒法官所说——“人们通常只看见他们在寻找的东西，只听见他们想听到的话”，他们对意想不到的、不寻常的事情视而不见。

图2是展现世界趋势的另一种表示形式。

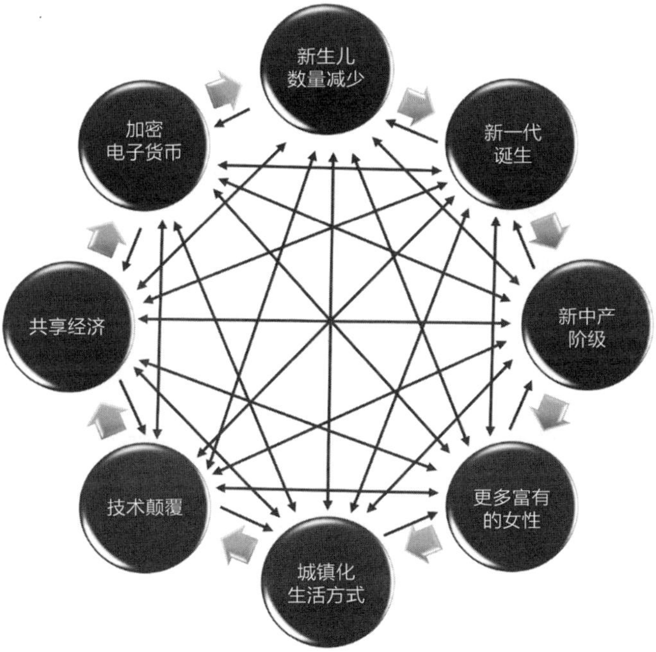

图2

围绕图 2 边缘顺时针指向的较粗的实心箭头描绘了串联趋势链的线性表示，它本质上与图 1 相同，但以环形排列。只关注图 2 周围的线性联系具有误导性。八个圆中的每个趋势都与另外七个相互作用，我将在接下来的章节逐一探讨这些横向联系，引导读者了解这些相互交织的趋势，并展示这些趋势是如何在全球范围内演变的，尤其是在 2030 年它们将如何交汇。

这里有一个在实践中运用横向思维的例子。爱彼迎（Airbnb）与酒店竞争业务并试图揽走原本属于银行的客户，它是怎样做到的呢？许多老年人在某种程度上意识到他们的储蓄不足以维系退休生活，他们又确实拥有一项非常有价值的资产——房产。有两种常规的做法可以在不出售房屋的情况下将房产变现：一种是从银行获得房屋净值贷款，但这伴随着承担债务的羞耻和每月还款的压力；另一种是获得住房反向抵押贷款（放弃房屋产权），但这样操作后子女就不能继承这个房产。

再来说爱彼迎，空巢老人可以将他们多余的房间租给将在本地短暂停留的旅行者，这样的安排赋予双方更大的灵活性。而且，如果空巢老人因经常旅行或看望子女而不在家，旅行者可以选择短期租赁整栋房子。无论哪种方式，空巢老人都能有收入并保住自己的房产。如果没有以下这些融合趋势——生育率下降、预期寿命延长、对公共养老金未来可行性的质疑、智能手机和应用程序的广泛使用，以及人们对共享经济而非私有财产的兴趣日益浓厚，爱彼迎不会如此成功。我将指导你们去了解这些相互关联的事件，展示它们如何发展并在 2030 年达到临界值。这个新世界的机遇与威胁并存，个人、公司和组织在面对机遇和威胁时都会有自身的优势与劣势。然而，正如我在结论中所阐述的，所有人都需要以不同于过去的方式看待这个新世界。本书的结尾部分提供了可以用来理解这一新现实的原则和方法，有助于我们从它创造的机会中获益。

请记住，这一切已在我们的有生之年逐渐显现，并将一触即发。

下一次工业革命的爆发地

撒哈拉以南非洲

原因：5 亿英亩[①] 肥沃但尚未开发的农业用地

墨西哥的土地面积：5 亿英亩

2000 年女性拥有全球财富的百分比

15%

2030 年女性拥有全球财富的百分比预计

55%

如果雷曼兄弟曾经是雷曼姐妹：全球金融危机会得以避免

2017 年全球饥饿人口数量

8.21亿

2030 年全球饥饿人口数量预计

2亿

2017 年全球肥胖人口数量

6.5亿

2030 年全球肥胖人口数量预计

11亿

2030 年美国肥胖人口数量预计占美国总人口数量的比率

50%

---

① 1 英亩 ≈ 4 046.86 平方米。——编者注

2030 年城市占地面积预计占全球陆地总面积的比率

1.1%

2030 年全球城市人口数量
预计占全球人口总量的比率

60%

2030 年全球城市碳排放量
预计占全球总排放量的比率

87%

2030 年受海平面上升影响
的全球城市人口预计占比

80%

当今最大的中产阶级消费市场

美国和欧洲西部

2030 年最大的中产阶级消费市场

中国

截至 2030 年，新兴市场中步入中产阶级的人数预计

10亿

美国现有[①] 中产阶级人数

2.23亿

2030 年美国中产阶级人数预计

2.09亿

① 截至本书英文版 2020 年出版之时。——编者注

1

人口大逆转

全球人口的失衡与下一次工业革命

一个婴儿来到这个世界，不仅带着一张嘴和一个胃，还有一双能够劳作的手。

—— **埃德温·坎南**

英国经济学家、人口学家

人口增长的速度似乎令人毛骨悚然。1820 年，地球上有 10 亿人口。一个世纪后，全球人口超过了 20 亿。在经历了大萧条和第二次世界大战造成的短暂间歇之后，人口增长速度令人惊叹：1960 年为 30 亿，1975 年为 40 亿，1987 年为 50 亿，2000 年为 60 亿，2010 年为 70 亿。“人口控制，还是种族灭绝？”这句话出现在斯坦福大学教授保罗和安妮·埃利希（Paul and Anne Ehrlich）1968 年出版的极具影响力的著作《人口炸弹》（*The Population Bomb*）的封面上。从那以后，世界各国政府和大部分公众都对两位教授认为不可避免的事情产生了严重的担忧：人类将在这个过程中蹂躏这个星球，毁灭自己（以及数百万的动植物物种）。

现实情况是，到 2030 年，我们将面临“婴儿荒”。

在接下来的几十年里，世界人口的增长将会低于 1960—1990 年人口增长总数的一半。在一些国家，人口数量将缩减（如果没有非常高的移民率支撑）。例如，自 20 世纪 70 年代初以来，美国女性在其生育期内平均每人生育不到两个孩子，这个比率不足以保障世代更替。世界上的其他许多地方也是如此，巴西、加拿大、瑞典、中国、日本等国家的国民开始关注，谁来照顾老人并负担他们的养老金。

随着东亚、欧洲和美洲的出生率下降，并伴随着非洲、中东和南亚的出生率相对缓慢递减，全球经济和地缘政治力量的平衡正在转变。思考一下：当今社会发达国家每出生 1 个婴儿，在新兴市场和发展中国家就出生超过 9 个婴儿。换个方式解释就是，美国每出生 1 个婴儿，相应地，就有 4.4 个婴儿在中国、6.5 个婴儿在印度及 10.2 个婴儿在非洲出生。此外，世界最贫穷地区在营养与疾病预防方面的改进使越来越多的婴儿能够长大成人并为人父母。半个世纪前，在肯尼亚、加纳等非洲国家，每 4 个 14 岁以下的儿童中就有 1 个死亡，如今这一比例已在每 10 个 14 岁以下儿童中只有 1 个死亡之下。

世界各地相对人口的迅速变化不仅是由谁生育更多的婴儿推动的，也受谁的预期寿命增长更快影响。例如，早在 20 世纪 50 年代，出生在世界上最不发达地区的人口的预期寿命比出生在最发达地区的人口的预期寿命平均少 30 年，现在的寿命差距则是 17 年。1950—2015 年，欧洲人的死亡率仅下降了 3%，而非洲人的死亡率下降高达 65%。所有年龄群体的较低死亡率正使较贫穷国家的预期寿命迎势赶上。

要评估这些人口变化趋势的全球影响，见图 3。图 3 显示了 1950—2017 年，不同地区的人口分别占全球总人口的百分比，并根据联合国的计算得出对 2100 年的预测。

请将注意力聚焦在 2030 年。2030 年，南亚（包括印度）将巩固其作为人口规模第一大地区的地位，非洲将成为第二大地区，而东亚（包括中国）将降至第三位。1950 年排在第二位的欧洲将跌至第六位，仅次于东南亚（其中包括柬埔寨、印度尼西亚、菲律宾、泰国等国家）及拉丁美洲。

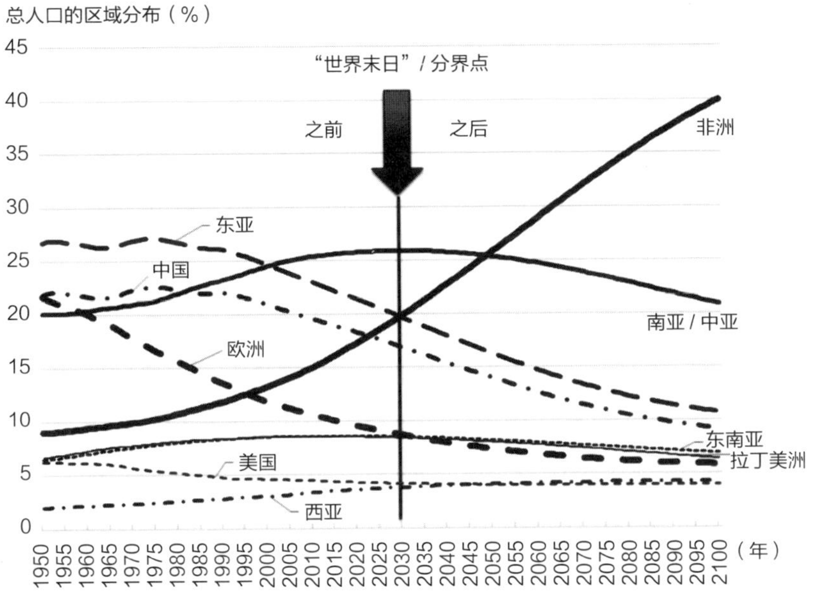

图 3

国际移民或许能在一定程度上缓和这些跨时代的变化，方法是将世界上婴儿过剩地区的人口重新分配给婴儿不足的地区。事实上，这种情况在历史上屡见不鲜，就像 20 世纪五六十年代南欧人移居北欧一样。然而，这一次，移民并不能抵充图 3 中的预测。我之所以这样解释是因为有太多的政府似乎有意修建围墙，不管是用老式的方式（用砖块和水泥），还是利用激光、化学探测器等技术来监控边境口岸，或者两者兼而有之。

但我的预测表明，即使这些墙从来没有被修建或是基于某些因素而失效，移民也可能不会对人口趋势产生显著的影响。鉴于目前的移民规模和人口增长水平，到2030年，撒哈拉以南非洲地区——不与地中海接壤的50个非洲国家将成为全球第二大人口稠密的地区。让我们暂时假设在接下来的20年里移民的数量会翻一番，但两倍于此的移民只会将这一预测推迟至2033年。它并不能左右众所周知的将会引发“世界末日”的主流人口趋势，而只是将其推迟了大约三年而已。

女性与婴儿统治世界

全球生育率下降背后的原因是什么？这是一个难以回答的棘手问题。毕竟，怀孕是众所周知的生育方法，简单易行并受大众欢迎。让我通过介绍自己的家谱来开始解析这个问题，我在西班牙的一位高祖母经历过21次妊娠，生育了19个孩子，她的第一个孩子出生在她21岁时，最后一个孩子则出生在她42岁时。伴随着国家的发展及女性获得更好的受教育机会，家庭规模日益缩小，甚至每名女性只生育一两个孩子。

我们需要捕捉的重点是，在世界其他地区，包括非洲、中东和南亚，如今有数百万女性在其一生中生育5个、10个甚至更多的子女。然而随着时间的推移，发展中国家平均每名女性生育子女的数量也在下降，并且出于同样的原因，发达国家的婴儿数量在两代人之前就开始呈断崖式下降的趋势。当今社会，女性享有更多家庭以外的发展机会，为了抓住这些机会，她们选择继续留在学校，在很多情况下，追求更高阶层的教育，这意味着她们会推迟生育。女性在参与经济和社会活动中更普遍的角色转变，是全球生育率下降的最重要因素。女性在全球事务的决策上拥有了更大的权力。

以美国为例，女性在对人生重要事件进行排序时的方向在迅速转变。20 世纪 50 年代，美国女性平均结婚年龄为 20 岁，男性平均结婚年龄为 22 岁。如今，两个性别的平均结婚年龄分别为 27 岁和 29 岁，女性初为人母的平均年龄也攀升至 28 岁。这种巨大的转变很大程度上是由延长受教育周期推动的。现在，越来越多的女性可以完成高中学业，这其中又有更多的女性选择继续接受大学教育。早在 20 世纪 50 年代，25～29 岁这一年龄段的女性中，大约只有 7% 拥有大学学位，这一比率只相当于同等条件男性的 50%。如今，拥有大学学位的女性比率接近 40%，而男性比率却只有 32%。

科技降低“性趣”

人类种群的进化趋于混乱。几千年来，人口增长取决于食物供应、战争爆发、疾病传播、自然灾害等方面的影响。几个世纪以来，哲学家、神学家和科学家们一直就地球资源能负担多少人口这一问题争鸣不断。1798 年，英国经济学家、人口学家托马斯·罗伯特·马尔萨斯牧师对后来被称为“马尔萨斯陷阱”的现象提出过警告。马尔萨斯陷阱指的是人类具有过度繁殖和耗尽生存资源的倾向。贯穿马尔萨斯的一生，世界人口都不足 10 亿（如今是 75 亿）。他认为人类最大的敌人是自己，依据是人们的性冲动不受约束。在他看来，因为粮食供应的增加跟不上人口的增速，所以人口增长失控将导致饥荒和疾病。马尔萨斯和他同时代的许多人都担心，由于过度繁衍，人类面临灭绝的危机。“人口的力量，”他写道，“远远强大于地球供人类赖以生存的力量，过早死亡一定会以某种形式降临到人类的头上。”

作为事后诸葛亮，我们在今天可以说，马尔萨斯低估了发明与创新的潜力，它有助于农业产量的显著提高。他还低估了通过国际贸易扩大食品供应的可能性，这要归功于更快更廉价的越洋运输。然而，马尔萨斯强调人口和食物是同一枚硬币的两面，这是正确的。

如果马尔萨斯低估了创新对食物生产和分配的潜在影响，那么他更完全料想不到的是，现代科技如何降低人类的性欲。两者之间的联系简单明了，可供我们选择的娱乐形式越多，我们发生性爱的频率就越低。现代社会满是形形色色的娱乐选择，从广播电视到电子游戏、社交媒体等等。在包括美国在内的一些发达国家，性爱频率在过去几十年里持续下降。发表在《性行为档案》杂志上的一项综合研究的结果显示，“与 20 世纪 90 年代末相比，21 世纪初，美国成年人每年发生性行为的次数减少了 9 次左右”，这种下降主要体现在已婚美国人和有稳定伴侣的人群中。比较不同年龄群体的情况，“20 世纪 30 年代出生的人（沉默的一代）的性生活频率最高，而 20 世纪 90 年代出生的人（千禧一代和互联网社交一代）的性生活频率最低”。这项研究的结论是：“美国人性生活频率下降的原因是越来越多的单身者没有稳定的夫妻关系型伴侣，即使有，他们的性生活频率也在下降。”

举一个有趣的例子，可以展示其他形式的娱乐活动对人类性欲的影响，这其中包括停电。2008 年，在东非海岸外的桑给巴尔，一次特别严重的供电中断持续了整整一个月。它只影响岛上已连接电网的部分住宅区，其余的岛上居民则继续使用他们的柴油发电机。

这种情形为研究人员提供了一项独特的“自然实验”，研究停电对人类生育行为的影响。公用电网住户实验组的电力供应被中断一个月，而使用柴油发电机的对照组照常用电。9 个月后，实验组的新生儿数量比往常多了 20%，而对照组的新生儿数量并没有显著增加。

多生与优生优育

毋庸置疑，金钱也是我们做生育决策时重要的衡量因素。2018年，《纽约时报》针对美国人少生孩子或根本不生孩子的原因进行了一项调研，调研结果表明五大原因中有四个与金钱有关。“即使你上过大学，在公司工作并且是双收入家庭，但工资增长速度依然跟不上生活成本上升的步伐，学生贷款又雪上加霜，这使你很难建立稳固的财务基础。”29 岁的已婚男子戴维 · 卡尔森如是说，他的妻子同样从事全职工作。来自低收入家庭的年轻人对生育感到恐惧，他们被迫在建立家庭与投资其他有价值的事物之间做出选择。例如，居住在路易斯安那州巴吞鲁日的布列塔尼 · 巴特勒是家中第一个大学毕业生，22 岁时，她优先考虑的是取得社会工作方向的研究生学位，偿还她的学生贷款，以及在一个安全的社区生活。至于生孩子，她能缓则缓。

早在20世纪60年代，芝加哥大学经济学家加里 · 贝克尔（Gary Becker）就提出过一个人们在做生育决策时的突破性方法：父母需要在多生和优生优育之间进行权衡。例如，随着家庭收入的增加，人们可能会购买第二辆或第三辆汽车，但如果他们的财务状况能够持续地改善，他们不会接着购买一二十辆汽车，也不会去买十几台电冰箱或洗衣机。贝克尔的理由是，收入的增加使得人们更加注重事物的品质，而不是数量。也就是说，他们会用更新、更大或更豪华的小轿车或越野车来替换旧车。那么在生育子女方面，这意味着减少生育数量并给予孩子更多的关注，为其投入更多资源。“子女数量和质量之间的相互作用，”他写道，“是抚养成本上升最重要的原因。”也就是说，当父母看到自己的收入增加时，他们会更愿意在每个孩子身上投入更多，为他们的人生提供更好的发展机会。

贝克尔对人类行为的深刻见解为他赢得了 1992 年的诺贝尔经济学奖，尽管他在对生育这一复杂课题的研究中忽视了偏好、文化规范和价值观的作用，但他确实指出了一个重要的社会趋势。现在，许多父母更愿意把更多的时间和资源倾注到少数孩子身上，为他们提供最好的成功机会，不论是开始一项大学储蓄计划，还是支付课外活动的费用。正如马里兰大学的社会学家菲利普·科恩（Philip Cohen）解释的那样：“我们希望在每个孩子身上投入更多，来帮助他们在日趋不平等的竞争环境中获得最好的机会。”从这个角度看，养育孩子是一项具有净现值和收益率的投资项目。

为了理解父母如何决定他们想生育的子女数量，计算他们在每个孩子身上的花费是很有启发性的方法。根据 2015 年美国联邦政府的统计数据，平均每个美国家庭需要花费高达 233 610 美元将一个孩子抚养至 17 岁。如果算上大学学费，那么这个数字很轻易就会翻倍。我在笔记本电脑里制作了一张电子表格，列出了我家每年的收入与支出。值得注意的是，假设我们的两个孩子都能从学费高昂的大学毕业，我和妻子在他们各自身上的花费可能会超过 50 万美元。我又用相同的信息创建了第二张电子表格，这次我将两个孩子的抚养成本排除在统计数据之外，于是在表格的底部，取而代之的是一辆豪华汽车或一个海滨度假屋。

政府能影响生育决策吗

几年前，新加坡政府曾经尝试将这个问题付诸实践。当时的背景是在这个华裔占其总人口数 75% 的富庶小岛国，已婚夫妻渐渐抛弃生育观念，转而选择“五 C”——现金（cash）、汽车（car）、信用卡（credit card）、公寓（condominium）和乡村俱乐部（country club）。于是政府就此情况致信一组抽样的典型丁克夫妻，信中指出为了维持经济的繁荣增长，国家必须拥有充足的年轻人。信中还附带一项特殊的福利——巴厘岛免费度假，政府认为此举有助于丁克夫妻转变思想与情绪。他们都渴望在美丽的海滩上度过一段美好时光，于是争先恐后地争取这个机会，但新生儿数量并没有明显增加，政府官员对该措施的结果并不满意，试验计划在 9 个月后便终止了。

中国也曾采用严格的独生子女政策来改变人口趋势。20 世纪 70 年代末，富有远见的邓小平领导的中国改革者们认为当时人口的增长速度过快可能引发严重的生存资源问题。他们仔细研究中国的历史：1500—1700 年，中国的人口增长速度与西欧大致相同，但在 18 世纪加速增长，这是一段漫长的和平繁荣时期，农业产出以前所未有的速度增长。在此期间，水稻和小麦的产量增加了两三倍，从美洲移植引进的新作物，如玉米和甘薯，也推动了增产增收。这不仅提高了中国部分地区的生活水平，而且提升速度赶超第一次工业革命的发源地英国。1800—1950 年，长江下游流域的人口增长实际上有所放缓，这在很大程度上归因于过度耕作、政治动荡、内战以及他国干预和入侵。

但是，尽管有 20 世纪 50 年代的“大跃进”导致的严重饥荒和

20 世纪 60 年代开始的“文化大革命”的混乱，但中国在 1950—1979 年的 30 年间，人口依然增加了 4.3 亿。中国几乎成为那一时期首个人口超过 10 亿的国家。邓小平领导的改革者们因此于 1979 年出台独生子女政策。

但事实证明，政策制定者并没有意识到中国的生育率自 20 世纪 60 年代起就在急剧下降，下降的主要原因与世界其他地区相同：城市化、女性更多地参与教育和劳动，以及父母逐渐倾向于为孩子提供更好的生活条件而非追求子女的数量。政策制定者对这个问题没有采取横向思维。看看下面的数据：早在 1965 年，中国城市女性平均生育 6 个孩子，到 1979 年独生子女政策生效时，中国的城市生育率已经一路下滑，平均每位女性生育 1.3 个孩子，远低于每位女性生育 2 个孩子的更替水平。与此同时，在 20 世纪 60 年代中期，中国农村女性平均生育 7 个孩子，而 1979 年这一数字降至 3 个。在独生子女政策实施期间，城市女性平均生育子女数量从 1.3 下降到 1.0，农村女性平均生育子女数量从 3 下降到 1.5。正如人口学家在《中国日报》上撰文指出的：“中国生育率下降的大部分原因不能归咎于独生子女政策。”生育放缓是由人们在不断变化的环境中做出的决定推动的，而不是由政府官员推动的。

2016 年，中国全面实施二孩政策。世界第二大经济体的人口增长形势现在会恢复吗？诺贝尔经济学奖得主、经济学家阿马蒂亚·森（Amartya Sen）指出：“女性的进步得益于中国的独生子女政策。”中国女性受教育机会和就业机会持续增加，这意味着子女数量不太可能增加。相比之下，在从未实行过计划生育政策的中国台湾和韩国，每位女性生育孩子的数量徘徊在 1.1 个，远低于中国大陆目前 1.3 个孩子的水平。“经济发展是最好的避孕药”这句流行语在中国大陆及中国台湾地区和世界其他地方都被证实是正确的。

具有讽刺意味的是，独生子女政策的最大影响是代际变化，导致中国正在经历世界上规模最大、速度最快的人口老龄化进程。我们将在第 2 章分析这些巨大的代际变化的含义。

中国的性别失衡与婚育

很少有政治家或记者认为中国的独生子女政策能给美国消费者带来一笔横财。在一个有趣的横向思维的例子中，经济学家发现生育率和储蓄之间有着千丝万缕的联系。虽然这是一项制度，但独生子女政策造成性别失衡，受重男轻女的传统观念影响，年轻男性人口数量比女性多出约 20%。2017 年《经济学人》的一期封面头条写道："在中国，失衡的性别比例正在对婚姻造成严重破坏。"《纽约时报》同时指出："在中国，对数百万男性来说这是一个孤独的情人节。"于是父母们决定亲力亲为来解决这个问题，经济学家魏尚进和张晓波在详尽分析大量数据后得出结论：由于婚姻市场竞争激烈，有儿子的家庭提高了储蓄率，希望提高儿子找到妻子的概率；1990—2007 年，男性性别比例的提高可以对这一时期家庭储蓄率实际增长 60% 做出很好的解释。基于此，中国不仅出口各种制成品，还对外投资其过剩的储蓄。美国人的超前消费观主要得益于此，如果没有中国的性别失衡及其相关的高储蓄水平，美国人将不得不在过去 20 年里为其抵押贷款和消费贷款支付更高的利率。例如，如果 30 年期固定抵押贷款的利率在过去 20 年里平均为 6%，而不是 5%，那么月供就会增加 25%，美国民众在其他方面的购买力也会大幅下降。因此，我们经常提到在旧金山购房的成本与中国的茶叶价格息息相关。

中国的性别失衡也影响到新数字经济的消费。想想人们在各种数字约会服务上的花销，如今交友平台在全球拥有数亿用户，他们每年的消费总额约 50 亿美元。人们趋之若鹜地寻找潜在的婚姻伴侣、浪漫关系甚至“一夜情”的对象，但各国消费模式的差异正在显现：在中国，只有 2% 的总支出流向休闲约会软件，而在欧洲国家和美国，21% 的支出流向了提供这类服务的平台，比如 Ashley Madison、C-Date、First Affair、Victoria Milan 和 Tinder；相比之下，中国 85% 的消费都花在百合网和世纪佳缘这样的婚介服务上，而在欧洲国家和美国这一比例仅为 40%。这种差异很容易解释，对中国男性来说，找到一个长期的伴侣更为重要（而不是“一夜情”）。随着性别失衡在某种程度上造成全国性的危机，中国女性变得更为挑剔也在意料之中。在一个中国最大的约会平台上进行的与男性和女性的个人资料有关的调查中，研究者发现：“不同收入水平的男性以大致相同的比例访问平台上相对应收入水平的女性资料。相比之下，不同收入水平的女性访问平台的男性资料时，收入更高的男性被访问比例更高，收入最高的男性资料的访问量是收入最低的男性的 10 倍。”

奇怪的是，在其他国家，性别失衡的情况正好相反。在俄罗斯，很多人因酗酒过早死亡，所以俄罗斯的年轻男性数量不足。这个问题似乎非常严峻，以致在西伯利亚的一些地区，适龄男性的稀缺导致女性游说政府将一夫多妻制合法化。剑桥大学人类学家卡罗琳·汉弗莱（Caroline Humphrey）认为，西伯利亚女性越来越相信“半个好男人总比没有好”。她们争辩说：“一夫多妻制的合法化是顺应天意：它将赋予她们获得男性经济和物质的支持、子女的合法性及国家福利的权利。”不言而喻，理想的解决方案是中俄之间互通往来，因为中国有更多的男性，俄罗斯有更多的女性。不幸的是，由于中国人口数量更庞大，中国的性别失衡比例竟是俄罗斯的 7 倍。

非洲婴儿潮回报巨大

尽管欧洲、美洲与东亚没有实现人口更替，但是撒哈拉以南非洲的人口数量在增长，即便其增长速度比过去慢得多，但其人口预计将从目前的 13 亿增长到 2038 年的 20 亿及 2061 年的 30 亿。有人预测，一场大战或一场毁灭性的流行病可能会使非洲的人口发展势头衰减。第二次世界大战是造成历史上最大人员伤亡的武装冲突，这场战争夺走了 5 000 万～8 000 万人的生命，但对非洲的影响微乎其微。迄今为止，艾滋病的全球流行与传播已造成 3 600 万人死亡，其中 2/3 发生在非洲，南非、尼日利亚、坦桑尼亚、埃塞俄比亚、肯尼亚、莫桑比克、乌干达和津巴布韦受害最深。然而，再看图 3，在 20 世纪八九十年代，在这一流行病最致命时，非洲的人口曲线几乎没有变化。因此，只有可能夺去数亿人生命的大规模战争或流行病，才会使非洲大陆相对于世界其他地区的人口增长趋势相应放缓。

你也许会认为非洲可能无法承受其预计的人口增长，然而请考虑一下非洲的实际面积是多么辽阔。我们的教科书中关于各大陆的制图表达法大大低估了非洲相对于北半球的真实大小。非洲的陆地面积相当于中国、印度、欧洲西部和东部、美国及日本全部面积的总和。

可以确定的是，非洲有大片人迹罕至的沙漠。这种情况同样适用于中国、印度和美国等国家，甚至欧洲也是有沙漠的——著名电影《阿拉伯的劳伦斯》的主要取景地位于西班牙南部。即使不考虑非洲广袤的沙漠面积，非洲大陆拥有地球上最多未开发且最肥沃的农业用地这一事实也不容忽视。考虑到非洲大陆的面积，人口过剩似乎不太可能。非洲大陆目前有 13 亿人，而中国、印度、欧洲西部和东部、美国及日本的人口总和已超过 35 亿。如今，亚洲每平方英里[①]的人口密度是非洲的 3 倍多，是欧洲的 4 倍。

非洲的人口增长带来了一些棘手的问题。非洲大陆是世界上最顽固的宗教和种族冲突热点地区之一。数十年来，冷战引发的间歇性内战已对非洲大陆的基础设施造成严重破坏。特别是政府和社会机构（从政府的结构到司法和民间社会的结构）都遭受巨大的打压或从未实现发展，这导致大量“失败的国家”在这片大陆上雾集云合。在非洲 54 个主权国家中，大约 50% 受到政治混乱、无政府状态及法治缺失的困扰。从农村地区迁到城市以及从这些地区迁到世界各国（主要在欧洲）的移民，大部分是为避免冲突和暴力而移民，这些冲突和暴力不仅危及人身安全，而且危及经济发展。

因此，非洲并非没有风险，但对其不断增长的人口而言，潜在的回报是巨大的。由于其人口规模日益庞大，世界各国再也无法对非洲视若无睹。无论好坏，它的命运将与全世界休戚与共：若势态良好，非洲将成为活力源泉，造福整个世界；如果情况恶化，全球都将被殃及。人口发展形势并非等同于命运走向，但它确实对人类的生存形态有举足轻重的影响。

---

① 1 平方英里 ≈ 2.59 平方千米。——编者注

非洲农业—工业革命

大多数人认为最大的商机潜伏在通过技术平台或应用程序来实现的服务业。但是让我们来横向思考非洲的人口增长，根据世界银行的预测，截至 2030 年，非洲农业将成为万亿美元级别的产业。非洲农业是一座正在孕育成形的名副其实的金矿，很可能改变全球经济的格局。非洲的新生儿绝大部分出生在农村地区，他们未来的人生与农业部门的转型息息相关。尽管非洲大陆幅员辽阔，水资源丰富，但目前仍为粮食的净进口国。虽然可可的生产、采矿和石油等采掘业历来是非洲国家经济的基础性产业，但是在不久的将来，非洲经济的大部分增长将来自农业及与之相关的制造业和服务业的扩张，以负担起非洲大陆不断增长的人口。农业发展将面临双重挑战：多达 5 亿英亩（大约相当于墨西哥的面积）的土地有待被开发用于耕种，并且生产效率也有待大大提升。

正如几个世纪以来欧洲、美洲和东亚的发展历程，非洲即将见证农业和工业双重革命的到来。考虑到围绕不断壮大的农业部门来创建良性发展态势的好处，农民需要对土地进行更精良的投入，例如高质的种子和肥料，以提高生产力并获取更高的收益，以此改善生活。这又反向激增村庄里助农产业链上的就业机会，包括修理拖拉机和维修其他机械等工作。随着自给农业发展成为高产农业，盈余的粮食被售往规模日益扩大的城市群，从而减轻粮食方面对进口的依赖。将基本食材加工成烘焙食品、水果罐头或者速食便当或许能够为整个非洲大陆数以千万计的人创造就业机会，这既催生繁荣的制造业经济，也造就面向城市人口的深加工产品分销与营销这类新兴服务业。简而言之，这就是呼之欲出的非洲农业—工业革命。

为实现这一潜力，不同类型的组织和公司正在为非洲农业提供新的发展思路和耕作方法。例如，非洲农业技术基金会向自耕农介绍土壤检测及种子选择技术，据基金会的现场工作人员说："有些农民对基金会提出的一些闻所未闻的建议一笑置之，例如，如果他们用适当的方法翻新土壤，使用合适的种子和化肥，他们的收成会是之前的10倍。"例如，阿威诺在肯尼亚维多利亚湖地区的农场长期遭受不稳定降雨和破坏性杂草的困扰，为保障农场的高产出以养家糊口，并能有些盈余在当地市场上出售，身处绝境的他使出浑身解数。他说："当你生病却不明病因，你会采取多种混合疗法，心存侥幸，期望其中之一能最终治愈你。在农业领域也是如此，这是我历来的惯用做法。"最终阿威诺的一块试验田玉米产量是他以往最好地块产量的两倍，这深深地震撼了他。

与危言耸听者的"人口炸弹"论相反，人口增长实际上可能会刺激非洲改善其农业，进而创造就业机会并使相关的经济活动活跃起来。不仅在非洲，在世界其他地区也是如此，改进土壤管理、灌溉和分配方式可以创造巨大的效益。

非洲的未来之路在于将像阿威诺这样的自耕农转变为成熟的农业技术人员。将非洲人口激增转化为机遇的一个巧妙方法是种植、收获和加工一种名为木薯的神奇植物，这种根茎类蔬菜原产于南美洲，抗旱能力极强，可以在18个月的生长期内随时收获，需要人工种植，因此为当地人提供了收入来源。在发展中国家，木薯已经是仅次于水稻和玉米的第三大碳水化合物来源。目前主要被用于生产木薯粉或啤酒。在撒哈拉以南非洲，至少有3亿人每天的饮食主要为木薯。此外，木薯天然无麸质，比小麦含糖量低，是谷物的健康替代品，也是糖尿病患者更好的碳水化合物来源。随着非洲大陆木薯产量的提高，其部分产出也可以转化为具有更高附加值的出口产品：木薯是胶合板的原料之一；它被用作许多药物的填充剂，包括药片、药丸和乳霜；它还可以转化成生物燃料。

实现木薯产量的巨大提升需要专业知识和设备来支撑。曼巴生活在赞比亚的心脏地带，她每周会花许多时间向木薯种植户展示如何通过简单的技术（例如种子的选择和株距）提高单产。曼巴已经成为这方面的专家，现在她大部分时间都在帮助其他农民优化耕作方法。2 000 英里①外的尼日利亚，牧师菲利克斯·阿弗拉比创立了阿弗拉比农业投资公司来指导年轻的木薯种植户，并拥有使尼日利亚农业机械化所需的犁、耙、吊杆喷雾机、播种机、挖根机、拖拉机和推土机。像曼巴和阿弗拉比这样的农民企业家是非洲农业—工业革命的先驱。

尽管在撒哈拉以南非洲地区进一步发展木薯加工所需的人力、技术和财力资源都可以在当地获得，但外国公司和非营利组织也可以做出至关重要的贡献。由于含水量高，木薯需要在收获后 24～48 小时内加工，因此必须在种植地附近配置必要的设备。荷兰农业发展与贸易公司是一家致力于改善贫困社区的营利性社会企业，为非洲小农户提供加工、精炼和干燥设备，这些设备被安装在可在村庄之间移动的卡车集装箱内。一旦设备就位，就可以开始收割。很快，农民或其他当地企业家就能够利用这些资源自己加工食物。

在不久的将来，木薯加工的扩大化很可能为今天的非洲农村新生儿提供谋生所需的工作。如果非洲国家成为全球啤酒行业的强国会怎样？ 南非米勒酿酒公司、帝亚吉欧等全球商业巨头已经

---

① 1 英里 ≈ 1 609.344 米。——编者注

从木薯加工商那里直接采购酿造啤酒的原料，从而降低最终产品的成本，也降低非洲对昂贵的进口产品的整体依赖。如果以木薯为原料的啤酒被证明具有成本效益和环境可持续性，那么在你所处的当地酒吧里买到几种非洲本土啤酒就指日可待，并且价格令人怦然心动。安海斯-布希公司得提高警惕了！

大草原的硅谷

除了即将到来的农业—工业革命，非洲在移动通信技术领域也将成为 21 世纪的领跑者。整个非洲大陆的生活将因这种转变而焕然一新。以下摘自《爱尔兰时报》的一篇报道，恩冈加住在内罗毕的科罗戈乔贫民窟，34 岁的她身体状况不佳，靠收集废纸板在当地市场出售养活自己的四个孩子。她拥有的唯一一款科技产品是一部功能简单的手机，用于通信和移动支付，包括收取爱尔兰一家慈善机构每月发放的津贴。她是移动网络快速发展的直接受益者。早在 10 年前，肯尼亚就已成为全球移动支付的引领者之一，该国 75% 的居民热衷于使用移动支付，因此内罗毕理所当然地被称为“大草原的硅谷”。因此，我相信如果你想打开一扇窗来窥视 2030 年的样貌，你必须去非洲。

事实证明，移动技术在医疗保健领域贡献巨大。例如，在肯尼亚，大多数农村居民住在距离最近的医生或医疗机构至少一小时车程的地方，为了解决接入问题，当地已经推出许多移动服务，从医疗热线和早期诊断工具到医疗教育、医疗提醒和跟进。如今，肯尼亚的手机普及率已达到 90%，其手机持有人数记录实际上比官方人口普查数据更准确。政府部门以手机数据而不是工资或学校记录为参考来制定医疗政策和推广计划。

像其他许多国家一样，无论富裕还是贫穷，肯尼亚也面临合格医疗人员短缺、医疗成本上升和需求暴增的问题。越来越多的农村居民在数以百计的电子健康项目和计划中受益。在医疗保健领域使用移动通信技术的模式，可以为医疗保健接入问题提供一种既高效包容性又强的技术解决方案，其他国家也可以效仿。因为即便是美国这样的国家，医疗保健也一直被当成政治话题，而且医疗费用似乎年年递增。

移民会抢占资源和机会吗

截至 2030 年，全球人口的分布情况将与现在大相径庭，到那时非洲与南亚的人口数量将远超世界其他地区。尽管跨国移民的人口数量会起伏不定，但万变不离其宗：每当世界上某个地区新生儿充盈而另一地区稀缺时，或在内战、政治动荡、饥荒、经济危机、自然灾害等危机发生之后，移民往往成为一种显著的现象。近来，国际移民被普遍视为需要加以遏制的“滚滚洪流”，政治家们呼吁建立边境墙，各国正在退出贸易协定和欧盟这类政治 / 经济组织，本国民众上街游行，举着“不欢迎移民”的标语。但人们对移民抢走工作机会和消耗政府资源的担忧是不是完全错误和短视的呢?

传统观点认为，移民会取代蓝领工人并抢走制造业的好工作。事实上，正如美国国家科学、工程与医学院在一系列具有里程碑意义的报告中所总结的那样，大多数移民并不与当地人竞争工作。原因是，大多数移民要么缺乏技能，要么具备超高技能，在原籍国（地）并不具备良好的就业前景。相比之下，他们那些拥有中等水平技能的同胞，比如手工业者或机械工，在原居住地并不缺少工作机会，也就往往不会产生移民的念头。与对高级技工的需求一样，美国、日本和欧洲这些发达国家或地区同样对低技能工作者需求旺盛，特别是在农业和服务业。与此同时，在发达国家，大部分失业的恰恰是制造领域的中级技工，因为更加高效经济的自动化生产已将他们取代。这一转变具有重大的经济意义，富裕国家将资本投入于研究生产力技术的改造升级，希望通过扩大自动化生产取代用工成本日益高涨的中级技工（将在第 6 章中详细阐述）。因此，技术革新才是引起失业者焦虑与愤怒的根本原因，而非移民。我在沃顿商学院的同事布里塔·格伦农（Britta Glennon）发现，限制科学家和工程师的签证数量实际上会打击美国的就业，因为这迫使公司为了开发人才资源库而将研发实验室迁往国外。谁是美国限制移民的最大受益者？中国、印度和加拿大——这些研发活动被转移到的国家。

我们分析过在国外出生的美国雇员统计数据，依据教育水平分类后，我们发现移民往往不会抢占美国人的工作机会。在高中辍学的工人中，移民大约占 42%；在拥有博士学位的人中，29% 在美国以外的国家出生。相比之下，全部移民中只有 15% 拥有高中文凭，10% 拥有大学学历但没有学位，14% 拥有学士学位。美国人口普查局在报告中指出，伴随着高技能管理和技术工种需求的增加，以中等技能水平为特征的蓝领和文职工作的需求正因产业自动化而急剧下降。

我们如果深入研究特定职业的数据，会发现更多的证据表明大多数移民并不会与当地人竞争工作。美国城市研究所提供的数据显示，在美国没有高中文凭的移民中，排名前三的职业群体是女佣和管家、厨师及农业劳动者。与此同时，没有高中文凭的土生土长的美国人大多为收银员、卡车司机和驾驶其他车辆的司机、门卫。移民与本地人之间表面上的就业竞争相当有限。

另外，移民有助于减轻人口老龄化的后遗症，联合国将此称之为“替代迁移”。美国劳工统计局的数据显示，随着婴儿潮一代达到退休年龄，美国经济需要更多移民涌入，以填补从护理助理、家庭健康助理到建筑工人、厨师、软件开发人员等数十种职业的需求缺口。到 2030 年，以上这些工作及其他一些工作的从业人员将有 50% 以上是移民。

另一种评估移民是否动摇当地人经济地位的方法是核查收入，因为如果有移民参与竞争同一工作岗位，当地人的工资会降低。然而，美国国家科学、工程与医学院在仔细研究这些证据后得出结论：“移民对当地总体工资水平的影响微乎其微，接近于零。”更重要的是，大部分研究发现“新移民对弱势群体（如少数族裔）和老一代移民造成的负面影响比对本土居民的影响大得多”。这也许解释了一个悖论，即为什么欧洲和美国的新移民中有很大一部分人将选票投给将移民妖魔化的候选人。显然，最容易受到移民影响的本土群体是高中辍学的人群，他们也倾向于支持更严格的移民控制政策，这是如今选举中的一个重要因素。

虽然有证据表明移民不会与当地人竞争工作岗位，但如果新移民过度地要求政府福利，其仍有可能对目的地国造成净损失。事实上，欧洲和美国民众对移民的愤怒很大程度上是基于这样一种指责：移民是一种财政负担，他们获得的社会福利远远超过他们作为工人为国家做出的贡献。然而事实证据再一次驳斥了这种指责，目前世界上大约 58% 的人口处于工作年龄，而国际移民中 72% 属于适工年龄人口。经济合作与发展组织（OECD）的一项研究表明，自 1990 年以来，移民占美国劳动力增长的 47%，占欧洲劳动力增长的 70%，他们对税收的贡献往往大于从政府项目中获得的福利。“在任何特定年龄层，”美国国家科学院的报告指出，“与第一代及第三代以后的成年移民相比，第二代（成年移民）对各级政府的净财政收入产生的影响更为积极。”1994—2013 年，“第一代和第二代移民群体的税收与福利之比均有所上升”，这表明随着时间的推移，移民通过工资和所得税缴纳的税收多于他们从政府项目中取得的福利。值得注意的是，移民对财政的影响在联邦层面比在州和地方层面更为积极，因为大多数移民都处于工作年龄，而州及地方要为其子女的教育提供资金。美国国家科学院的结论是：“若具有类似特征（例如年龄、学历、收入），移民和土生土长的国民对财政产生的影响大致相同。”

移民是经济的福音

谷歌、英特尔、易贝（eBay）、脸书（Facebook）、领英（LinkedIn）和特斯拉这些公司有两个共同点：它们改变了美国经济，并且都是由移民单独或联合创立的。如果没有它们，全球经济会截然不同。考夫曼基金会和湾区委员会经济研究所的数据显示，在美国，大约 23% 的高新技术企业由移民创办，在某些州这一比率更高——加利福尼亚州 40%、马萨诸塞州 42%、新泽西州 45%。据无党派智囊机构美国国家政策基金会报告，截至 2016 年，在 87 家美国“独角兽”公司中有 44 家由移民创办，并且这些公司的估值均在 10 亿美元以上。在这 44 位移民企业家中，23 人来美国最初的目的是接受本科或研究生教育，他们大多来自印度、加拿大、英国、德国和以色列。例如，1944 年出生于巴格达一个伊拉克犹太家庭的大卫·辛达维（David Hindawi），1951 年，他随父母定居以色列，随后在以色列空军部服役。1970 年他来到美国加州大学伯克利分校攻读博士学位。2007 年大卫和他的儿子奥利昂（Orion）联手创建了 Tanium 公司，这是一家网络安全公司，最终发展到拥有 500 名员工的规模。

移民是经济的福音，因为他们野心勃勃地想成为企业家。美国国家科学院的一份综合报告揭示，以专利申请为衡量标准，“移民比本地人更具创新能力”。该研究得出结论称：“移民比本地人更善于创新，不是因为他们有更强的内在能力，而是因为他们的专业都集中在科学和工程领域。”领英联合创始人里德·霍夫曼（Reid Hoffman）2013 年在《华盛顿邮报》发表的一篇评论文章中提到：“移民代表了纯粹的企业家精神。你背井离乡，来到新的地方重整旗鼓。为了成功，你需要交朋识友，你必须掌握技能，有时你还得即兴发挥。这是一项勇敢的行动。”

除了企业家精神，我们还需认可移民对美国医疗保健行业的贡献。乔治梅森大学 2016 年的一项研究表明，移民约占美国总人口的 13%，但在内科与外科医生中占 28%，在护理、精神和家庭健康助理中占 22%，在注册护士中占 15%。他们有 50% 以上是从事生物技术的医学科学家。这些百分比背后的关键因素是，这些移民中的大多数人在各自的原籍国接受过医疗保健培训，由于美国的职业培训标准较高，一些持有国外学位的移民需要掌握更精湛的技能才能在美国找到工作，这解释了在美国这类移民从业者的数量为何仍然有待增加。显然，移民医疗工作者不会和美国当地人竞争工作岗位。

另一个显著的指标是诺贝尔科学奖获奖人数。在2000年以来获得诺贝尔化学、物理、生理学或医学奖的85名美国公民中，有33人（接近40%）是外国裔。尤其是在知识经济持续增长的背景下，如果美国想要保持创新力方面的领导地位，就需要依赖这类移民。

美国国家科学院在1997年的一份报告中已经得出结论，移民对美国经济造成的影响总的来说是积极的；在2017年的报告中提到，如果没有移民来美国，“很明显，美国国内生产总值会比现在低得多，也许人均国内生产总值也会低得多，因为美国人口趋于老龄化，劳动人口所占比例越来越小”。鉴于房地产市场对美国经济的重要性，报告还指出，移民的到来往往会降低“儿童保育、食品准备、房屋清洁和维修及建筑”的成本。移民及其后代对住房的额外需求也推动了房地产经济的发展。此外，如果没有移民提供家政服务，那么将会有多少因为夫妻双方都要工作而在照顾孩子上无法亲力亲为的美国中产阶级家庭无法正常生活。2030年美国经济将更多地受到移民创造性活力的推动，而不是像今天这样——除非筑墙者们另有高招。

对移民的“损失厌恶偏见”

移民问题之所以备受争议，是因为我们往往更关注其中的不利因素而非有利因素。心理学家阿莫斯·特沃斯基（Amos Tversky）和丹尼尔·卡尼曼（Daniel Kahneman）提出，在生活中的许多领域，我们之所以会做出糟糕的决定，是因为我们的思维被“损失厌恶偏见”蒙蔽。进行了多次实验之后，他们得出结论：

人们倾向于避免损失，而不是锁定等价收益。虽然这看起来很奇怪，但大多数人觉得避免损失 10 美元比赢得 10 美元更具吸引力。

挪威行为经济学家西娅·韦格（Thea Wiig）在卑尔根大学完成硕士论文时开展了一项实验，向一些人展示有关移民就业（显示移民带来的潜在社会收益）和移民对福利项目的影响（显示潜在损失）的统计数据。她发现，在人们的心目中，“接收移民的损失大过收益”，这导致人们对移民持负面态度。“人们容易受强调移民成本的负面框架影响。”她写道。具体来说，“挪威移民就业率（60%）的行为信息会导致个人更严格地评估自己对移民政策的偏向”。这项研究的含义是，一旦我们注意到“人们更愿意放弃移民带来的好处，而不是承担移民带来的成本”，那么人们对移民的态度偏向以及由此制定的合理政策范围就可以被塑造，甚至是操纵。随着 2030 年的临近，人们必须认识到移民的负面框架已经成熟且具备巨大的影响力，它非常有效地压倒了那些宣扬移民福利的人。记者詹姆斯·苏罗维茨基（James Surowiecki）发表在《纽约客》上的说辞——“我们正在失去我们的国家”如此令人信服，正是因为它迎合了我们的“损失厌恶偏见”，这增加了反移民候选人在选举中的优势。

其他关于探索“损失厌恶偏见”的相关研究也为移民本身的行为提供启示。在对本国人、决定移民他国的在国外出生的人和留在原籍国的人之间进行行为差异分析后，得到的结论是，在这三类人中，移民对承担风险的容忍度最高。这或许可以解释为什么这么多移民成为企业家。同样重要的是，潜在移民对未来经济状况的坏消息的反应与其他人一样，比对好消息的反应程度更强烈。此外，马蒂亚斯·蔡卡（Mathias Czaika）在另一项研究中指出，移民动机更大程度上是由原籍国困难的经济引发，而非目的地国可观的机会。这一发现表明，大多数移民不只是想提高一点儿他们在本国的生活水平，他们中的大多数人更想逃离不宜居的甚至是绝望的经济环境。

房产（或缺少房产）也是移民考虑的一个关键因素，因为它影响人们对风险的态度。在发表于《美国国家科学院院刊》的一篇研究报告中，威廉·克拉克（William Clark）和威廉·利索夫斯基（William Lisowski）发现，移民们会仔细衡量移居到另一个国家的利弊。拥有房产或拥有其他类型财产的人在国家内部或国家之间流动的可能性较小，这就是贫穷国家的土地再分配会比边境墙更有效地降低移民率的原因。

实际上，人们有很多理由关注移民带来的好处。由美国社会保障管理局受托人在 2018 年做的一份报告警告称，到 2030 年，信托基金“短期财务充足”的最低水平都将不保，因为政府正在用信托基金来维持福利的发放，而非确保基金体系的长久运作。《今日美国》以“社会保障和医疗保险正在慢慢消亡，而华盛顿方面作壁上观”作为报道的标题，正好迎合了这份报告。

事实证明，移民并不是一种威胁，换一个角度看反而是一个机会，可以保障养老金体系未来的存续能力。移民每年缴纳数十亿美元的社会保障工资税，即便他们没有证件，甚至使用假的社会保障号码。据智库“新美国经济”阐述，尽管 2016 年有 800 万非法劳工缴纳约 130 亿美元的工资税，但他们通常无法申请社会保障福利。贡献最大的反而是低收入移民，因为 6.2% 的社会保障税率只适用于 128 400 美元这一收入水平的群体。任职于美国经济政策研究所的经济学家莫妮克·莫里西（Monique Morrissey）表示：

“从短期和长期来看，驱逐无证移民将对社会保障基金产生负面影响，因为这种基金与人口增长挂钩。”在他们的报告中，美国社会保障管理局的受托人观察到，移民浪潮的兴起可能是潜在的有利因素，“因为移民普遍年轻化，基金的缴纳者多于领取者，因而成本率会随着总净移民数的增加而降低”。

本质问题实际上是框架问题。你如果进行横向思考，可以把问题转变为巨大的机会。我们越注重机遇，就能越好地应对 2030 年的挑战。

视人才外流为人才流通

即使是最坚定的移民反对者也认为美国经济需要高技能的外国人来填补缺口，但这是否意味着我们正在利用贫穷国家最优秀的人才？早在 20 世纪 50 年代，英国人就创造了“人才外流”一词，用以谴责他们的人力资本流失到美国和加拿大，在那里，医生、工程师和其他高素质人才能找到比在自己的祖国更高薪的工作。在过去三四十年里，类似的人才迁移过程剥夺了包括孟加拉国、尼日利亚和菲律宾在内的发展中国家部分最宝贵的人力资本。加州大学伯克利分校的地理学家、政治学家安娜丽·萨克森尼（AnnaLee Saxenian）认为，人才外流导致的贫困循环可以转变为人才流通的良性循环，这对原籍国（地）和目的地国都有利。

例如，从家乡中国台湾来到美国的吴敏曾在斯坦福大学攻读电气工程博士学位，1976 年毕业后，他进入著名的硅尼克斯（Siliconix）和英特尔公司工作。十年后，他在硅谷与人合伙创立 VLSI 技术公司，这是一家致力于集成电路设计和制造的公司。至

20 世纪 80 年代末，中国台湾已成为芯片制造业的沃土，因此他决定利用自己在美国的人脉创办旺宏电子。旺宏电子是台湾首批半导体公司之一，也是首家在纳斯达克上市的台湾公司，由此他过上了横跨太平洋的永久通勤生活。吴敏的创业精神既受益于他的出生地，也受益于他的第二故乡。

和吴敏一样，金哲仁在 20 世纪 60 年代离开韩国到美国求学。他回忆自己刚到沃顿商学院时，“朝鲜半岛受到战争的蹂躏，你无法想象韩国人面临的前景有多么严峻。我们的生活一贫如洗，我们的国家满目疮痍”。1969 年他取得博士学位并成为大学教授后创立了艾马克技术，成为半导体封装和测试服务提供商，该公司 2018 年的销售额为 42 亿美元。此外，艾马克技术设立在东亚和葡萄牙的工厂雇用了近 3 万名员工，并在美国拥有多家工厂。这家公司的名字（Amkor）说明了一切：它是“美国”和“韩国”的结合体，艾马克技术帮助韩国成为今天的科技强国。“我们存活了，我们坚持了，最后我们成功了。”金哲仁说。

像吴敏和金哲仁这样有远见的企业家展示了移民对许多国家的强大影响力。得益于低廉的运输成本及借助数字手段便捷沟通，企业家现在可以跨印度和美国或中国和美国等两个距离遥远的国家经营业务，利用每个国家的资源进行互补。如今，各大洲都可以在日常和复杂的任务上实时协作。因此，移民为原籍国（地）和目的地国都创造了就业机会。虽然直到近期，此类合作的市场仍主要是美国，但是中国和印度消费市场的增长潜力将为此类跨国企业家或公司在未来创造巨大的机遇。

而且，萨克森尼描述的世界范围内的人才流通所带来的好处是多方面的。它不但吸引高素质移民来到像美国这样经常面临劳动力短缺的经济体，而且在朝阳产业中为美国人创造就业机会。至关重要的是，随着经济活动和消费重心从北大西洋转移到亚洲，并最终转移到非洲，它会在美国和世界上其他一些大型新兴市场之间架起一座桥梁，这可能会带来巨大的收益。

世界银行曾根据所谓的移民企业家和来美国学习的工程师组建的侨民网络，对国际合作的体量规模做出评估。他们来自不同的原籍国（地），其中50%～75%的人返回了故土，许多人在那里创办了初创公司。留在美国的人中，约50%每年至少回原籍国（地）出差一次。以色列、印度和中国台湾在高技能移民的侨民网络中受益最大。在市场经济中，信息技术行业最适合这样的跨国发展，这也得益于此类行业对资本的要求较低。

尽管在移民问题上蕴藏的机遇是巨大的，但如果本国人只是片面地关注到自己正在失去工作机会，那么潜在的思维陷阱也同样巨大。我们非常有必要就关于移民的数量、时机和成分的最佳政策进行冷静的探讨，以最大限度地扩大原籍国（地）和目的地国的机会，并保障数百万人不会因全球化而失业，社区不会因此衰落。研究表明，基于配额的制度似乎并不是实现这一目标的最佳选择，而基于劳动力需求和资格的制度有更大的成功机会。加拿大或许是最佳例证，它成功地吸引高技术移民，为国外大学生提供在毕业时获得工作签证的途径。雇主协会加拿大会议委员会曾于2018年估计，如果减少移民，未来20年的经济增长速度将仅为此前的2/3："如果停止移民，加拿大将面临劳动力萎缩、经济增长乏力的局面，医疗保健等社会服务的资金链运行也将遭遇更大的危机。"2030年最具活力的经济体将是那些能够利用移民的积极贡献，同时照顾在经济的不断转型中受到伤害的民众的经济体。

婴儿、移民和机遇

以婴儿为引线，本章详细讨论了 2030 年的趋势。不久的将来的年轻消费者已经诞生，一些移民措施将消除世界上某些地区人口迅速老龄化的影响。与此同时，对那些落在时代后面的人来说，适应新现实的成本越来越高，他们的恐惧甚至愤怒也随之加剧。这些矛盾的力量相互碰撞的结果将取决于我们如何从目前的焦虑转向未来的机遇。

对包括美国在内的许多国家来说，解决之道在于平衡不同世代群体的需求和愿望。年轻人和老年人以截然不同的方式看待未来的挑战，这可能是意料之中的事。在同一个问题上，一方会看到价值，另一方往往只看到损失。接下来的第 2 章将讲述如何抓住人口大规模变化所带来的机遇。

2

银发族引领新潮流

跟上科技浪潮的老年群体，以及“老年”与“青年”的未来我这代人成长在宗教信仰和生存绝望之间，过去选择大麻，现在已处在红葡萄酒阶段。

—— **佩吉·努南**

记者、作家

今天，全世界23亿千禧一代（1980—2000年出生的人）成为举世瞩目的焦点。公司和政客们希望得到这代人所有的头脑、钱包与选票。摩根士丹利的资料显示，千禧一代目前处于“经济活动中最重要的年龄段”，因为他们具有组建家庭、生育孩子和安定生活的需求。

这着实是一个错误的认知。

首先，千禧一代与上一代人都具有多样性。这个年龄段的人拥有的特质各不相同：有些人受过非常高阶的高等教育，有些人则没有；有些人很富有，有些人则艰难地维持生计；有些人患上消费主义自恋症，有些人则厌恶商业主义。媒体喜欢泛泛地总结他们的态度与行为，热衷于用耸人听闻的方式来宣传他们：

“千禧一代正在毁掉晚餐约会。”

“千禧一代正式毁掉了早午餐。”

“千禧一代的玫瑰情结正在扼杀啤酒行业。”

“千禧一代正在摧毁纸巾行业。”

“千禧一代正在扼杀电影业。”

“千禧一代会推翻房屋所有权吗？”

“千禧一代为什么性冷淡？”

还有一个更根本的原因，那就是人们对千禧一代的关注过犹不及。与传统观点相反，实际上千禧一代恰恰不是世界上成长最快的市场群体。若按年龄段划分，增长最快的群体也许会令你大跌眼镜，这个群体往往被公司忽视，却受政客们的追捧（因为他们参与投票更积极），同时他们正巧掌握着全球至少50%的净资产——其中大约80%集中在美国。他们的平均年龄在60岁以上，并且到2030年，世界范围内这一年龄段的新增人口数量将超4亿，主要分布在欧洲、北美和中国。在美国，这一年龄段的群体包括婴儿潮一代和沉默的一代（那些在大萧条时期长大，在第二次世界大战期间生活或战斗过的一代；汤姆·布罗考称他们为“最伟大的一代”）。美国历史学家尼尔·豪（Neil Howe）在《福布斯》杂志上发表文章指出：“当今，老年人的相对富裕程度在历史上是空前的。”豪对这个话题有发言权：正是他创造了“千禧一代”这个词。

美联储的数据显示：“沉默的一代拥有的财富大约是婴儿潮一代的1.3倍，是失落的一代[①]的2倍多，是千禧一代的23倍。”根据豪的说法，“营销人员在他们身上发现了购买力的新大陆，正投入

① 失落的一代指20世纪60年代末到70年代中期出生的那拨人。——译者注

大量广告资金来吸引六七十岁的老年消费者”。行业杂志《广告时代》甚至特别报道了耐克、波兰泉（Poland Spring）等全球品牌发起的以八旬老人为主题的系列活动。关于在美国与老年人相关的医疗成本正在飙升的论述并不准确，事实上，自 2002 年以来，大部分医疗支出的增长出现在 18～64 岁的群体中。

理解不同世代

我们正处在不可预测的历史转折点：不同世代的人正在同台竞争影响力。代际的重要之处体现在几代人不同的成长岁月与经历，以及他们当前的处境，造就他们特色各异的行事风格。小说家约翰·多斯·帕索斯（John Dos Passos）写道：“促进一种新兴世界观的形成是一代人合力的结果，远非个别人的作用力，而我们每个人都要为建设这座大厦添砖加瓦，尽管砖瓦的质量良莠不齐。”

如今，企业面临一个两极化问题：不但千禧一代的消费行为令他们感到困惑，面对新一代老年群体的生活和消费习惯，他们也显得黔驴技穷（65 岁开始舒适的退休生活，这一为人熟知的基准可能不再适用）。而令问题复杂化的是，这两代人之间有着怎样的纠缠？琳达·伯恩斯坦（Linda Bernstein）在 2016 年《福布斯》杂志的一篇文章中写道：“抨击婴儿潮一代已经成为一种时尚。”许多年轻人对婴儿潮一代感到愤怒，将从金融危机、气候变化到迷离的经济趋势等一切问题都归咎于他们。异代人之间在政治上也存在分歧，平均而言，年轻人往往更进步，但他们目睹了自己的父辈和祖父母普遍支持民粹主义政客、新形式的民族主义，以及热衷筑墙的保守派。此外，2008 年的金融危机也对“每一代人都会比他们的父辈更富裕”这一旧观念发起挑战。但这种指责是双向的，这几代人都在互相指责对方自私自利且自恋。

关于代际动态，在本质上的新定义是，随着 2030 年的临近，“年轻”与“年迈”的传统定义将被颠覆。我们不能再认为“活力”与“衰老”是年轻和年迈的代名词。新的技术发展将彻底改变我们对退休人员和老年人的护理方式。暂停片刻，想象一下这样一个世界：我们的父母和祖父母都曾是地球上最活跃、最具生产力的一群人。在高科技环境中长大的千禧一代，已有意识地为 60 岁以上老人的福祉开始创业。考虑一下这样一种可能性：在这个世界上，年龄因素不再是工作招聘的桎梏，比如 70 岁的新入职员工可能并不罕见。60 岁以上群体的年消费能力预计将达到 15 万亿美元，这一群体的购买力将如何变现？

德国社会学家卡尔·曼海姆（Karl Mannheim）是第一个指出“世代”核心内涵的人。早在一个世纪前，他将“世代”定义为这样一群人的集合：他们存在于同一个时空，终其一生都具有共通的鲜明的特定行为方式，并由此造就一种集体意义，这种意义往往依附于某些特殊经历，如大萧条、第二次世界大战、民权运动、互联网或社交媒体。这与“年龄群体”不同，“年龄群体”只表示出生在任意一个时间段，比如 10 年即为一代，并没有统一的特征。

尽管在社会经济地位或文化价值观等方面存在差异，但同属一个特定世代的个体之间依然会形成一种共识。曼海姆把这样的子群体称为“世代单位”。例如美国的“民权一代”，我们可以从社会观念、他们与事业的密切关系、政治参与水平等方面观察这个世代内部的差异。

然而，法国人类学家、社会学家皮埃尔·布尔迪厄（Pierre

Bourdieu）于 20 世纪 70 年代首次从另一个角度提出“世代”的概念。他并非从特定的历史事件出发，而是关注“倾向”。他认为，每个世代都会发展出他们认为是自然合理但在另一代人看来是不敢想象或可耻的做法或愿望。换句话说，后天形成的行为趋势（他将此称为“习性”）和社会化这些因素使每代人都与众不同。

这些因素对于理解世代对经济的影响至关重要，尤其是在储蓄和消费方面。想一想不同世代的人竞相推进自己的经济和政治议程的影响，每个世代中的不同子集有他们自己的当务之急和需求。

让我们也思考一下，随着时间的推移，特定一代人的老龄化如何影响人们的态度或行为。无论他们出生时的差异有多大，随着年龄的增长，这一代人是否会逐渐趋于同一套价值观？

老年消费者不需要广告宣传

英国记者、编辑斯特凡诺·哈特菲尔德（Stefano Hatfield）写道：“我预感危机将要来临，我的黑发变成了银丝，生理机能也在减退。我在等待成为广告商的目标人群，希望他们用野心勃勃的眼神和语气聚焦于我。”一项调查研究表明，在 50 岁以上的英国人当中，多达 96% 的人将自己归属于被广告商忽视的群体。美国退休人员协会在最近发表的一篇文章中写道：“婴儿潮一代经济宽裕，广告商却似乎视若无睹。”若 50 岁的人就已感觉如此，试想一下这对 60 岁或 70 岁以上的人又意味着什么。相对于年轻人口起伏不定的增长趋势来说，全世界 60 岁以上的人口呈现的是持续增长的态势。

我们来计算一下。

在中国每天大约有 5.4 万人庆祝他们的六十大寿，在美国则大约有 1.2 万人。放眼全球，这个数字高达 21 万。很少有企业家和公司抗拒得了这些诱人的数据。到 2030 年，在全球范围内这个年龄段的人数将从现在的 10 亿增至约 14 亿，其中美国将新增 1 400 多万（总计将达到 9 000 万）、墨西哥新增 600 多万、英国新增 300 多万、印度新增 5 000 多万，中国的新增数量将超过 1.13 亿。不发达国家也会出现大幅增长，增长比率相对于总人口数而言更大。例如，孟加拉国 60 岁以上的人口将从 1 300 万跃升至 2 100 万。

计算这个群体在总人口中所占的比率为分析人口变化所造成的社会后果提供了至关重要的统计数据。到 2030 年，这一比率在日本将达到 38%，德国为 34%，英国为 28%，美国为 26%，中国为 25%。那么养老金和医疗体系能够应付这种状况吗？

这个问题问得很好，但我们也需要从机会角度看待这些数据。2018 年《福布斯》杂志宣称人口老龄化是“商业的福音”。《经济学人》最近评论道：“老年消费者将重塑商业格局。”我们正处于老年消费市场的黎明，这个市场的购买力正在增强，尤其是在新兴经济体中。然而，据波士顿咨询公司估计，只有 1/7 的公司做好了应对的准备。众所周知，无论是老牌公司还是初创公司，大多数技术、营销和销售部门都由年轻人组成，因而他们对老年消费市场的机会挖掘存在盲点也不足为奇。但这是一个遗憾的失误，因为与过去几代人相比，现在的老年消费市场不仅更健全，而且据估计到 2030 年老年消费者的购买力将高达 20 万亿美元。

满足老年消费者的需求和愿望并非易事。南加州大学老年学学院高级副院长玛丽亚·亨克（Maria Henke）指出：“老年人是一个难以撼动的群体，把广告宣传用在他们身上是徒劳的。面对各式各样的广告宣传，他们可谓身经百战。”毕竟，如果你属于出生在

1944—1964 年的婴儿潮一代，想象一下你见证过的广告界革命——从广播广告到病毒式营销。他们已对此厌倦："我真的需要这个商品吗？"

但广告商面临的挑战远不止找到正确的沟通和广告策略。人们的衰老速度不同，需求与偏好也发生着不同的改变——他们并不一定感觉或认为自己"老了"。哈特菲尔德敏锐地观察到："尤其是广告行业中的大多数人及媒体通常都没注意到，如今 50 岁的人相对于我们父辈的 50 岁可谓今非昔比。存在一种错误假设，认为人们可以单纯按年龄被划分为不同的类别。"可可 · 香奈儿有句名言："人过 40 便青春不再，但任何年龄段都有其使人无法抗拒的独特魅力。"《快公司》杂志的杰夫 · 比尔（Jeff Beer）指出："面向老年消费者的广告通常展现出居高临下的姿态，更糟糕的是，甚至带有冒犯性。"在广告公司李岱艾（TBWA）担任文化策略全球总监的萨拉 · 拉比阿（Sarah Rabia）恰如其分地总结了这个难题："要么更具包容性，干脆不按年龄来划分人群，而是着眼于受众的价值和相似之处，因为婴儿潮一代和千禧一代有许多共性，要么就聚焦于这个年龄群，但要对他们使用乐观、现代和进步的语调。"

在一项综合研究中，全球性的广告公司 McGann 负责研究工作的高级副总裁娜迪亚 · 图马（Nadia Tuma）指出："在绝大多数人看来，平和的衰老过程意味着与比你年轻和年长的人共度时光。相较于人们对高档保湿霜的痴信，良好的代际联系是更有效的驻颜良药。"这引出一个重要观点：过去沿用下来的人群类别划分方式在 2030 年将不再适用。图马总结说："这几乎类似于我们创造了人口统计学，它反而成为我们更深层次探究人类的障碍。"

让我再举一个例子来说明迎合老年消费者存在的难度。耐用消费品（如家用电器、工具和汽车）形成了一个独特的挑战，根据定义，这类产品的设计和制造使其理想情况下可以使用5年、10年甚至20年。在这期间，老年用户的需求和生理机能可能会发生变化，因而对这类用户来说产品容易被淘汰。我们应该明白，老年消费者不像年轻人那样频繁地更换耐用品，尤其是当他们需要确保储蓄能够维持整个退休生活时。考虑一下适合60岁人群使用的洗衣机的最佳款式，滚筒洗衣机仍然适用，而且与其他类型相比，它们更节省能源。但到了七八十岁，人们可能会发现波轮洗衣机更方便（尽管更耗电），它的旋钮更容易抓握，图标和文字显示更清晰。一篇关于环保洗衣机的文章指出："对于双手不灵活的人来说，易于抓握的凹槽（位于波轮洗衣机的顶盖上）十分重要。此外，凹槽越深、越宽，那些视力较差的人越容易看见并找到它。"

有两种可能的方法可以宽慰需要产品定制服务的老年人：第一种是提供租赁服务（而不是购买），这使消费者每隔几年就可以更换一种新产品，并且对余生短暂的老人来说，在经济便利性上更具吸引力；第二种是提供功能设计产品，能够预测到人的健康、体能或认知能力的下降。以洗衣机为例，它完全可能适应不同世代用户使用偏好的变化，例如多种类型的数字显示和控制功能。

洞悉老年消费需求

针对老年消费市场推出新产品和新服务方面的商机是无限的，成功的关键在于要对老年人的消费习惯了如指掌。毫无疑问，老年人的生活质量是重中之重。根据美国退休人员协会的调查，大多数老年人对他们的整体生活质量持乐观态度，这包括经济状况、身心健康状况、娱乐和休闲时间、家庭生活状况。有将近75%的老年人希望他们的生活质量能够有所提高或保持不变（尽管人在70岁之后乐观情绪会开始减弱）。老年人的生活逐渐显现四个特性：独立、自主、流动和联通。这不仅是老年人应对身体和认知能力下降的后果，也关乎他们克服孤独并在余生找到持续的快乐。瑞典电影导演英格玛·伯格曼（Ingmar Bergman）在《野草莓》（1957年）中十分成功地抓住了这些痛点，这部影片讲述了一位78岁脾气暴躁的医生驱车400英里，返回母校接受颁发给他的终身成就奖的故事。这一路他重游故地，不断回忆起纷争的往事与挫折，沉浸在对往事沉重的自省中，这次行程成为他的一次心灵救赎之旅，也是年迈的他所体验的一次深度孤独之旅。

伴随着老年市场逐渐成形，医疗保健、家庭护理、生活协助以及其他类似的服务行业将在2030年蓬勃发展，休闲娱乐产业也将大受欢迎。但或许最令人垂涎三尺的机会将出现在生活质量和空间品质方面，具有更强创造性和创新性的解决方案将推动它进步和发展。

我们再来探讨一下鞋子，就鞋类商品而言，消费者在设计、质量和价格方面有诸多选择，更不用说品位与偏好。这个行业充斥着成千上万的公司和品牌，然而除了耐克，没有哪家公司拥有显著的市场份额。如今考虑到老年消费市场的需求，具备缓解膝盖和臀部疼痛功能的鞋子供不应求，外观时尚且穿着舒适的鞋子已成为刚需。健康的消费者可能不会想到这一点，但他们也有对左右脚的鞋子进行不同修改的需求，这些以消费者为中心的细节可以为愿意在品牌战略中适应新兴人口结构变化的公司输送数百万潜在客户。那么又有哪些经验适用于实体店呢？这里有一些给零售商的建议：鉴于老年人往往爱早起，店铺可以早一点儿开门营业，并且在早晨提供折扣优惠；增加一个忠诚消费者计划；确保店内有足够多的座位；雇用了解老年消费群体需求和关注点的员工。

另一个机会出现在健康和健身领域。如今健身房和瑜伽馆如雨后春笋般在年轻人工作的地方涌现，而针对老年群体，年龄友好型健身中心则是一类非常适合有健身意愿的老年人光顾的健身房。根据国际抗衰老协会对年龄友好型健身中心进行的在线定位显示：在得克萨斯州凯蒂市邮政编码 77494 的范围内，只有 5 家这样的健身中心，供大约 10.5 万居民使用；2 家位于我现在身处的费城市区，有 2 万人居住于此；在美国最年轻的地区之一——弗吉尼亚州的莱克星敦只有 1 家；在年龄中位数最高的佛罗里达州萨姆特县，只有 7 家适合老年人的健身中心，供 12.5 万居民使用。因此，现在正是考虑在老年人居住（或有意向居住）的地区开设更多的年龄友好型健身中心的好时机。

再来看看网上购物的趋势。在老年人是否将网购视为一种更便捷的购物方式这一点上存在很大的争议，尤其是在他们行动不便甚至完全无法行走的情况下。据市场研究机构 eMarketer 称，在使用亚马逊 Prime 服务、在实体店购买产品前进行数字化研究，或通过在线商城购买产品方面，60 岁及以上的美国人仅落后于其他几代人几个百分点。然而，他们使用智能手机购物或通过社交媒体了解一款产品的可能性却低更多。尽管他们在任何方面都不是数字化的落后者，但老年消费群体显示出一些倾向于就近购物的迹象，因为他们可以在小型商店或者当地商店里寻求自己心仪的个性化服务。市场监测和数据分析公司尼尔森的数据显示，老年人逛各类商店（尤其是杂货店）的频率比其他年龄段的人高得多。但是条条道路通罗马，事实上，电子商务与实体店可以是互补的，尽管我们应该明白，很大一部分老年人出于对他们的储蓄需要维持余生的考虑，对商品价格十分敏感。

可自由支配的开支，或用于住房、食品、公用事业、医疗保健、交通和教育等必需品以外的支出，是老年消费的另一个增长领域。在美国，35～55 岁人群可自由支配的开支达到峰值，约占总开支的 40%。由于流动性下降和对护理服务需求的增加，老年人正在逐渐减少不必要的开支，75 岁以上的人的这一比率低于 33%。

如果你在全球范围内考虑老年人的可自由支配开支，这里面会另有隐情。在欧洲国家、加拿大和日本，由于自付医疗费用较低，可自由支配的开支的比率比美国高 12 个百分点。换句话说，医保覆盖范围会影响非必要的支出。例如，美国 65 岁以上的老年人平均有 14% 的支出用于医疗保健，而在英国的这一比率不到 3%，这也促使英国老年人在穿着打扮、外出就餐、旅游等方面的支出几乎是美国老年人的两倍。

说到休闲，一个普遍的误解是老年人比其他年龄段的人的开销更大，因为他们有更多的空闲时间。然而事实或许并非如此，他们越是感觉到健康、充满活力，越会更多地参与其他活动，比如工作（至少是兼职），在零工经济中寻找机会，或者做志愿者。此外，“休闲”活动名目繁多，以至于它实际上掩盖了某些重要的趋势。让我们从人们在闲暇时间做些什么开始思考，老年人花在看电视、阅读、放松或思考上的时间比四五十岁的人要多。说到付费休闲，如今的老年人比前几代人更愿意花钱旅游，因为他们更加健康，身体状况更好。欧洲国家、中国和日本的老年人在旅游方面的总体支出高于美国，这意味着如果医疗成本不上升，美国未来在该领域的增长空间会比其他国家大。鉴于许多老年人偏爱短途旅行，老年人对旅游的需求将为他们居住的国家创造更多就业机会。

飞利浦：老年市场拯救破产命运

许多公司将把业务聚焦于老年消费市场作为成功的秘诀，一些处于衰退期的公司则通过形象重塑，避免破产清算的命运。以飞利浦为例，它是世界上历史最悠久、规模最大、最具传奇色彩的跨国公司之一。杰拉德·飞利浦与其父弗雷德里克于1891年在荷兰共同创建飞利浦，但到1895年，它已在破产的边缘摇摇欲坠，因而杰拉德请来他拥有工程学学位的弟弟安东参与经营。随后，公司立即转移业务重心，开始注重产品设计方面的科学严谨性。由于荷兰早在17世纪就掀起了科学革命，创新精神无疑是他们的优势。随后一系列突破性的发明横空出世：钨丝灯（1907年）、电动剃须刀（1939年）、盒式录音磁带（1963年）、VCR（卡带式影像录放机，1972年）、CD（激光唱片，1983年）、全球移动通信系统（1983年）、DVD（高密度数字视频光盘）播放机（1998年）……

然而，在20世纪八九十年代，飞利浦在与企业经营成本相对较低的日本、韩国和中国企业竞争的压力下再次陷入困境，数十亿美元的巨额亏损笼罩着这家公司。最高管理层千方百计地扭转颓势。他们聘请多位顶级顾问，重组制造工厂，调整全球物流供应链，还升级营销模式，并且通过使用双重报告结构和跨职能团队对公司进行重组，要求工程师与营销人员相互协作，以直抵消费者的需求，然而这一切都劳而无功。

飞利浦在30年内换了6位CEO（首席执行官），相比之下，他们在企业成立的前100年只更换过5位CEO。2011年，万豪敦被任命为 CEO，他是在飞利浦成长起来的员工，一生都在为飞利浦工作，他父亲是公司董事会成员。万豪敦没有重蹈前任的覆辙，他判断公司应该顺应全球经济和人口趋势的变化，而不是逆流而上。灯泡和电视机是公司的主要收入来源，但它们的利润在逐年下降。像飞利浦这样的世界级品牌该何去何从？万豪敦提出了一个全然不同的经营方向：将业务专注于与医疗保健相关的研发密集型和定制化电子产品，如扫描仪和成像设备。因为随着全球人口老龄化加剧，人们对这类产品的需求会不断增长。如今，飞利浦医疗部门的收入至少占公司总收入的 2/3，利润也实现了大幅度增长。

老年人：头号科技驱动力

“我妈妈刚退休，是一位老年科技发烧友。”《今日美国》的撰稿人之一詹妮弗 · 乔利（Jennifer Jolly）写道，“她和朋友们玩猜字谜游戏，知道如何在脸书上发布照片，时不时地拍一张像样的自拍。事实证明，这些看似简单的日常生活数字化剂量可能很快就会成为医生为老年人和爱他们的人开具的处方。”密歇根州立大学教授希拉 · 科顿（Sheila Cotten）领导的研究小组在《老年学杂志》（*Journal of Gerontology*）上发表的一项研究指出，使用互联网的美国老年人患抑郁症的概率较低。老年人对这样的研究结果并不感到惊讶。70 岁的安嫩娜 · 麦克莱斯基（Annena McCleskey）正处在髋关节置换手术的康复期，她说：“我不想被限制在一个封闭的环境中，被迫与我的朋友和所有的事情隔离。互联网给予了我亲近家人、朋友和游戏的机会。”

谈到衰老，“技术改变一切”这句箴言无疑是正确的。首先，医学、营养和生物技术等领域的突破正在帮助更多的人享受更长寿的生活。到2030年，平均70岁的人将会像今天50岁的人一样生活。

与传统认知相反，大众普遍认为虚拟现实、人工智能和纳米技术等新兴领域正以年轻人的需求为先导，事实却是当今最令人兴奋的突破和发展是由60岁以上人口的需求驱动的。

以Rendever为例，这家初创公司专注于开发虚拟现实应用程序来帮助老年人克服孤独感。Rendever的首席执行官、联合创始人凯尔·兰德（Kyle Rand）说："Rendever正致力于为那些不再有能力独自外出探索世界的居家老年人专门开发一种虚拟现实体验设计。有了虚拟现实技术，你戴上这个设备，就可以游览全球任何地方。你前一分钟还玩着宾果游戏、创作艺术品或制作手工艺品，转瞬间就置身于埃菲尔铁塔之上。"除了引发健康问题，社交孤岛还会加剧老年人认知能力的下降，增加患高血压的风险。而冲破孤立的诀窍在于使用虚拟现实技术营造一种社交环境、一种游戏体验。"在老年生活社区，有6个居民戴着设备，同时体验同样的事情，"兰德说，"网络技术使他们能够分享这些群体经历。"他们还采用"回忆疗法"缓解压力，"以一种身临其境的方式，把一个人带回对他来说有意义的地方，回顾他早期的生活经历"来使他感到宽慰。

另一个提高老年人生活质量的可行性措施是开发外骨骼系统（类似钢铁侠，不过这是为祖父母们设计的），以满足诸如爬楼梯、拎购物袋、整理床铺或髋骨骨折康复等特定需求。请记住，老年人热衷于维持生活质量、生活自主和自力更生。日本初创公司Innophys已经卖出1 000台Exo-Muscle，这是一款帮助人们提起购物袋或行李箱等重物的机器人背部支撑设备，售价6 000美元起。"外骨骼系统的关键在于控制，即设备必须了解何时启动动作。"首席执行官藤本隆（Takashi Fujimoto）说。其他公司也在开发传感器，用以检测来自神经系统的电信号，以跟踪肌肉运动。

日本在老年机器人领域处于全球领先地位，因为无论是绝对市场还是相对市场，日本都是全球最大的老年消费市场之一。在日本为老年人物色一位薪酬适中的护理人员很困难，移民的缺乏使情况进一步恶化。（包括美国在内的大多数国家，大约 90% 的有偿老年护理工作都是由移民负责的。）到 2025 年，日本将需要再增加 100 万名护士，而目前日本还没有能力配备。日本会使用机器人来解决这种短缺问题吗？丰田等公司已经开发出“人类支持机器人”原型机，它可以通过语音指令拿取药物、端一杯水或拉上窗帘。另一个例子是海豹型机器人 Paro，它为卧床的病人提供舒适的服务，它的舒缓作用是惊人的：病人们反馈说他们的焦虑和抑郁都得以减轻；对那些患有痴呆症的人来说，与 Paro 互动使他们能一直身处被监控区域。目前有多达 30 个国家在使用 Paro，丹麦 80% 的国有养老院里都有 Paro。你也许想知道为什么要将其设计成海豹，而不是狗或猫。事实证明，这样做的初衷是很人性化的：狗或猫显然是首选，但发明者柴田崇德（Takanori Shibata）博士指出，患者会将它们与真狗或真猫比较，“他们的期望太高”。此外，“爱狗人士不喜欢机器猫，爱猫人士也不喜欢机器狗”。相比之下，大多数人对海豹持中立态度。

尽管美国在老年机器人领域总体上落后于日本，但美国一直在努力拥抱技术创新。布鲁克代尔老年关怀公司运营着目前最大的养老社区网络，拥有超过 10 万居民，它在支持语音数字助手这项业务上投入巨大，这对关节炎或黄斑变性患者非常有帮助。布鲁克代尔的机器人 ElliQ 鼓励老年人通过在线游戏、视频聊天、TED 演讲和其他社交活动活跃起来。与机器人互动的老年人似乎不那么抑郁，也更加投入。布鲁克代尔称这项新计划为“张开双臂的机器人”。

日本人也在寻求机器人技术在其他年龄段的应用。机器人 Nao Evolution VS 与长期住院治疗的儿童互动，指导糖尿病患者监控和管理血糖水平，开展理疗课程，并在各种学术科目上指导学生。显然，孩子们非常喜欢与机器人互动，甚至胜过人类看护。

有些人可能会发现，未来老年人和儿童将由机器人来照顾是一种反常现象。坦率地说，我们别无选择，原因有二：今天新生儿的数量不足以承担起所有的护理任务，以及世界各国政府仍在努力阻止移民流动。正如我所说的，移民在过去通常从事看护工作。

老年人开始学习和创业了。迈克尔·泰勒（Michael Taylor）在 60 多岁时决定寻找新的道路：“我问自己，我‘长大’想做什么？”他攻读了室内设计专业的学士和硕士学位，并创办了自己的公司。《企业家》杂志的一篇文章指出：“1997 年，55～64 岁的创业者只占新兴创业者的 15%。根据考夫曼创业指数，2016 年，这个数字已达到 24%。”考虑到未来老年人口的规模和预期寿命的延长，到 2030 年，可能有 50% 的企业家都处在这一年龄段。

老龄化与金融科技

除医疗保健、零售和机器人领域，随着人口老龄化，金融行业将是全球经济变化最快的领域之一。简单来说，人们与金钱相关的需求、偏好和态度会随着年龄的增长而改变。旧金山联邦储备银行的两位经济学家最近进行的一项研究证明了这种动态，他们观察到美国股市上市股票的市盈率（PE）与人口老龄化之间存在非常强的相关性。市盈率由股价除以每股收益得出，高市盈率表明投资者愿意为了获取公司利润的一部分而慷慨解囊，这意味着他们看好这只股票，因为他们相信该公司有发展前景。这两位经济学家发现，从 20 世纪 50 年代到 21 世纪初，美国所有上市公司的平均市盈率都遵循一种模式：它随着人口的增长而下降，随着人口的年轻化而上升。

怎么会这样呢？老龄化和股票价格之间有什么关系？

长期相关性的原因有两方面：从投资的角度来看，随着年龄的增长，人们通常会越发厌恶风险。年轻人倾向于将储蓄投资于增值型资产类别，此举风险更高，股票就属于这类资产。当人们五六十岁时，他们开始通过购买更多风险较小的债券重新平衡他们的投资组合。最后，临近退休时，他们开始套现或购买年金保险（定期支付固定金额）。

年龄和消费之间也具有相关性。随着年龄的增长，人们会改变他们的消费行为。他们不再更换汽车或家用电器，往往也不再购买房产。即使要买，他们实际上也会降级消费。考虑到投资和购买行为在人一生中的变化轨迹，通过股票市场估值反映人口特征也就不足为奇。试想到 2030 年，有一件事几乎是肯定的：随着全球人口老龄化，市盈率将不再高如以往。然而，如果从现在起到那时，在见证我们对老龄化看法的转变之后，我们若能把握好其中潜在的机遇，股票市场和老龄化之间可能会形成良性的联系。

对银行服务而言，老龄化的影响将相当广泛。首先，人们对抵押贷款和消费信贷的需求可能会下降，但会对那些能够降低与投资储蓄相关的风险从而延长储蓄寿命的产品有更大的需求。此外，老年人对从所住房屋中获得收入的需求也在不断增长。我们将在第 7

章中详细谈及，爱彼迎就是这种可能性之一。如今在世界许多地方，银行都会提供反向抵押贷款业务，或者房主在当下同意接受银行支付的一笔一次性的反向抵押贷款或一连串的按月付款，作为交换，在他们去世后他们的房子归银行所有。这样房主依然可以住在家里，并利用房产获得一些收入。

如今，传统银行在重建信任、整合技术和提供创新产品方面承受着巨大的压力。老龄化还带来另一个挑战——储蓄率下降，因为超过一定年龄的人财务上往往是净支出，而不是净储蓄。巧合的是，客户存款是银行传统上最廉价的资金来源。由此看来，消费者在向银行借款时可能最终不得不支付更高的利率。

从好的方面看，人口老龄化将刺激对咨询服务、资产管理和年金保险等产品的需求。问题在于，提供这类高利润产品的并非只有银行，各种各样的金融中介和金融科技初创公司都在争夺老年消费市场。非传统风险公司创始人、美国退休人员协会前市场创新总监西奥多拉·劳（Theodora Lau）表示，金融科技行业需要“突破为18～35岁人群提供科技解决方案的现状，应专注于满足年龄增长过程中所有人的需求”。金融科技代表着一个宏大的机会，可以整合跨越几代人的服务。“这项战略的核心是帮助支持老年人的生态系统，包括他们的照顾者。”她说。

财经报纸《美国银行家》强调，金融科技公司还能解决的另一个棘手问题是，当家庭的经济支柱丧失行为能力或死亡时，该怎么办？4 000万丧偶的美国人对配偶生前的财务状况一无所知，他们该怎么办呢？布拉德·科坦斯基（Brad Kotansky）在其父亲去世后就面临这一问题。“我花了三年时间才把这个拼图的碎片拼在一起，父亲80年来积累了大量的东西，我的第一步是和我母亲交谈。”布拉德的母亲曾让他父亲管理家庭财务，直至2017年他父亲决定使用Onist这个应用程序，它可以使家庭成员和其他利益相关者共享金融数据和文件（如遗嘱、代理人的权力和财产所有权），这样他们就可以在亲戚去世后整理家庭的财务状况。该公司将这款软件销售给银行和其他金融机构。

或者还有另一种非常常见的情况：一个中年人失业了，但是他没有为提前退休做好经济准备。考虑社会保障和医疗保险提供的选项可能是一项艰巨的任务，在生存压力下想要制订可行的财务计划也很困难，这一切都可能因伴随失业而直线下降的自尊变得难上加难。拉米亚·约瑟夫（Ramya Joseph）在她父亲失业后创立了Pefin公司，该公司对其5 000名客户全部使用人工智能和大数据进行个性化建模，以提供自动生成的财务规划、咨询和投资选择。“归根结底，虽然金钱只是一种载体，但这关乎人们获得生命中最重要的东西，也关乎人们当前的方向选择和考虑。”Pefin公司首席执行官凯瑟琳·弗拉克斯（Catherine Flax）指出，“当我有1美元的财富增量，我应该用来储蓄还是偿还债务？又或是用它来投资我的401（k）养老基金？”此外该公司还向大型养老基金销售软件。

也许，未来需要受到关注的最重要领域之一是高龄者的财务滥用，这是一个日益严重的问题，往往对老年人造成或重或轻的影响。令人担忧的是，通常是亲戚、朋友、邻居、护工、律师、银行雇员和宗教社区领袖最频繁地对老年人犯下这类罪行。掠夺性贷款和身份盗用也很猖獗。全美成人保护服务协会（National Adult Protective Services Association）的调查数据显示，每20个老年人中就有1个声称自己受到过经济上的虐待，但此类虐待案例每44起中才有1起被曝光。据美国老龄问题联盟（National Coalition on Aging）粗略估算，也许仅仅在美国，金融滥用和欺诈每年就造成少则30亿美元、多则360亿美元的经济损失。各种预估数据表明，人们对这一日益扩散的“流行病”还知之甚少。美国退休人员协会报告说，每个受害者的平均损失为12万美元。与往常一样，科技或许能帮上忙，通过应用程序帮助各个年龄段的人记录他们的收入、支出、储蓄和资产，但科技也有可能加剧这个问题，金融网络犯罪难以遏制，这从侧面反映出找到解决办法的回报同样巨大。也许机器人可以通过编程照顾那些需要被照料的人，而绝不会偷窃他们的财物。

金融科技也可以拯救那些遭到欺骗性计划诈骗的毫无戒心的老年人。EverSafe的联合创始人、首席执行官霍华德·蒂施勒（Howard Tischler）说：“我母亲是一名会计，这足以说明她在财务方面非常精明。”但因为他母亲是一个法盲，“她找来一个人每周为她填写支付账单的支票，谁知这个人从中做手脚，最后她失去了一生的积蓄。直到我注意到她的记忆出现问题（并被诊断为阿尔茨海默病），我才知道她被人利用了”。EverSafe的联合创始人莉兹·洛伊（Liz Loewy）是曼哈顿地区检察官办公室处理虐待老人问题小组的负责人。在某一著名案件中，她起诉过慈善家、社交名媛布鲁克·阿斯特（Brooke Astor）的独子安东尼·D. 马歇尔（Anthony D. Marshall），他因从母亲那里偷走数百万美元而入狱两个月。他为什么这么做？因为他得知自己的遗产将被削减一半至1 450万美元，只占他母亲1亿美元财富的一小部分。而他的母亲无力保护自己，因为她饱受阿尔茨海默病的折磨。

EverSafe还使用机器学习来检测可能因第三方滥用而产生的金融行为的异常变化。蒂施勒解释说：“这个系统的基本概念是能够向消费者和他们所爱的人或者专业人士发送一份个人可疑活动报告，这样他们就可以在危机发生前收到警报。我们考虑到莉兹在老年金融滥用检举中观察到的模式，添加了机器学习算法的观察结果，并对社会保险或养老金这类存款的丢失，以及支出变化、不寻常的投资活动、未经授权的账户开立等情况发出警告。”

老年劳动力市场

在2015年的电影《实习生》中，70岁的鳏夫本·惠特克（罗伯特·德尼罗饰演）问：“我该如何度过余生？你说说看。高尔夫球、书、电影、扑克牌游戏。试着练瑜伽、学习烹饪、照顾植物或上中文普通话课。相信我，这一切我都尝试过了。”最终，他加入了布鲁克林一家在线时尚初创公司，参与公司旗下一项由创始人、首席执行官朱尔斯·奥斯汀（安妮·海瑟薇饰演）主导的旨在吸引年长的有为之士的新项目。历经一系列波折，本成为朱尔斯最亲密的顾问和知己。

思考一下，就因为我们没有充分利用年老一代的知识和经验，我们浪费了多少人才，并且这代人的数量在日益增多。请将思绪暂停片刻，想象这样一个不同的世界：在这里，我们的祖父母都是社会上最活跃、最有生产力的成员。

当普鲁士政治家奥托·冯·俾斯麦实施第一个国家养老社会保险计划时，他试图通过为工人阶级提供他们所期待的东西来“驯化”这个阶级。他提出的19世纪末的这一伟大发明，与电话、内燃机和人造纤维一起彻底改变了现代社会。与另一项19世纪的创新——全民教育相结合，退休计划将人们的生活彻底划分为三个不同的阶段：学习、工作和休息。这不再是一个关于个人选择的问题，而是由政府告诉你当前年龄阶段你应该做什么，并用社会规范强化这种严格的生活模式。

很长一段时间以来，法律甚至主流文化都在告诉我们，超过一定年龄的人就不能再对社会和经济做出真正的贡献，这让人十分惊讶。65 岁以上（或其他任意数字）的人被划归为“被动”人群，既不是索取者也不是给予者。

但如果特别考虑到现代人寿命的增加（到 2030 年，平均 60 岁的人有望再活 22 年，这个数字在发达国家为 25 年），那么是时候重新考虑这个所谓的“真理”了。泛美退休研究中心首席执行官凯瑟琳·柯利森（Catherine Collinson）表示：“人们对工作的渴望在一定程度上基于财务原因，但它也超越了这一方向，进而发展为融入世界的渴望。”同样，各公司也越发深切地意识到有经验的员工退休会给公司带来损失。美国退休人员协会副总裁苏珊·温斯托克（Susan Weinstock）说：“随着婴儿潮一代的退休，他们长久积累的知识也随之流失。对雇主来说，年长的员工很有价值。在市场对其产品或服务的需求高峰期，波音、米其林和美国联合包裹运送服务公司（UPS）都曾将近期退休人员返聘回公司。”

这其中还有其他潜在的好处，研究表明，性别或种族的多样性往往会降低群体的凝聚力和效率，却会增强创造力和非常规的解决问题的能力。由于年龄与工作年限的关系，年龄的影响往往比较模糊，但有一些报道称，由不同年龄段的人组成的群体可能更具创造力。例如，德国汽车公司宝马发现，代际工作团队在提出想法和解决问题方面表现得尤为出色。“多层代际团队提供了多样化的方式来看待项目或问题。”该领域的专家海伦·丹尼斯（Helen Dennis）表示，“你思考得越多，你实现目标的优势就越大。”电影《实习生》

出色地捕捉到工作场所中几代人之间的相互作用是如何打造双赢局面的，其中不乏其乐融融的场面。然而，这样的合作双赢局面存在其他不可预料的后果吗？

超过退休年龄仍工作造成的一个很大程度上不可预见的后果是，欧洲和美国政府越来越不愿意对超过一定年龄的人的福祉承担全部责任。关于可自由支配的开支和“老年人将引领新潮流”的讨论也让政客们相信，老年人不用政府救济也能过得很好。例如，政府的财政困难、自力更生的意识形态和大部分老年人可自由支配的购买力在某些方面强化了这样一种观念：国家养老金不仅不能而且不应该成为唯一的支持来源。许多政治家现在认为，如今的老年人应该比过去几十年更能掌握自己的命运，正如我们将在第 7 章中看到的那样，通过出租家中房间或当优步（Uber）司机来创造额外收入。随着世界范围内 60 岁以上人口的数量增长，特别是作为纳税人的千禧一代和 Z 世代[①]在政治上占据更大权重的时候，这些问题肯定会成为激烈辩论的主题。

千禧一代的态度和行为

到2040年，第一批千禧一代将退休。他们在最开始被称为“Y世代”，这个词通常被用来定义 1980—2000 年出生的群体，不过也被有些人用来更狭义地定义 20 世纪 80 年代初至 90 年代末出生的群体。从某种意义上说，他们绝不仅是一个年龄群体，因为他们出生在一个信息和通信技术实现巨大飞跃从而改变世界的时代。然而，

① Z 世代指 1995—2009 年出生的人，又称互联网世代。——译者注

并不是所有的千禧一代都是“数字原生代”，因为这代人中只有后半代人出生在我们今天熟知的网络数字时代。因此人们或许可以说，千禧一代的成长过程是数字化的。

很少有千禧一代买过 CD，更不用说盒式录音磁带，也很少有人冲洗过摄影胶卷、用修正带或涂改液来修改打错的字、询问行车路线、看电视节目、发传真，或者使用旋转式电话。他们几乎无法想象 4G（第四代移动通信技术）之前的生活是什么样子，更不用提 1G。在这种情况下，这代人童年时期的友谊不受地域限制，亲密关系也被社交媒体和约会应用软件的媒介作用改变。2030 年及以后的世界将在一定程度上受到千禧一代的态度和行为的影响，因此为了看清世界 10 年后的面貌，我们需要了解这关键的一代人。

早期人们对千禧一代的一些分析颇有争议并曾引起不小的轰动。例如，简·特温格（Jean Twenge）在 2006 年出版的《我世代：为什么今天的美国年轻人比以往任何时候都更自信、更果断、更有个性——但也更痛苦》（*Generation Me: Why Today's Young Americans Are More Confident, Assertive, Entitle — and More Miserable than Ever Before*）一书中提出这样一种观点：千禧一代是有史以来最自恋的一代，而他们的父母是诱因。她写道：“我们让孩子们相信，仅仅因为他们对我们（孩子的父母）来说很特殊，世界上的其他人就同样会如父母般宠爱他们，这个信念对他们伤害极大。”他们能获得的最坚实的后盾是你的爱和支持，以及你传递给他们的信息——努力工作和坚持不懈比自信更能获得成功，这些远比自恋甚至是自尊重要。其他批评者则强调这代人不同的特点，比如他们渴望为社会做贡献、追求新奇的体验，或者优先选择能满足激情而不是提供经济保障的工作。尽管 2016 年的一项研究发现，千禧一代在自恋人格量表上的得分高于他们的父母，但考虑到人们对生活的态度会随着年龄的增长而变化，所以这种比较并不是特别公平。

事实上，人口学家、历史学家威廉·施特劳斯（William Strauss）和尼尔·豪认为千禧一代似乎与沉默的一代有相似之处。撰写完这份关于千禧一代的分析报告后，他们成为受各公司、政府和大学欢迎的成功的顾问。他们将美国的千禧一代描述为受保护的、自信的、具有团队精神的、循规蹈矩的、抗压的、以成就为导向的一代。还有一些人，比如戴维·伯斯坦（David Burstein），认为千禧一代被一种“务实的理想主义”驱动，这种理想主义促使他们使用实用的工具来让世界变得更美好，而不会选择激进或革命性的社会变革方法。这或许可以解释为什么“占领华尔街”运动的规模相对较小，持续时间也较短。

记者埃里克·胡佛（Eric Hoover）指出，这些对千禧一代的描述，不管是否出于恭维，其问题在于它们似乎主要适用于“在郊区长大、事业有成的富裕白人少年（和青年人）”。这些年轻人“在申请一流大学陷入焦虑时，父母会像直升机一样在他们头顶安慰地盘旋，使他们可以轻松地完成多项任务”。社会经济背景不那么优越的千禧一代在态度和行为上则截然不同。贾·托伦蒂诺（Jia Tolentino）在《纽约客》上评论说，总的来说，美国“千禧一代是在经济上只有 50% 的机会比他们的父母富裕的第一代”。在竞争日益激烈的全球经济环境中，他们未来的福祉无法得到保证。许多营销人员似乎有意抓住他们的自负心理，这实际上可能会使他们的经济前景恶化。

根据奥巴马政府时期的白宫经济顾问委员会的统计，美国千禧一代拥有住房或汽车的意愿普遍较低，他们 20 多岁甚至 30 多岁时仍和父母生活在一起，并且推迟或干脆放弃结婚。25% 的人甚至不关心自己能否拿到驾照。我们将在第 7 章进一步研究这些令人震惊的行为模式。

他们有跳槽强迫症，这是人们对美国千禧一代的一种完全不准确的刻板印象。事实上，千禧一代比 X 一代在每份工作上投入的时间更多，尽管他们更喜欢做有意义的工作，而不是追求最快通往高层的职业道路。一些研究表明，他们对团队工作的偏好是由大量密集使用社交媒体所驱动的，这也使得他们渴望与主管有更多的互动，并要求在工作和娱乐之间取得健康的平衡。

在千禧一代的工作偏好背后蕴藏着一个重要的事实，即他们在劳动力市场的早期经历受到了 2008 年金融危机和随后的经济衰退的影响（尽管全球各地受到的影响不同；在大多数新兴市场，这是一个经济持续增长的时期）。因此，在全球千禧一代中存在两种现实：在富裕国家长大的千禧一代，中产阶级的收入已经停滞了二三十年；在新兴和发展中国家长大的千禧一代，他们的经济机遇则比他们的父母或祖父母要好得多。在欧洲国家和美国的千禧一代中，他们的下一代可能出生在富裕家庭，也可能出生在低收入家庭或父母的中产阶级工作因全球化和技术变革而消失的家庭。因此，关于千禧一代作为消费者的行为及其对未来的影响，公司和企业家应该持保留态度。

从价值观调查中得出的结论同样存在问题。有关国际文化价值观的最佳资料来源——世界价值观调查发现，与世界上的大多数其他世代及每个地区的其他世代相比较，千禧一代更推崇自我表现的价值观。这种差异基于他们比先辈拥有更多的物质财富、更高的智力技能和更广泛的社会联系。反过来，这些也造就了他们更独立的行为、做更重要的选择和拥有更多的空间来实现内在潜力。（就像我在书中提到的其他调查一样，平均水平不可避免地掩盖了主要差异，尤其是富裕的千禧一代和家庭背景更普通的人之间的差异。）

当然，价值观也很重要，尤其是在做经济决策时。但是，千禧一代的大部分经济行为是由住房和高等教育成本上升推动的。与此同时，大部分财富（以及由此获得的收入）都属于他们的父母和祖父母。社会学家凯瑟琳·沙普蒂斯（Kathleen Shaputis）将千禧一代推迟结婚生子等人生命题的倾向归咎于这些经济问题，她在《拥挤的巢穴综合征》（*The Crowded Nest Syndrome*）一书中提到了“彼得·潘”和啃老族，这一代人发现自己处于青春期和成年期之间一个截然不同的阶段，莎普蒂斯称之为“新兴成年期”。

在这种环境中，千禧一代的总储蓄率创近年来的最低水平，这一点儿也不奇怪，并且评估人们现在的储蓄行为是用以预测未来的窗口。穆迪分析公司在 2014 年发出警报称，35 岁以下的美国成年人储蓄率为-1.8%，这意味着他们靠借钱维持消费，而不是为未来储蓄。当然，随着大衰退的影响逐渐消除，情况会有所改善。美国银行在 2018 年进行的一项调查显示，在 23～37 岁的美国千禧一代中，1/6 的人储蓄额超过 10 万美元。这真令人印象深刻。但其他调查发现，在 18～24 岁的人群中，只有 13% 的人储蓄超过 1 万美元，再看 25～34 岁这一群体，储蓄超过 1 万美元的比率略微提高到 20%。75% 的千禧一代认为相比于其他世代，他们在透支消费，20% 的人表示他们买不起房子。在信用卡和学生债务处于历史最高水平的情况下，大多数年轻的千禧一代发现储蓄困难便不足为奇了。2017 年，35 岁以下的美国人背负的教育债务几乎是 2001 年同年龄段美国人的两倍。同期，美国年轻人的净资产中值从 15 000 美元暴跌至

10 400 美元。

但我们要注意总体统计数据。请记住，在世界范围内，包括美国，特定国家的千禧一代群体内部是存在差异的。热衷于吸引千禧一代成为目标客户的公司需要认识到这一基本事实，而不是臆想所有千禧一代都如出一辙。2030 年的世界势必不是由单一一代人塑造的，而是通过由教育、收入与种族界定的不同的千禧一代的下一代之间的相互作用塑造的。

千禧一代之后的 Z 世代

我时常乐于与人分享一组非常有趣的统计数据：在一些国家，15～34 岁的人口数量会随着时间的推移逐渐减少，特别是在中国、日本和欧洲国家，相反，在其他地区，如南亚、中东和非洲，人口增长将至少持续一两代人，这些趋势是今天出生的婴儿数量引发的结果。然而，美国不属于这两类情况中的任何一种，截至 2017 年，该年龄段的人口约为 9 040 万，预计 2030 年为 8 950 万，这两个数字大致相当，但其代表的将是两个完全不同的年轻群体。让我来解释一下原因。

我想说，衡量移民的影响等于预测未来。1980 年，美国 15～34 岁的白人中约有 78% 是非拉美裔白人，而到 2030 年，这一比率将不足 50%。美国和欧洲国家的年轻一代在种族和语言上将变得更加多样化。因为按平均值计算，移民家庭往往会生育更多的孩子，所以年轻人的构成变化会非常快，比整体人口的变化快得多。今天我们所说的“少数民族”将在 10 年内变为多数民族。

这一趋势将带来重要的行为变化。恰巧，如今移民的子女结婚、买车买房的意愿比同龄人更强烈，这是美国梦的精髓。正因如此，移民的子女似乎构成一个独立的代际单位。除非千禧一代移民的子女以比前几代移民更快的速度融入主流社会，否则 2030 年美国年轻人的行为将大不同于今日。

让我们思考一下不断变化的民族语言构成对共享经济的影响，这是世界上最令人兴奋的新发展趋势之一。调查显示，拉美裔美国人、非裔美国人和亚裔美国人比主流美国人更倾向于使用搭车应用程序与住宿共享服务。这为我们分析购买力差异提供了很有价值的参考。

另一个重要趋势是创业精神。比起其他群体，无论是白人还是非白人，拉美裔美国人更有可能成为个体经营者或企业主。此外，拉美裔企业家比一般的拉美裔人更有可能成为以英语为主导或以英语为首选的人。尽管拉美裔人在高科技企业中所占的比例仍然很低，但随着更多拉美裔人进入大学和研究生院，这种情况也可能发生改变。

尽管千禧一代之后的 Z 世代的数量和多样性很容易计算，但他们的身份和行为会是什么样的？总部位于伦敦的瓦尔基基金会在其关于这一问题的全球调查和报告中指出，他们的身份将由各种表现形式的不平等来界定，从教育机会、性别和种族差异到移民和日益扩大的贫富差距。Z 世代也将首当其冲地感受到养老金危机的冲击：他们可能会被要求缴纳更多的税款，以便他们的父母和祖父母能够得到被承诺的福利。

Z 世代是第一代完全出生在网络数字时代的年轻人。“他们是在计算机和网络的力量提供的无限机会中成长起来的。与他们的父母和祖父母相比，他们更有可能跨越国界旅行，结交来自世界另一端的朋友，认识信仰另一种宗教或文化的人。”瓦尔基基金会的报告称，“在他们的人生中，他们对从同性婚姻到变性人权利等社会问题的态度和法律似乎都在以闪电般的速度发生变化。同时，性别和种族的分歧和争议却似乎一如既往。”

但这些观点是否被全世界Z世代的所有人接受？2016年，瓦尔基基金会在20个国家对两万名15～21岁的人进行了调查。（重要的是要记住，受访者都是全球在线调查小组的成员，这使得样本偏向于教育水平相对较高的城市青年。）调查发现，在这一群体中，全球价值观而不是地方或狭隘的价值观占主导地位，受访者虽然来自不同经济发展水平的国家，却有着相似的观点。他们往往对移民和同性婚姻等存在争议的问题持宽容态度，对不平等、气候变化和言论自由持进步观点。这项研究得出的结论是，Z世代可能会受到“全球公民”理念的驱使，这与当今世界普遍存在的民族主义和本土主义精神形成鲜明的对比。

中国代际融合的困境

谈到代际间的相互融合，世界上再也找不到另一个地方像中国那样复杂。中国仅用30年就完成了欧洲国家和美国花费两三个世纪才完成的任务，使这个幅员辽阔、多样化的国家成为令人痴迷的社会实验室。1712年，英国发明家托马斯·纽科门设计了第一台蒸汽机（后由苏格兰发明家詹姆斯·瓦特完善，同时他还提出了马力的概念，后来被转化成为一种功率单位，我们今天称之为“瓦特”）。工业革命由此引发。后来，英国用300年的时间才转型为今天的服务型经济体，这是在经历过相当多的动荡和混乱之后才成形的。美国也历经了大约150年的时间才实现转型。相比之下，中国在不到两代人的时间里就已实现从农业经济向技术和服务型经济的转变。

受中国经济和人口快速转型的影响，到2030年，中国15～35岁的人口数量与2020年相比将减少约6 000万，60岁以上的人口数量将增加近1.14亿。南开大学人口统计学家袁欣说："如果你说西方发达国家正在迈入人口老龄化阶段，那么中国正在冲刺进入老龄化阶段。"

中国老年人未来面临着比美国老年人更大的挑战，这不仅是因为他们的人数在迅速增加，而且有大量年轻人离开了农村。张福民和刘秀英是一对70多岁的已婚夫妇，他们住在北京以南800英里的一个小村庄，他们的两个儿子大学毕业后就定居北京。处于这类情况下的年迈父母被人口统计学家称为"留守老人"。2017年，他们的第一个孙子出生了，于是他们决定暂时搬去和小儿子一起住，帮助他照看孩子，不过他们计划几周后搬回村里。2015年，中国60岁以上的2.15亿人中，政府部门认为约有5 000万人远离子女独自生活。到2030年，这个数字可能会翻一番。"年轻工人大规模从农村迁往城市，许多成年子女与年迈的父母分离，对传统的家庭支持模式构成重大的挑战。"在最近的一项研究中，民族志学者刘捷玉观察到，"在中国农村，老年人并不享有城市居民可享受的某些福利，这一事实已加剧此类挑战。"

往城市迁移也损害了中国农村深处的千禧一代的未来前景。在美国，千禧一代之间的主要分歧与社会经济背景有关，但在中国则表现为城乡差距。大多数城市青年是中产阶级或实实在在的富人，而大多数农村青年是穷人。另一个关键区别是，中国城市的千禧一代在网络数字活动方面已经超越美国千禧一代，甚至在购买力方面也有所增强。他们的数字化程度更高，在线购物更频繁，所有东西都使用电子支付，他们似乎不太关心自己的个人信息将被如何使用。关于中国城市千禧一代的价值观和态度，我们几乎没有系统的数据，但可以客观地说，他们沉溺于自我表达的价值观（社会宽容、生活满足、公众表达和自由的渴望），并且不再倾向于将现代化、财富和进步视为“西方化”的产物。他们的储蓄额是美国同龄人的3倍，而且中国其他年龄段的人也是如此。考虑到2030年60岁以上人口将占总人口的25%，年龄金字塔将变得异常倾斜，储蓄也许不是一个坏的打算。

“老年”与“青年”的未来

养老院式宿舍是一个很有趣的横向创意，是一种为代际间的合作创造新机遇的富有想象力的方式。这是一种为老年人提供长期护理的机构，大学生在那里可以以每个月一定小时数的志愿工作换取免费住宿资格。荷兰是第一个发起这项实践的国家，在当地寻找合适的护理人员为老年人提供他们需要的照顾和关心变得越来越困难。“而就在此时，我想到了学生这样一类人群，他们的经济条件并不是很宽裕。”作为一家开创性的养老院式宿舍的管理者，吉尔·斯吉克斯（Gea Sijpkes）这样说。这些学生会为老年人做一些日常护理，同时帮助他们提升使用数字化设备的技能。这种养老机构能够吸引更多老年人的潜在核心优势是对孤独感的缓解，有研究表明孤独感会导致认知衰退加速、健康恶化及死亡率攀升。

对世代的分析无论是出于兴趣还是经济利益，都必须谨慎进行。哥伦比亚大学师范学院前院长、伍德罗·威尔逊基金会前主席阿

瑟 · E. 莱文（Arthur E. Levine）指出代际印象是刻板的，他认为我们对代际间差异的执着研究反而令我们对其共同点视而不见。过去的学生和现在的学生之间显然有很多差异，但更多的是共同点。若你仅仅为此就著书立说，这本书又能有多有趣呢？

在历史长河中，每代人都具有显著的独特性，每一世代与其下一代为此提供了一些具有分析性的严谨逻辑，而本章的主要观点比这一点更具广泛性。我们今天对千禧一代的了解并不能确保未来能更好地了解他们，因为他们的行为是处于进化状态的，作为经历了人生中若干阶段的一代人中的一员，他们会调整自己的态度和行为。今天 60 岁以上的人群与将来同一年龄段的人群一定会有很大的差异，这种现象的原因之一与我们所关注的那一代人并没有太大关系，更多的是人们对“老年”这一含义在观念上的理解一直在变化。

《连线》杂志和世界上最大的制药公司之一辉瑞公司已经联合起来，共同设想晚年在未来的意义。辉瑞医疗策略主管波尔 · 范德布鲁克（Pol Vandenbroucke）表示：“虽然老龄化前景仍充满不确定性，但我们中的许多人现在就可以采取措施，确保晚年不仅意味着长寿，而且意味着生活得好。”随着年龄的增长，我们可以依靠药物和技术保持健康，但关键在于我们自己的行为，它可保持身心灵活。这里有一个有趣的预测：“千禧一代与婴儿潮一代和 X 一代的长辈截然不同。抛开成见不谈，他们代表着一个重要的文化拐点：他们是在整个童年时期都接触了互联网的第一代人，沉迷于持续连接和即时获取信息，这个特征可能已为他们晚年的成功奠定了基础。”千禧一代很可能是认识到若想长寿需要终生致力于保持健康和活跃的一代，他们强烈的超链接倾向可能有助于他们随着年龄的增长而克服孤立。正如消费者技术协会基金会执行理事斯蒂芬·尤厄尔（Stephen Ewell）所说："千禧一代正在兴致勃勃地为长寿生活做准备。我们不仅要借鉴他们的想法，还要采纳他们的观点，让他们成为壮大社区生态系统的参与者。"

千禧一代的寿命将比前几代人长，因此对于老年人的生活方式更难下具体的定义。斯坦福大学长寿研究中心的 Sightlines 项目显示，好消息是"吸烟率明显下降，运动量已增加。与过去的年轻人相比，千禧一代有更多的朋友值得他们在艰难时期来依靠。千禧一代拥有大学学位的人比前几代多，没有什么比教育更能预测他们在年老时的表现"。但也有坏消息，特别是从金融安全的角度来看，千禧一代中的大多数在退休时都会过上富裕的生活，但如果其人数不增加，就会有同样多的人发现自己在成年后的大部分时间里都在严重的经济困境中挣扎。在全球范围内，我们看到不同群体的命运出现了类似的分歧，这将是下一章的主题。

3

新兴市场的中产阶级

新旧中产阶级的碰撞与关注度之争

跻身中产阶级不仅是收入水平的体现，也是一种心理体验。

—— **玛格丽特·哈尔西**

美国作家

2009年是印度经济蓬勃发展的一年，1 000万印度人摆脱了贫困，一个初具规模的中产阶级已然成形。塔塔汽车成立于1945年，是当时印度国内领先的汽车公司，同时它也非常渴望能够保持在汽车行业的领先地位。因此，塔塔集团创始人的曾孙拉坦·塔塔（Ratan Tata）发布了公司的最新型号塔塔Nano。这款没有车载空调、装载634毫升微型发动机驱动的基础款车型，售价约2 000美元。塔塔告诉记者："今天的故事源自几年前，当时我看到一些家庭骑着两轮摩托车，通常是父亲开一辆摩托车，年幼的孩子站在他前面，母亲则抱着一个婴儿坐在父亲身后。我问自己，能否为这样的家庭设计一款安全、负担得起且全天可使用的交通工具。这被称为'一个男人的理想'，事实上也确是如此。"在董事长的愿景驱动下，公司投入巨资，建成一家年产能25万辆汽车的工厂。前三辆Nano由拉坦·塔塔亲自交付。《经济时报》当时报道，来自孟买的59岁海关官员阿肖克·拉古纳特·维查尔是第一个提车的人，他

“兴高采烈”地把车开到附近的印度教寺庙，让这辆车得到祝福；29岁的银行职员阿希什·巴拉克里希南是第二个提车的人，他迫不及待地开到新开通的班德拉–沃利跨海斜拉桥，在这座长达3.5英里的大桥上进行了一趟“欢愉之旅”。“这是我有生以来的第一辆车，”他说，“车的价格是主要因素。”该公司希望这种态度能展示出印度新中产阶级对更换自行车和摩托车的渴望，82岁的孟买警察局前助理局长也是如此，他用Nano取代了他的小摩托车。

但一切并没有如期望的那样发展，消费者购买的是铃木、现代和丰田等外国品牌的汽车。人们看到广告牌上的Nano被称为“世界上最便宜的汽车”时，就自然而然地将Nano与穷人联系在一起，因此这款车的销售额从未达到公司的预期。塔塔承认：“这辆车被公众称为最便宜的车，很遗憾，这虽然不是我个人宣称的，但这确实是我们自己说的，是公司在推销它的时候说的。我认为这件事很遗憾。”

Nano将作为有史以来极其严重的商业错误之一被载入史册。22岁的电脑操作员苏珊克·沙玛说：“我不喜欢人们对Nano的定位，这一切都在于它的定位。我骑摩托车去上班，但是和朋友出去玩或者参加婚礼时，我更偏爱汽车。可如果非让我开Nano去，我情愿待在家里。”印度等新兴市场的新中产阶级基本上都有雄心抱负。通过回顾而非前瞻的方式，塔塔汽车创造了一些与这个群体的新阶级意识不符的产品，因此未能抓住本应激动人心的市场机会。他们并没有意识到，辛格[①]一家作为中产阶级的一员，正在努力与同阶层的其他人攀比。

① “辛格”为印度人常见姓氏，本书中指印度典型的中产阶级。后文提到的中国“王家”、非洲“姆旺吉”同理。——编者注

相比之下，美国户外烤架制造商韦伯–斯蒂芬产品有限责任公司（Weber-Stephen Products LLC）在进入印度市场时取得了巨大的成功。考虑一下这个挑战：如何在一个不吃牛肉或猪肉、传统上男人也不烹饪的国家销售烧烤架？

韦伯–斯蒂芬始创于1893年，原名韦伯兄弟金属公司。20世纪50年代初，芝加哥一家钣金店的合伙人老乔治·斯蒂芬（George Stephen Sr.）正在寻找一种方法改进他用于户外烹饪的火盆。他设想制作一个更实用的烧烤架，由两个金属半球组成：底部用作烧炭的容器，顶部用作盖子。这是一个非常棒的产品设计想法。为了进一步完善产品，斯蒂芬与韦伯兄弟联手，他们设计的圆水壶形烧烤架现在在许多美国住宅的露台和后院随处可见。这家公司在推广户外烧烤方面发挥了重要作用，它甚至使户外烧烤成为美国文化的一部分。“肉类的烹饪传统是使用间接火焰缓慢地烹调。”纳塔莎·盖林（Natasha Geiling）在史密森尼网站（Smithsonian.com）上写道，“这些年来，户外烧烤变得如此流行，以至于烧烤本身就代表着一种流行文化，催生了大量的电视节目、以历史为焦点的公路旅行，甚至是烤玉米卷这样的融合菜肴。”

2010年，在塔塔Nano隆重上市的几年后，韦伯–斯蒂芬决定尝试进军印度中产阶级消费市场。他们聘请西瓦库玛·“西瓦”·坎达斯瓦米管理产品发布。坎达斯瓦米很清楚未来的挑战，他组建的团队适应了印度和美国之间的文化差异。为了解印度新中产阶级消费者对食物和烹饪的看法，他们学习了当地的一切。但他们也推测，随着越来越多的人爬上社会经济阶梯，开始观看外国电影和电视节目，传统的态度和习惯可能会发生改变。亚特兰大Top Right Partners的顾问戴夫·萨顿（Dave Sutton）指出，几年内，“后院烧烤文化在印度已经生根发芽”。《印度时报》2011年发表了一篇文章——《烧烤许可证：印度喜欢烧烤》，文章指出：“如果你认为烧烤太美国化，不能吸引热爱泥炉烹饪的印度人，那你确实是多虑了。现实情况是，越来越多的城市居民喜欢上烧烤，尤其是班加罗尔、浦那、古尔冈和孟买部分地区，这些地方是非常住印度人返乡的聚集区。”韦伯-斯蒂芬知道必须引导印度消费者了解烧烤的乐趣，正如其公司的文件资料所证明的那样，该公司“通过向消费者提供建议、工具和本地化食谱，为消费者带来额外的功能上和情感上的附加利益”。很快，印度中产阶级家庭聚集在烧烤架周围，开始烤从烤鸡到芭蕉串等各种各样的东西。这是因为韦伯-斯蒂芬没有回避印度市场的复杂性，相反，该公司抓住了这个机遇。

– – –

希腊哲学家亚里士多德曾说：“最完美的政治共同体是由中间阶级占主导地位，在人数上超过其他两个阶级的体系。”中产阶级确实是现代社会和经济的中坚力量。精明的美国进步改革家路易斯·D. 布兰代斯（Louis D. Brandeis）在20世纪早期就曾预言：“我们可以在这个国家拥有民主，或者我们可以将大量财富集中在少数人手中，但我们不能两者兼得。”美国和西欧设法达成了一种微妙的平衡，即全球经济产生的巨额财富主要落在美国和欧洲的中产阶级手中。

然而今非昔比。

虽然美国和欧洲的中产阶级仍然是世界上最富有的人，但他们的经济财富增长停滞，地位也正在下降。相比之下，在新兴市场，每年有超过1亿人跻身中产阶级行列，而那些原本就已位列其中的人的收入增长也非常迅速。他们的地位在上升，而我们处于低迷状态。

世界不同地区中产阶级购买力的分布情况如图4所示。在全球范围内，中产阶级包括那些日收入在10～100美元的人。对四口之家来说，这相当于年收入在1.5万～15万美元。

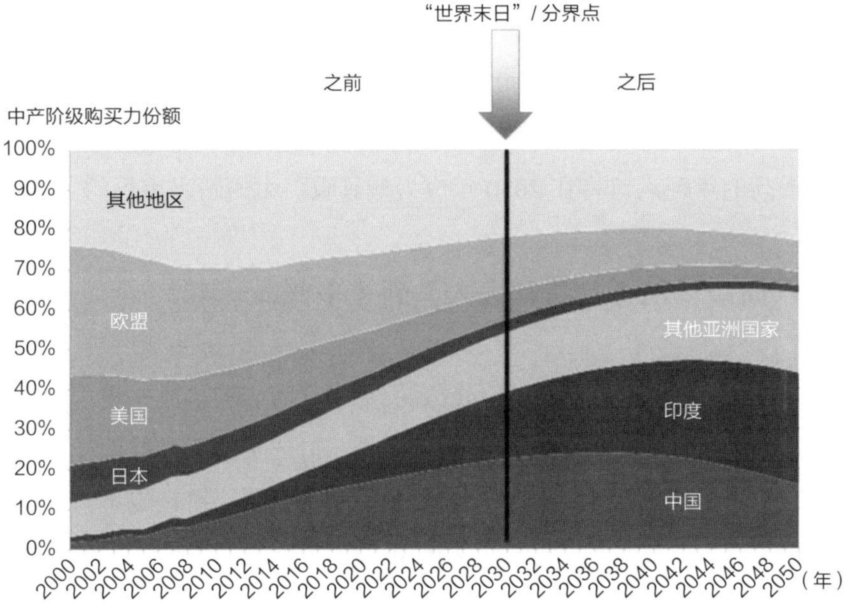

图4

资料来源：The Brockings Instiution.

目前，世界上大部分中产阶级集中在美国和欧洲，但到2030年，中国、印度及亚洲其他国家（不包括日本）将拥有全球一半以上的消费者购买力（根据指数调整）。20世纪20年代，通用汽车和西尔斯等公司因迎合不断扩大的美国中产阶级的需求而成为当时的商业巨头，而到了新千年的第二个十年，Alphabet 与亚马逊等公司已占据统治地位，这是一个巨大的转变。

消费的一部分已转向亚洲，而无须等到 2030 年。以中国人在网购领域的主导地位为例，2017 年，网上的“双十一购物节”创造了 250 亿美元的销售额，让美国的“网络星期一”70 亿美元的销售额相形见绌。再看看博彩业，中国澳门每年的博彩业总收入为 330 亿美元，而拉斯韦加斯只有 70 亿美元。

这些趋势表明，在短短一二十年里，中国中产阶级市场将成为全球购买力最强的市场。考虑到印度的增长潜力，其受教育程度不断提高的年轻人口将在 2030 年成为最具吸引力的新兴市场的主力。

中产阶级：从《包法利夫人》到《辛普森一家》

欧洲和美国的企业高管和政客们对中产阶级的本质一贯都有十分清晰的了解，他们通过提供廉价商品、低通货膨胀和政治稳定来迎合中产阶级的需求，用积极的行动促成这个既不富裕也不贫困的群体。此后，中产阶级成为市场经济的引擎。消费品和服务的分配与销售驱动着大多数经济活动，因此任何发达国家都离不开它。随之，“消费者信心指数”“消费者价格指数”“消费者信贷指数”等术语开始流行。如果消费者不花钱，那么整个经济就会崩溃，选举也无法进行。

我们对中产阶级的现代理解可以追溯至 1913 年的一份英国政府报告，该报告将中产阶级定义为既非上层阶级也非传统工人阶级的一个新阶级。西方近代历史上这个中间地带一直在扩大，然而随着北大西洋两岸的不平等程度不断加剧，这一庞大群体的规模正逐渐缩小。

另一个稍早期的关于中产阶级的观点认为这是一种过渡状态。查尔斯·狄更斯比大多数人更了解19世纪英国人的生活，他认为，尽管我们总是吹嘘中产阶级是我们的安全保障，但中产阶级只不过是处于上层阶级外衣之下的边缘穷人。1937年，同样对英国生活有着敏锐观察的乔治·奥威尔在《通往威根码头之路》一书中写道："我们这些正在没落的中产阶级——私立学校校长、温饱无保障的自由撰稿人、职员、公务员、行销人员和屡次破产的纺织品商，可能稍有不慎就会沦落为工人阶级，但我们如果真沦落到那步田地，也许反而不会再担惊受怕，因为毕竟我们已经没有东西可以再失去了。"

从经济角度看，中产阶级拥有舒适的生活。"'舒适'成为中产阶级的代名词。"英国艺术评论家克莱夫·贝尔（Clive Bell）写道。经济学家将中产阶级定义为享有可自由支配的收入，实际需求高于对食物、住房和教育的基本需求的群体集合。中产阶级消费者通过抵押贷款买房、购买大量家用电器、度假、送孩子上好学校及规划退休生活。换句话说，成为中产阶级意味着拥有稳定的经济地位，而不是靠薪水维持生活，或者至少曾经是这样。

用收入来定义中产阶级可能很方便，但它也会模糊护士和水管工、小企业主和会计之间的差别，这些人都可能是中产阶级，但其教育背景和职业大相径庭。人们普遍认为大学教育是步入中产阶级的通行证，但中产阶级中有很多人没有接受过大学教育。

事实上，"中产阶级"不仅仅是一个经济或教育方面的称号。诙谐的美国作家玛格丽特·哈尔西表示："跻身中产阶级不仅是收入水平的体现，也是一种心理体验。”中产阶级地位既关乎金钱，也是一种社会心理状态。法国小说家福楼拜在《包法利夫人》（1856 年）一书中捕捉到中产阶级的思维模式，这是一部描写一个女人为自己的中产阶级地位所困的小说。“中产阶级很有趣，”作家 J.K. 罗琳说，“这是我最了解的阶级，它是最自负的阶级，所以这就是中产阶级如此有趣的原因。”中产阶级不仅有抱负，而且乐于炫耀。例如专栏画家亚瑟 · 莫曼德（Arthur Momand）的连载漫画专栏“和左邻右舍比排场”，它在 1913—1938 年每日更新，当时正处在大萧条时期，美国中产阶级从最初的繁荣走向最严重的衰退。自这个有组织性的社会发展之初，社会阶梯上的地位竞争就从未休止。但随着 20 世纪中产阶级的成长，这种竞争迈入了新的维度。“史密斯家喜欢这出新戏，于是琼斯家紧随其后也要去看，他们模仿史密斯家的步调。”马克 · 吐温在1901年的文章《乡巴佬的意见》（Corn-Pone Opinions）中写道。

快进到《辛普森一家》，在这部动画电视节目中，辛普森一家在一个小企业主和专业人士的专属社区拥有一所房子，父亲尝试着一系列白领的工作，母亲则是一位家庭主妇，他们会度假、为孩子的大学教育提前储蓄、养宠物等。直到第六季第 23 集，荷马 · 辛普森才承认自己是中产阶级，他出示了一份工资单，显示他那时的工资相当于 2016 年的 3.7 万美元，这意味着辛普森一家刚好属于中等收入阶层。

考虑到中产阶级体量如此庞大，他们在价值观上几乎没有一致意见也就不足为奇了。纵观历史，我想到一些标签，例如“得体”“平衡”“正派”“体面”。美国小说家、剧作家格特鲁德 · 斯坦（Gertrude Stein）对中产阶级的阐述最是精辟：“我简单地理解为，中产阶级的理想要求人们友爱、可敬、诚实和满足，他们想避免刺激、营造平静，这是很吸引我的理想。简而言之，就是友爱的家庭生活的理想，高尚的商业方式的理想。”

人们还倾向于把中产阶级和从众心理联系起来。研究表明，中产阶级群体比上层或下层群体表现出更高程度的地位焦虑。哥伦比亚大学的达蒙·J. 菲利普斯（Damon J. Phillips）和麻省理工学院的埃兹拉·W. 祖克曼（Ezra W. Zuckerman）解释说：“当行动者重视他们在一个群体中的成员身份，但又在这个群体中感到不安全时，从众心理就会增强。”地位高的人往往对自己的社会地位感到自信，因此没有理由随大流；地位低的人则可以自由地反抗公认的惯例，因为不管他们的行为如何，他们都被排斥在外。正是那些处于中间位置的人，感受到从众的压力，他们既想往上爬，又担心自己会下滑。

话虽如此，值得注意的是，中产阶级的行为往往不像一些人认为的那样高尚。中产阶级和工人阶级价值观的一个主要区别是前者的个人主义和后者的社群主义。中产阶级的成长环境强调个人选择和独立，而工人阶级的经典精神就是团结和相互依赖。结果表明，不道德的行为在中产阶级中更普遍，而亲社会和利他行为在工人阶级中更普遍。发表在《美国国家科学院院刊》上的一篇研究发现：“上层社会的人比下层社会的人更有可能在开车时违法……表现出不道德的决策倾向……拿走别人有价值的物品……在谈判中说谎……作弊以增加他们中奖的机会……并认可工作中的不道德行为。”

目前，美国和欧洲的中产阶级是一个巨大的谜团。虽然他们的特点是得体、诚实和体面，但由于个人主义的风气、自负和服从的压力，他们也容易出现不道德的行为。此外，因全球和国内经济停滞而失去地位使这个阶级增添了一层挫败感和愤怒。

新兴市场的新中产阶级

周元燕（音译）出生于内蒙古，后来搬到北京六环附近的一个村庄居住，每天单程要花一个半小时去城里上班。她当过服务员，做过房地产经纪人。随着她的经济状况好转，她母亲搬过来和她一起住，她们共同享受着她的新工作、生活和地位带来的舒适。“我的佣金收入增加不少，因此我们得以搬两次家。”她接受英国《金融时报》采访时表示。到2030年，中国将再增加4亿像她这样的中产阶级。

数千英里外，在非洲的一些国家和城市，另一个中产阶级正在慢慢形成。“我感到无比兴奋。”燃机操作员约翰·蒙代说，当时他的一个朋友正在瓦里的一家商场前为他拍照，瓦里是尼日利亚一座盛产石油的城市。据《纽约时报》报道，蒙代为来瓦里这个新购物中心游览跋涉了近200英里。“中产阶级进入这个商场会产生一种归属感。”蒙代说。Access银行是尼日利亚第五大金融集团，它的许多分行经理人听过我对2030年的展望。据Access银行估算，在整个尼日利亚的2亿人口中已有超过10%步入中产阶级，并且这个数字还在以每年150万人的惊人速度增加。

以中国或印度的标准来看，非洲中产阶级的规模依然很小，然而非洲中产阶级的消费市场仍在持续扩张。德勤最近的一份研究报告显示，这主要归因于人口增长、购买力提升、城市规模扩大和技术的推广。调查显示，生活在非洲四大经济体尼日利亚、南非、埃及和肯尼亚的消费者中，25%～50%的人感觉自己的生活与五年前相比有物质上的改善。他们有可自由支配的收入，渴望购买知名品牌，还会多花一些钱来追逐最新的时尚或潮流趋势。对他们来说，质量比价格更重要，国际品牌更受欢迎。尽管非洲市场对美国和欧洲品牌来说已经成熟，但用不了多久，非洲本土企业和企业家就会参与争夺市场地位。

事实上，Brand Africa（一个致力于在国际上树立统一非洲形象的非营利组织）的数据显示，非洲大陆上最受欢迎的 100 个品牌分别来自 28 个不同的国家，其中包含 8 个非洲国家。尽管这 100 个品牌中有 24 个美国品牌，但非洲品牌也多达 17 个。随着非洲大陆消费市场的发展，将会有更多的非洲品牌取得成功。

把握中国或尼日利亚等新兴市场的新中产阶级本质的关键在于认识到它与美国、欧洲国家或日本的旧中产阶级有何不同。俗话说，旧中产阶级的资产延续了几代人，但新中产阶级所拥有的都是“新钱”。尽管美国、欧洲国家和日本的中产阶级人均收入比中国、印度等新兴市场的中产阶级高 3 倍，却停滞不前。新老之间的代际差异和收入差距，使得新兴市场的中产阶级消费者远比发达市场的中产阶级消费者有抱负。

苹果手机：中产阶级的消费品

iPhone（苹果手机）是 21 世纪早期最具代表性的中产阶级消费品。它不仅仅是一部手机，同时还集日历、网络浏览器、照相机、计算器、手电筒、音乐和视频播放品、电子书阅读器及其他多种功能于一身。iPhone 操作简单，但它的计算能力超过阿波罗计划中的计算机，也超过科幻版的太空漫游超级计算机 HAL。

我的 iPhone 触摸屏真是太棒了，但是我仔细看了看我的手机包装盒（如图 5 所示）。

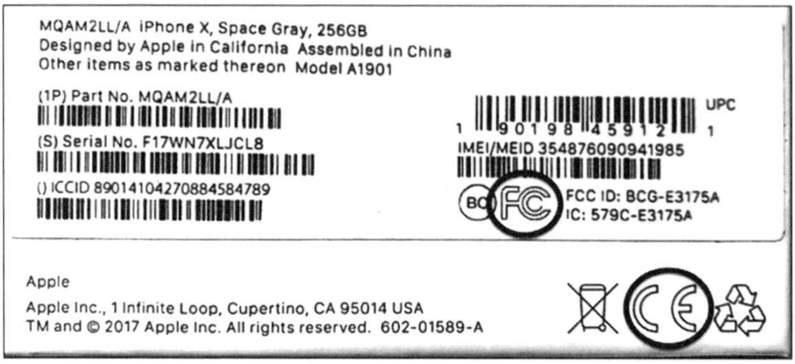

图 5

FCC 表示该产品符合美国联邦通信委员会的技术和安全标准，CE 表示该产品符合在欧盟境内销售的产品的平行标准。为什么只提到美国和欧盟，而不提其他国家或经济联盟呢？

因为目前这两个市场最大。回到 20 世纪 80 年代，在欧洲成为像今天这样的单一（也是第二大）市场之前，只有 FCC 的标识出现在电子产品的包装上。换句话说，游戏规则历来由最大的市场制定，就因为它规模大、影响力大。竞争市场份额的公司别无选择，只能遵守这些政府制定的产品法规。

然而到 2030 年，中国和印度将成为全球最大的消费市场。我敢用我全部的养老基金做赌注，除了 FCC 和 CE 标识，智能手机的包装盒上还将带有中国（可能还有印度）的监管批准标识。

全球不断壮大的中产阶级市场还在以其他方式改变技术竞争的发生方式。让我们来谈谈专利。

美国宪法在第一条中指明，赋予国会促进科学和实用艺术进步的权力，通过在有限的时间内保证作者和发明家对他们各自的著作和发明的专有权来实现。对发明者来说，这种专有权以专利的形式得到保护，专利可以应用于新的药物、机械装置或复合材料。在美国，专利被授予20年的独家使用权。几十年来，在保护发明方面，美国专利及商标局一直是全球重要机构之一，这种情况可能还会持续一段时间。2016年，美国的专利申请数量是1995年的3倍，印度是7倍，中国更是高达72倍。随着中国和印度的发展，两国为新产品和新发明申请专利的文化也在兴起。

新旧中产阶级的碰撞

胡克家具公司的经营范围涵盖从床框架和梳妆台到沙发和扶手椅等各类家具。1925年，4岁的小克莱德·胡克（Clyde Hooker Jr.）拉下汽笛的绳子，开启了他在公司的第一个工作日。一年前，这家公司在弗吉尼亚州马丁斯维尔宣布成立，距离美国家具工业中心——北卡罗来纳州不到10英里。20世纪90年代，经过几十年的耕耘，来自墨西哥和其他地方的廉价进口产品削弱了这个地区生产商的竞争力。胡克家具公司董事长、首席执行官保罗·汤姆斯（Paul Toms）说："我们的客户越来越不愿意购买国产家具。"胡克已被迫关闭5家工厂，员工人数也减少了90%，如今只剩下200人。北卡罗来纳州的家具行业整体上缩减了大约60%的工作岗位。"这些曾经的员工都是勤劳善良的人，他们遵照公司的一切指示工作，这并不是他们的错。另外我们别无选择，只能以低于生产成本的价格出售我们的家具。"与此同时，中国的家具行业正在蓬勃发展，主要原因不是出口，而是中国快速壮大的中产阶级迅速增长的需求。

发达国家和新兴市场的中产阶级的不同命运，将成为2030年及以后决定性的经济和政治现实。在很多方面，琼斯家将真的很难再与辛格家和王家比肩。专栏作家、编辑克莱夫·克鲁克（Clive Crook）指出："中产阶级要么在增长要么在萎缩，要么乐观要么焦虑，要么变得富有要么变得贫穷，要么参与政治要么选择退出，这取决于你询问的对象和其所在地。"世界各地的中产阶级是否在为工作和繁荣而相互竞争？如果确实如此，而且存在不公平的竞争，那么保护主义等非常措施就会在选民中获得支持。

2015年，皮尤研究中心宣布，美国贫穷和富裕家庭的总数超过中产阶级家庭的数量，这种情况是自前两代人以来首次出现的。1971年，美国有8 000万中产阶级家庭（而美国贫穷与富裕家庭数量在5 200万上下）。2015年，中产阶级家庭有1.208亿户，而其他两类家庭有1.213亿户。若知如此，亚里士多德在坟墓里也会翻身的。电视剧《辛普森一家》呼应了美国中产阶级的停滞不前。该剧自30年前开播以来，荷马·辛普森尝试过近200种不同的工作，但没有任何职业发展。600集剧情中，他的经济状况没有丝毫改善。

美国和欧洲中产阶级的生活水平即便没有下降，也依然萎靡不振，政治家和专家们把这归咎于移民、来自新兴市场的不公平竞争以及精英阶层对全球化黑暗面的漠视。其结果就是英国脱欧和唐纳德·特朗普当选美国总统。二战后形成的全球经济和地缘政治秩序正受到两大政治派别的猛烈抨击。

这种冲突同样发生在公司之间，新兴市场的公司规模日益扩大，欧洲和美国的公司规模则在缩小——科技公司除外。但即便是科技行业，中国和印度公司的规模也在不断扩张，这不仅因为它们服务的人口规模更大，还因为它们有更多的人上网并使用数字服务。事实是，中国或印度的宽带、社交媒体和移动支付用户比美国多，而且这种差距只会继续扩大。

随着全球中产阶级消费重心向亚洲转移，欧洲和美国的公司将如何应对？它们能否与外国同行竞争市场份额？阿里巴巴的规模比亚马逊大，滴滴收购了优步的中国区业务，印度拥有的信息技术部门的技术人员和工程师也比美国多。强大的公司对中产阶级很重要，因为它们能提供高薪的工作机会，提供职业发展和职业晋升的途径。后全球经济对每个人来说都是一个竞争激烈的环境，尤其是对旧中产阶级来说，因为通用汽车和西尔斯等公司都在走下坡路。

现在来考虑一下 Spotify[①] 和爱彼迎这样的新型公司，正如前文提到的，作为备受推崇的科技经济巨头，这两家私营的独角兽公司的估值均超过 10 亿美元。多年来，它们一直是天使投资者和风险投资家的宠儿。然而，它们的绝大多数客户和收入都局限在欧洲和美洲。爱彼迎一直在努力扩张，Spotify 没有公布它在中国或印度有多少用户，值得注意的是，这两个国家都被归为“世界其他国家”这一类。当 Spotify 这样的公司未能区分出两个即将成为世界最大市场的国家市场时，有些决策明显出了问题。

网飞是一家在 190 多个国家运营的美国公司，它在国际上的用户和流媒体收入都超过了美国国内市场，占全球在线流量的 20%，但它推迟了进入中国市场的时间。它还制作普通话内容的产品，但只面向海外华人。在印度，网飞遇到的阻碍较少，但它被迫降低订

① Spotify 是一个正版流媒体音乐服务平台。——编者注

阅价格，此举进一步加剧了其疲软的增长态势。2019 年印度《经济时报》报道："网飞已经在和华特迪士尼公司、亚马逊公司等全球巨头角力，网飞现在还在同广播公司和宝莱坞巨头竞争，后者与亿万富翁支持的无线运营商结盟，正在以免费或低至每月 40 美分的价格吸引用户……激烈的竞争可能会使网飞首席执行官里德·哈斯廷斯（Reed Hasting）在印度拥有 1 亿客户的目标落空。"文章撰写时，网飞在中国只有 400 万用户，而中国视频流媒体市场的规模是美国的两倍。美国公司是否在犯错？

更广泛地说，一家公司在旧中产阶级中取得成功，并不能保证它在新中产阶级中也能取得同样的成功。关于美国公司严重误解新兴市场消费者偏好和习惯的"恐怖故事"数不胜数。这似乎是显而易见的，新中产阶级并不一定就喜欢美国人喜欢的东西。例如，易贝在中国的表现一直不如淘宝，因为它没有意识到中国消费者更喜欢与供应商直接互动，也不太关心评级系统。沃尔玛在巴西销售滑雪板，可你想想，巴西没有积雪覆盖的山脉，更别提滑雪坡道了！在韩国，消费者更喜欢购买少量的批发包装规格的商品。它还忽略了消费者态度上的差异：印度和中国消费者认为大商店很贵，而大商店在美国被认为可提供最便宜的商品。

与中国等新兴市场的中产阶级消费增长有关的另一个潜在的破坏性影响是，年轻一代的消费者不再像他们的父辈和祖父辈那样储蓄。在上海从事营销工作的千禧一代刘思丁（音译）说："对我父母那一代人而言，找到一份体面、稳定的工作就足够了，他们只会攒钱、买房、养孩子，而我们把钱看作可以花的东西。"越来越多的中国千禧一代开始从多个网络借贷平台借取短期贷款，以填补他们之前因激进消费而申请的其他贷款。余润婷（音译）

也在上海从事营销工作，1 300 美元的月收入仅够她支付房租、购买生活必需品，“然而她已经购买 Celine（思琳）中号经典款单肩包（零售价格 4 400 美元）、香奈儿流浪包（4 500 美元）、宝格丽蛇头包（2 100 美元）和塔思琦日月平衡系列的金耳环（1 800 美元），她刷爆了 4 张信用卡并靠支付宝提供的在线贷款系统（花呗）来维持”。余润婷表示：“我公司的同事，从前台到经理，都至少有两个奢侈品手袋，而且我知道我这个级别的大多数同事都依靠借贷来支持消费。”智威汤逊亚太区创新部门主管陈美仪观察到：“这些千禧一代和 Z 世代的奢侈品消费者中，有许多是独生子女，已摆脱父母那代人被教导要储蓄、储蓄、再储蓄的现实或文化束缚。”

显然，中国的年轻消费者开始表现得像美国人一样，这种发展破坏了中国人存钱而美国人花钱的舒适安排。截至 2020 年，中国家庭债务占 GDP（国内生产总值）的比率徘徊在 50% 左右，而美国为 76%。到 2030 年，就该比率而言，这两个国家可能处于相同的水平。如果中国的年轻一代不再为美国人储蓄，美国人将需要勒紧裤腰带。

地球能负担多少中产阶级

萨缇什（Satish）和阿琳·帕什卡（Arlene Palshikar）住在俄勒冈州波特兰市，他们是废品回收的狂热爱好者。2017 年，他们开着普锐斯混合动力车将可回收物送去垃圾分拣中心。一位工人告诉他们，中国将不再回收美国的塑料。中国政府通知世界贸易组织，将不再接收某些类型的固体废物，以保护中国的环境利益和人民健康。在特朗普政府和中国之间不断升级的贸易战中，一场关键战役是关于垃圾回收的问题。过去，中国将制成品运往美国，而美国将其废料和可回收材料运往中国，这是一个互利的安排。美国的中产阶级消费者是世界上最大的垃圾制造者，其产生的 1/3 的可回收垃圾出口到他国，而中国接收了近 50%。中国过去每年仅废弃塑料就接收约 4 700 万吨，然后再进行回收。

但现在，中国和印度等新兴国家都有自己的中产阶级需要照顾，也有自己的垃圾需要处理。如果中国没有能力吸收全球的固体废物，那么它们流向何方将不得而知。佐治亚大学的一项研究总结道："随着塑料生产量和使用量的持续增长，以及许多国家和企业纷纷致力于循环经济和提高塑料回收率，在可预见的未来，美国那些需要'一个家'的塑料垃圾数量将继续增加。"现在塑料垃圾会去哪里？如果没有大胆的新想法和管理策略，垃圾的回收率将持续下降，未来回收增长的宏伟目标和时间表将无法兑现。事实上，欧洲和美国重新掀起一场反对塑料垃圾的战争，更多的是因为中国拒绝接收它们的垃圾，而不是它们的环保意识增强了。

全球中产阶级的增加意味着全球处于贫困线以下的人数继续减少。这是一个可喜的进展，但它也对未来提出一个令人震惊的问题，正如《纽约时报》在 2001 年尖锐地提出："地球能养活更多的美国人吗？"你能想象一个 20 亿人口的新兴市场像普通美国人一样消费的世界吗？ 2020—2030 年，全球中产阶级消费总量将增长约 55%。例如，当人们看到自己的收入增加，他们会吃更多的高蛋白质食物，他们很快就会对牛肉产生偏好，而不是猪肉或鸡肉。生产

1 磅[①]牛肉平均需要 1 800 加仑[②]淡水。再想想制造汽车或洗衣机所需的原材料，以及维持其运转所需的汽油或电力。我们需要想出创造性的方法来避免争夺稀缺的自然资源，包括水、矿产和能源。我们需要工人、工程师和企业家设计并提供更好的系统来管理我们可用的有限资源。我们也许需要改变浪费的习惯，这一点将在第 7 章提到。

千禧一代难以步入中产阶级

“我目前是一家保险 / 再保险公司的临时理赔分析师，”社交新闻平台红迪网（Reddit）上有一个帖子写道，“我的实习期应该是 6 个月……他们告诉我已经把我的资料交上去了，然后我可以成为正式员工。已经过了 10 个月，我仍然没有收到回复。我只想要一份固定薪水，而不是烦人的小时工资……我学的是市场营销，在金融风险管理领域找到一份工作。我做错了什么？”另一位网友抱怨说，花 4 年时间攻读商科学位后，“我觉得我其实可以高中一毕业就工作，通过每年加薪，到现在也能挣到同样的钱，而不用花 4 万多美元去读书”。第三个人断言：“不管父母怎么说，好事不会因为你有学位就发生。如果你没有相关工作经验，那就做好被录用时减薪的准备，前提是你要有足够的魅力让他们雇用你。”

这类故事说明一种普遍的模式：欧洲和美国的中产阶级正在萎缩，这不仅是因为全球竞争或自动化导致人们在失去高薪工作，还

① 1 磅 ≈0.45 千克。——编者注

② 1 加仑 ≈3.79 升。——编者注

因为年轻人一开始就无法获得稳定的工作，现在这样的工作机会更少了。经济合作与发展组织 2018 年的一项研究得出的结论是“年轻一代步入中产阶级的难度越来越大”。这项研究使用了几个欧洲国家及墨西哥和美国的数据。“这是因为老一代往往比新一代更能抵御劳动力市场的变化和低收入风险。自婴儿潮一代以来，中等收入群体的规模在逐代缩小。”例如，30 多岁的千禧一代中只有 60% 是中产阶级，但婴儿潮一代中有近 70% 在人生类似的阶段成为中产阶级。

真正令人担忧的是，生孩子会让家庭更难达到中产阶级的地位，这种自我延续的动态可能进一步拉低了生育率。记者帕特里克 · A. 科尔曼（Patrick A. Coleman）在《父辈》（*Fatherly*）中写道：“中产阶级父母被迫加大对孩子的投资，来自雇主和政府的保障却越来越少。”再一次，这些传闻汇聚成一种趋势，对未来具有重要的意义。“中等收入家庭中有孩子的家庭比率（在欧洲和美国）也在下降——从 72% 下降到 68%，单亲家庭比率从 55% 下降到 44%。”到 2030 年，欧洲和美国的中产阶级人数将会减少，社会两极分化越发严重，贫穷或富裕家庭的孩子会越来越多，而享受传统中产阶级舒适生活的孩子会越来越少。

另一个引人注目的趋势是，在美国和欧洲，60 岁以上的人在中产阶级中的占比创历史新高，因为其中许多人都有高薪工作，已经完成抚养孩子的任务，还设法存了一些钱。经济合作与发展组织的研究结论称：“中等收入阶层的构成已经发生深刻的变化。在过去 30 年里，人口老龄化的速度超过以往任何时期。自婴儿潮一代以来，每代人的收入达到中等水平的机会都在减少。”

重享中产阶级的繁荣可能吗

纽约州的布法罗曾经是美国最富有的城市之一，遍布着大大小小兴旺的企业，同时拥有充满活力的中产阶级。路易斯·沙利文（Louis Sullivan）和弗兰克·劳埃德·赖特（Frank Lloyd Wright）等杰出建筑师的设计遍布布法罗。纽约中央公园的设计师弗雷德里克·劳·奥姆斯特德（Frederick Law Olmsted）说，布法罗即便不是世界上规划最好的城市，也是美国最好的。他将之称为“民主平等的城市”。这座城市在 1804 年规划得像华盛顿特区一样，以网状的放射状街道系统为特色。它的临湖建筑被建筑评论家艾达·路易斯·哈克斯泰柏（Ada Louise Huxtable）誉为美国最伟大的城市景观。布法罗以拥有全国第一个现代艺术博物馆——奥尔布莱特–诺克斯美术馆而闻名，这座博物馆建于 1862 年。它也是美国第一个使用路灯的城市。但 20 世纪 50 年代以来，由于制造业衰退继而对中产阶级居民造成沉重打击，这段历史很大程度上已经黯然失色。粮仓、工厂、运输工具和破旧的办公楼已经闲置几十年。

除第 1 章讨论的移民带来的好处外，移民还可以成为促进城市更新的一种资源。布法罗最初是由欧洲移民建造的，来自埃塞俄比亚、索马里、老挝、缅甸和塞尔维亚等国的新移民浪潮又推动它的部分地区得以复兴。戴维·斯特宾斯（David Stebbins）写过很多关于五大湖地区城市复兴的文章，这些新居民所具备的职业素养和创业精神，帮助那些摇摇欲坠的社区重新聚集起来，并创建新的商业活动来填补空置的店面。这种趋势逐渐成为普遍模式的一部分。跨党派智库“新美国经济”（New American

Economy）在 2017 年的一份基于对全美 3 350 万工人的抽样调查分析报告中指出，移民多元化似乎对整个劳动力市场都具有广泛的好处。拥有不同想法和新技能的移民加入时，雇主可以填补空缺的职位，找更好的解决问题的方法，并扩展新的业务领域。因此，在移民大量涌入一个大都市后，高收入者和低收入者的工资都有平均 6% 的增长。

布法罗的表现超过该地区的其他城市，包括罗切斯特和锡拉丘兹。反对者争辩说，任何同等规模的城市在注入 10 亿美元的国家补贴和补助后都会复兴。《纽约时报》的头条标题就曾提到："科莫的'布法罗 10 亿美元'：纽约的钱花的到底值不值？"纽约州州长安德鲁·科莫（Andrew Cuomo）曾在 2012 年宣称："我们相信布法罗，让我们把钱花在刀刃上吧。那是一个大写字母 B，代表布法罗，也代表 10 亿美元。"截至 2018 年，布法罗已经接受近 15 亿美元的投资，其中大部分投资项目因只创造很少的永久性就业机会而遭到批评，比如高度自动化、耗资 7.5 亿美元的特斯拉太阳能电池板工厂。如果钱花得有价值，把钱砸在衰败的城市是会起效的，但这并非总能做到。长远来看，押注在通过吸引人才和努力工作的人来复兴衰败的城市，成功的概率往往更大。

毫无疑问，2030 年的经济形势对每个人都意味着将身处竞争激烈的环境，尤其是对布法罗这种地方的人来说。但仍然有一线希望，在一项综合研究中，布鲁金斯学会的艾伦·贝鲁比（Alan Berube）和塞西尔·默里（Cecile Murray）追踪了 185 个具有重要制造业历史的市县的发展。2016 年，这些县的人口约占美国总人口的 12%。其中大部分位于中西部和东北部。研究人员发现，尽管一半以上的人成功地从危机中恢复过来，但 70% 的人未能抓住

1970—2016 年新技术和服务行业出现的机遇。表现最好的城市和县包括纽约的布鲁克林、皇后区和布法罗、费城、圣路易斯，还有另外几个在波士顿周边的城市。其他城市的表现仍然不佳，包括纽约州的奥尔巴尼、俄亥俄州的代顿、密歇根州的底特律和弗林特。只有几个因素可以解释成功的差异：重点研究型大学的存在、当地对生活质量举措的政治支持对多样化人才的吸引，以及对移民的开放程度。因此，美国中产阶级的机遇因城市和地理位置的不同而不同，一些大都市正在实现增长，另一些则停滞不前。有没有办法让大多数人重享中产阶级的繁荣呢？

福特、亚马逊以及全民基本保障性收入的畅想

我在沃顿商学院的同事丹尼尔·拉夫（Daniel Raff）写道："在蓬勃发展的底特律汽车工业领域，1914 年 1 月 4 日，亨利·福特成为一名成功的机械师企业家。伴随着 T 型车的热销，他的汽车很受大众欢迎，但他的名字鲜为人知。"紧随其后的是底特律特有的寒冬。亨利·福特和他的副总经理詹姆斯·卡曾斯（James Couzens）决定宣布一个史无前例的消息：福特汽车公司将把工人的工资提高一倍，达到每天 5 美元。在今天，这相当于每个工作日的薪酬为 126 美元，或时薪为 14 美元的 9 小时工作制，接近 2019 年美国联邦最低工资每小时 7.25 美元的两倍。请看底特律《时代星报》（*Times-Star*）的头条文章："'淘金热'始于福特出价 5 美元，成千上万的人涌入底特律的工厂寻找工作。在这里，每半个月就发放 1 000 万美元的福利金。所有员工每天的工资都不会少于 5 美元。"

拉夫提到："《纽约环球和商业广告报》（*New York Globe and*

Commercial Advertiser）上的一幅漫画很好地阐释了公众对这一消息的反应：一群头戴礼帽、身穿毛皮领大衣、抽着雪茄的胖男人在工资窗口排队，其中一个人说‘霍金斯，能请你到工资窗口帮我领一下薪水吗？上周我完全忘了这回事’。”日薪5美元让亨利·福特一举成名。约翰·多斯·帕索斯在他1933年的小说《赚大钱》（*The Big Money*）中写道：“美国计划：汽车行业的繁荣从上往下渗透。但是，每天付给那些不喝酒、不抽烟、不读书、不思考的优秀、干净的美国工人5美元……造就了汽车商人、爱迪生的崇拜者、鸟类爱好者亨利·福特，使他成为那个时代伟大的美国人。”

福特的工程师精简和标准化装配过程，成功地把制造一辆T型车的时间从12个小时缩短至93分钟。这样的效率意味着工作日大幅减少，工人们因此感到很无聊，结果员工流动率飙升至370%，这意味着福特全年为每条装配线的每个岗位雇用过近4个员工。《亨利·福特》（*The Henry Ford*）是一本宣传亨利·福特对美国创新所做贡献的出版物，它写道：“福特推断更高的工资可能会让工厂的单调乏味更容易忍受。”在拉夫的研究中，他没有发现任何证据表明福特公司在填补职位空缺方面有任何困难。此外，福特的提议并不是直接提高工资，相反，这是一项利润分享计划，根据该计划，员工达到业务要求和业绩量就可以获得奖金。据《亨利·福特》记述，公司设立了一个臭名昭著的社会学部门来“监控员工工作之外的习惯”。为保有这份日薪5美元的工作资格，“工人们必须戒酒、不虐待家人、不接收寄宿人员、保持家里干净，并定期向储蓄账户存款”。这种家长式的劳动管理方式在当时非常普遍。“福特汽车公司的检查员到工人家里，询问一些调查性的问题，观察他们平时的生活条件。”美国中产阶级的早期文化和经济发展很大程度上归功于亨利·福特的远见卓识，他推动了一个庞大的消费者群体的形成，这些消费者渴望购买像福特生产的产品一样批量生产出来的产品。

将时间快进至2018年10月2日，亚马逊宣布将向所有美国员工支付全职、兼职、季节性和临时工资，每小时至少15美元，是美国联邦最低工资的两倍多。该公司全年雇用25万名员工（节假日期间还额外聘用10万名员工），其劳工做法一直受到公开批评。根据亚马逊首席执行官杰夫·贝索斯的说法，在为工人加薪的同时，公司还广纳谏言并决定做个表率。与亨利·福特一样，作为那个时代的首富，他选择一个整数来表示其象征力量。甚至向国会介绍“阻止贝索斯”法案（Stop Bezos Act）的参议员伯尼·桑德斯（Bernie Sanders）也称赞这个决定：“今天，有个人对我的表扬当之无愧。我要祝贺贝索斯先生做了正确的事情。”

想想在福特和贝索斯做出决定时各自所处的世界的异同吧。尽管1914年的失业率约为14%，2018年仅为4%，但当时的背景是相似的，工人和企业都面临巨大的技术变革。福特和贝索斯都没有忘记业绩增长，但都愿意做出让步，以避免劳工组织带来的威胁。两家公司都希望减少人员流动。福特此举在整个汽车生产行业产生了连锁反应，美国中产阶级的崛起在很大程度上是工人具有消费者这一双重身份的产物。令人沮丧的是，假设每天工作8小时，扣除通胀因素后，福特在1914年每天5美元的薪资水平相当于2018年的时薪15.69美元，比亚马逊的时薪15美元还要高出69美分。无论如何，很少有公司愿意单方面提高工资。

今天，随着旧中产阶级的一部分人陷入贫困，大西洋两岸对政府提供全民基本收入的支持力度正在加大。这种做法在欧洲和加拿大有很多支持者。相比之下，在美国，有一半的人认为它只是异端，是一种不切实际的空想。据《纽约客》杂志撰稿人内森·赫勒（Nathan Heller）说，一项保障每个家庭最低收入的政府计划不仅受到学术界人士的欢迎，而且受到劳工领袖的欢迎，“这个最低收入在美国某些地方可以让人维持生活，但是远远不够”。就连自由意志主义者也支持它，他们认为这是一种遏制政府官僚作风和缩减福利项目的方法。在目前的各种政府支持计划中，政府工作人员必须决定谁应该得到每种特定形式的政府援助并管理这些福利，与此相反，这种计划的普遍性将降低成本，消除官僚主义。它也是一个明确的预算线，因为一旦每个人或每个家庭的收入确定了，我们就知道这个项目的成本是多少。事实上，自由意志主义经济学家米尔顿·弗里德曼在其1962年的著作《资本主义与自由》中提出过一种采用负所得税（政府为一定收入水平以下的人发放补充工资）的观点。巧合的是，约翰逊政府觉得这个想法很有吸引力，于是决定在新泽西州开展一个试点项目，但结果是引发的问题多于产生的方案。还有一些专家支持政府保障最低收入的概念，因为这将对以消费为导向的经济起缓冲作用，使其免受由科技导致的失业的负面影响。从现在到2030年，失业趋势只会加剧。2016年，埃隆·马斯克表示：“由于自动化，我们很有可能最终仅能获得全民基本收入或类似的东西。我不清楚那时的人们还能做什么工作。”

2018年2月盖洛普的一项民意调查显示，对于提供全民基本收入是不是一个好主意，美国人的看法各占一半。批评者担心这将削弱人们提高生产力的动力，降低人们从工作中获得的自豪感和满足感。“我认为工作能给人带来一定的尊严。”诺贝尔经济学奖获得者约瑟夫·斯蒂格利茨说，他经常支持进步的政策。另外，甚至还有人怀疑这是否有助于经济发展。智库罗斯福研究所认为，如果通过税收提供资金，全民基本收入将不会带来经济增长方面的好处，但仍有其他潜在的好处。在加拿大安大略省，人们在一个针对收入低于 2.6 万美元的单身人士和收入低于 3.65 万美元的家庭的试点项目中发现，受助者感到自己被赋予了力量，不再那么焦虑，社会关系也更加紧密，还能够在教育和求职上进行投资。

或许阿拉斯加可以为全民基本收入的收益和成本提供终极测试。1982 年以来，阿拉斯加居民每年都从阿拉斯加永久基金获得红利，该基金的资金来自阿拉斯加的石油收入，2018 年每人获得的红利为 1 600 美元。美国国家经济研究局发表的一篇深入研究报告提到，没有证据表明这种红利会抑制人们工作的积极性：“一笔普遍和永久的现金进账不会导致总就业人数的显著减少。”阿拉斯加大学安克雷奇分校的经济学家莫切尼·格塔彼（Mouhcine Guettabi）为这一发现提供了佐证。此外，他在回顾其他研究后得出结论：阿拉斯加人在收到红利的当月，在产品和服务上的直接消费支出增加。在支票发放后四周内，与药物滥用有关的事件增加了 10%，但财产犯罪减少了 8%。其他好处还包括低收入母亲的婴儿平均出生体重增加，以及 3 岁儿童的肥胖程度降低。有趣的是，这些支出减少了贫困，但加剧了不平等。造成这种情况最有可能的原因是，较富裕的家庭将这些支出用于再投资，而较贫穷的家庭选择将其花掉。不管利益和成本如何平衡，整个计划都建立在石油收入稳定的假设之上，而石油收入受到价格波动和现有油田枯竭的威胁，这种不确定性引发了在政府项目中分配税收收入方式上激烈的政治斗争。

加州大学伯克利分校的经济学家希拉里·霍恩斯（Hilary Hoynes）和杰西·罗斯坦（Jesse Rothstein）对全民基本收入计划的未来做出了悲观的评估。在审查加拿大、芬兰、瑞士和美国的试点项目和政策建议后，他们得出结论：“除非投入大量额外资金，否则用全民基本收入取代现有的扶贫项目将是大开倒车。”

中产阶级的不安

到 2030 年，新兴市场的中产阶级消费者数量将是美国、欧洲和日本的中产阶级消费者数量的 5 倍，以及 2020 年新兴市场中产阶级消费者数量的 2 倍。我们看到的可能不是《辛普森一家》，而是辛格家、王家或姆旺吉家的冒险故事，该剧将不会像《辛普森一家》那样在俄勒冈州的斯普林菲尔德这片郊区上演，而是在孟买、上海或内罗毕。世界领先品牌将不再反映美国消费者的偏好，它们将主要针对新兴经济体中那些满怀抱负的中产阶级。

但中产阶级并不是当今唯一的变革力量，正如我们接下来将看到的，女性作为挣钱者和财富持有者的数量的增加是另一个巨大的变革引擎。

4

女性影响力增加

新百万富翁、企业家与未来领袖

女性拥有金钱或者权利，在我们的社会里是两种令人不适的状态。

—— **坎迪斯·布什奈尔**

《欲望都市》作者

继环境和生育双重危机之后，一个神权政权掌控了美国的部分地区，它实行铁血政策，企图努力克服这些危机，并与威胁共和制权威的顽固分子进行斗争。学校因为缺少孩子空空荡荡；拼字游戏和其他低级游戏遭到禁止；电子银行取代流通中的所有纸币；妇女无权从事带薪工作或拥有个人财产；象征虚荣的化妆品、珠宝和杂志转而被挂上陈腐的标签，人们对其敬而远之；老年妇女神秘地消失；当权的族长和他们不能生育的妻子肆意蹂躏低种姓的妇女。“幸运”的妇女犹如行走的子宫，成为大地重建计划的工具；剩下那些失去生育能力的不幸妇女只能负责清理化学污染物和放射性废物。男人和女人们都知道，即使是最轻微的性过失也会被处以截肢的惩罚。

这就是玛格丽特·阿特伍德（Margaret Atwood）在 1985 年创作的小说《使女的故事》（*The Handmaid's Tale*，该书已被 Hulu 影视网站改编成电视连续剧）中描述的反乌托邦情节，这部小说给人一种荒诞的现代感。阿特伍德在2018年提出："对女性来说，现在既是最好的时代，也是最坏的时代。一些女性正在为获取她们从未享有过的权利而斗争，另一些女性则在为这些权利所存在的被剥夺的威胁而战。"

最好时代的痕迹随处可见。在美国，大部分本科和研究生学位都由女性获得，超过40%的美国已婚妇女的收入比她们的丈夫高。女性积累财富的速度快于男性，因此，到2030年，全球一半以上的财富将掌握在女性手中。

最坏时代的迹象也显而易见。由比尔及梅琳达·盖茨基金会（简称"盖茨基金会"）资助的一项关于性别平等的研究得出结论："在距离2030年还有11年的时候，世界上近40%的女孩和妇女（约15亿人）生活在性别不平等的国家。"在美国和其他发达国家，女性相对于男性的预期寿命优势正在减弱。此外，女性的命运往往会因以下因素而出现差异：她们是否有孩子，单身还是有稳定的伴侣，处在婚姻状态还是已离婚。这些因素都造成女性之间存在巨大的差异。

这些重大趋势不仅使社会也使资本市场发生显著的变化，因为在投资方面，女性与男性存在差异，对公司来说，女性给工作场所带来不同的视角，还有创新，越来越多的女性成为企业家。女性尚未与男性享有平等地位，但由于她们在经济和社会中扮演的新角色，巨大的转变正在发生。

好莱坞很早就意识到这一点。在1993年的电影《西雅图夜未眠》中，安妮（梅格·瑞恩饰演）在工作时被同事告知："在40岁以后找到丈夫的概率比被恐怖分子杀死的概率还要小。"安妮惊恐地脱口而出："那个统计数据肯定不是真的！"贝基（罗茜·欧唐内饰演）试图让她冷静下来，安慰她："没错，这不是真的，但又似乎感觉很真实。"这个电影场景是基于真实世界的事件来演绎的，它来源于当今世界三位杰出的人口统计学家进行的一项研究。20 世纪 80 年代中期，尼尔 · 贝内特（Neil Bennett）、戴维 · 布鲁姆（David Bloom）和帕特里夏 · 克雷格（Patricia Craig）对美国白人和黑人的结婚率差异进行了调查。布鲁姆是哈佛大学的经济学家，至今他依然在那里任教；贝内特是耶鲁大学的社会学家，克雷格是他的研究生。（1989 年，我担任过该调查项目的研究助理。）

1986 年，康涅狄格州斯坦福市的小报纸《倡导者》（*Advocate*）的一名记者打算寻找一个精彩的话题作为情人节那天的主题，于是他给贝内特打电话，贝内特告知他：一名大学毕业的单身女性在 30 岁时结婚的概率大概是 20%，但到 40 岁时，这个概率就低到只有个位数了。这篇报道被刊登在《倡导者》的头版，随后美联社的一名记者转载了这篇报道，并通过该通讯社的全国电讯发表一篇报道，标题为"迟迟未嫁的女性可能永远也不会结婚"。同年 6 月，《新闻周刊》专门用一期来讨论这个话题——"婚姻危机：如果你是单身女性，这就是你结婚的概率"，并在封面上配了一张图表，以显示随着女性年龄的增长而陡峭地向下倾斜的概率曲线。里面有个故事叫"希望找到白马王子却已太迟了吗"，其中有一句令人难忘的话引发了轩然大波："40 岁的女性被恐怖分子杀死的可能性更大：她们结婚的可能性只有 2.6%。"因撰写《欲望都市》而出名的坎迪斯 · 布什奈尔在《纽约观察家》专栏上写道："《新闻周刊》的封面让各地的单身女性胆战心惊。"

哈佛大学和耶鲁大学的这项联合研究在国际上广为人知，并引发了10年来最为轰动的故事之一。媒体的相关报道引起受教育女性的共鸣，她们总是试图在职业目标和个人生活之间实现平衡，但媒体通常会曲解研究结论。事实上，我们了解到，五六十岁的美国女性中只有不到10%的人从未结过婚。现如今在美国，选择生活在一起共同抚养孩子的未婚夫妇比已婚夫妇多，选择同性伴侣的人数也在增多。

妇女拥有新社会经济地位这一变化影响深远。正如我们在第1章中看到的人口趋势，这些转型主要是几个因素相互交织的结果。越来越多的女性选择接受教育、外出工作，生育的孩子数量也越来越少。

此外，至少在目前，重点是女性往往比男性寿命长。我无法向任何读到这句话的女性做出承诺，但平均而言，你会比男性多享受4～7年的生命，这取决于你生活在世界的哪个地方。长寿很重要，因为它延长了人们工作的时间，也延长了储蓄转变成更多财富的时间。而且，女性更有可能从丈夫或男性伴侣那里继承财富。

这是在委婉地表明，我有一些非常好的消息要告诉全世界的女性。简而言之，她们将在2030年接近尾声之前变得更富有。更确切地说，如今一个女人积累足够的财富来享受舒适生活的可能性，远远大于她的母亲或祖母。

出于同样的原因，我恐怕要告诉男人们一个坏消息，包括我自己。这不仅仅是因为男人们会变穷，或者财富增长速度会变慢。平均而言，与同龄女性相比，男性死亡率更高。当他们死后，猜猜谁会继承这些财富？

男女差异：消费、储蓄和投资

女性经济地位的提高真的会影响到2030年前后的市场前景吗？如果你相信女人来自金星，男人来自火星，也就是说，如果他们在使用金钱方面存在行为差异，那么答案是肯定的。让我们来看看在消费、储蓄和投资方面，女性与男性的差异到底有多大。

男性和女性，谁在奢侈品上花的钱更多？当我在课堂上提出这个问题时，听课者通常各执一词，一半人的回答是女性，另一半人的回答是男性。但是正如我经常提醒我的本科生们的那样，大多数时候，对于任何有关女性和男性行为的问题，正确的答案都是“视情况而定”。事实上，这个答案也适用于当今的大多数问题。

举个例子，说到奢侈品，大多数国家的统计数据显示，女性更喜欢把钱花在时尚、珠宝和配饰上，男性则倾向于购买昂贵的“玩具”，比如跑车。如果你把跑车算作奢侈品的话，男人比女人花的钱多。但如果不包括它们，女性则比男性花费更多，尤其是在时尚、珠宝和配饰上。因此，男性和女性之间最大的行为差异在于后者购买奢侈品的数量更多。

女性在教育、医疗和保险等昂贵但重要的服务上的支出也与男性有所不同。相对于男性，她们更愿意在教育上投入，这不仅是为了她们自己的利益，也是为了她们的子孙后代。女性在自己的医疗保健方面也花费更多，并且更倾向于保证她们的父母、子女和孙辈都能得到他们所需的医疗保健服务。她们倾向于选择更低的财产保险和意外险的免赔额，以及更全面的伤残和死亡保险，因此会付出更高的保费。总体而言，研究表明，女性对获取安全感表现出明显的偏好。

那么，女性财富的快速增长是否会导致经济的大规模转型？答案是肯定的。请记住，教育、医疗和保险支出约占美国经济的30%，随着女性在未来10年积累更多的财富，这些经济领域将受益于支出的增加。

说到储蓄，我们也很难概括出是女性比男性储蓄多，还是男性比女性储蓄多。在没有结婚计划的单身人群中，女性往往比男性储蓄更多。研究表明，导致这种情况的原因同样在于女性对安全感和独立的渴望。她们也意识到自己（平均而言）比男性寿命长，所以她们需要为未来存更多的钱。然而，男性一旦决定结婚，他们也会增加储蓄，主要是因为文化期望，也因为他们的担忧：既要承担起家庭责任，又担心积蓄不够。在有孩子之前，已婚女性往往会比背景相似的已婚男性储蓄更多，但一旦她们有了第一个孩子，情况就会发生反转：平均而言，母亲比父亲的储蓄少，因为她们与孩子在一起的时间更多，会面临更多意料之外的现金支出，包括零食、新裤子、教科书或学校组织的出游。这些例子表明，储蓄行为取决于一个人的生活阶段和其他情形。

女性财富积累速度的加快能否改变消费和储蓄方面的游戏规则？这对未来而言是一个重要的横向影响。女权主义作家格洛丽亚·斯泰纳姆（Gloria Steinem）曾经说："我们可以通过查看自己的支票簿存根来判断自己的价值观。"（对千禧一代的说法是：看看小额支付款项软件 Venmo 上你的支付记录。）

说到投资，女性和男性显然来自不同的星球。大多数人认为，在投资方面，女性更为保守或倾向于规避风险。研究证实了这一点，正如亨利勋爵在奥斯卡·王尔德的《道林·格雷的画像》中所说的："女人习惯碰运气，男人则会冒险。"对风险的态度会影响我们生活中的大多数决定，包括消费和储蓄，也会影响我们对有利于实现财务目标的投资类型做出的判断。如果是“雷曼姐妹”而不是“雷曼兄弟”，2008年的危机或许就可以避免，这种说法并不牵强。

最后这句话中确实有一点是正确的，一项尚未发布的研究比较了在纽约一家投资银行从事交易的男性和女性的情况，他们在教育和人生经历方面十分相似。但研究人员发现男性交易的频率更高，承担的风险也更大，而且长期来看，女性获得的回报略高。

由男性创造、拥有和管理大部分财富的时代即将结束，金融市场正在经历一场巨大的变革。为什么现在越来越多的人喜欢与市场指数挂钩的股票型基金，而不是回报可变性较大的管理基金？你猜对了，我确定现在越来越多的投资者是女性。最重要的是，更好地理解女性作为消费者、储蓄者和投资者的身份可以为企业提供非凡的新市场机会。事实上，如果在女性晋升、掌控全球最大份额财富的过程中，不能掌握她们的偏好和决策方向，那么任何公司都无法成功。

女性之间的差异

来自蒙大拿州米苏拉的赛迪·玛丽·格罗夫20岁时生下她三个孩子中的老大，她没有大学学位，也没有游历过世界各地。她白天照顾孩子，晚上兼职做健康助理，获得一个放射技术方面的学位一直是她梦寐以求的事。与其截然不同的是，居住在旧金山的艾伦·斯坎伦得益于人工授精，她的第一个也是唯一一个孩子在她40岁时出生了。大学毕业后，艾伦进入了商学院，毕业后从事金融工作，并成立了一家战略咨询公司。她在30岁时遇到她的丈夫，她谈及他们推迟生育的决定时说："我们只想享受二人世界的快乐。"

赛迪和艾伦尽管都是生活在21世纪的美国女性，但她们生活在两个由居住地点和受教育程度来定义的全然不同的世界里。在对带来划时代转变的趋势进行追踪时，对在一个特定的社会群体中每个人都会受到这些转变的影响的假定，是一个十分常见的误解。虽然女性的经历确实在发生变化，但同样可以确定的是，我们正在目睹一个巨大的分歧，即一些女性（和男性）的生活方式与她们的父母截然不同，而另一些人依然在遵循传统模式。这种分歧有助于解释为什么世界不同地区，尤其是欧洲和美国，男女的经济命运和政治行为会如此两极分化。简而言之，不同群体所能获得的机会似乎会随着时间的推移而出现分歧，他们的政治观点也是如此。

虽然女性的财富在总体上有所增加，到2030年，平均而言，女性会比男性更富有，但有两个特别容易受到伤害的群体——单亲妈妈和离异女性。在许多情况下，这两个类别是重叠的。"我结婚的时候，情况肯定要好得多，"一位42岁、三个孩子还在读小学的离异母亲在接受个人理财网站Billfold的采访时说，"我们是相当稳固的中产阶级，虽然会遇到财务困难，但已经做得相当好了。我曾经有一笔储蓄和一笔小额退休基金，但我不得不在离婚期间把它兑现并花掉。"她在华盛顿特区郊区的一家小型非营利组织担任行政人员，年收入4万美元。她前夫分担孩子的抚养责任，每月支付1 500美元给她，但也只能负担所有开支的一小部分。更糟糕的是，他们以她的名义合并了她前夫的学生债务，以在当时获得教育部贷款更优惠的条件。现在，她每月的房租为1 480美元，育儿费用为1 386美元，食品杂货费用为400美元，因此她无力偿还学生贷款。她说："我已经算出我要付多少钱才能不让公用事业公司切断对我的服务供应。”

媒体上充斥着女性离婚协议金额高达数十亿美元的故事，例如杰夫·贝索斯和麦肯齐·贝索斯、亚历克·威尔顿斯坦与乔斯林·威尔顿斯坦、默多克与安娜·托夫、伯尼·埃克莱斯顿与模特斯拉维卡·拉迪奇，以及斯蒂芬·永利与伊莱恩·永利的分手事件。然而，这些都是个例，大多数离婚的女性最终的经济状况会更加糟糕。事实上，一项全面的研究发现，对女性来说，维持婚姻几乎总是比离婚在经济上更有利。即使重回职场，女性也不能恢复到她们结婚时所处的经济状况，即使再婚，她们的经济状况也还是会恶化。不过，男性分手后并没有遭受类似的财务影响。一般来说，如前所述，有子女的夫妇的离婚率居高不下是欧洲和美国中产阶级停滞不前的一个重要原因。

十几岁的单身妈妈往往错过了女性一生的机会。在美国，每年大约有 25 万婴儿是 15～19 岁的女性所生。在黑人、西班牙裔和美国原住民中，少女做母亲的比例是白人的两倍多，是亚裔美国人的 4 倍。尽管青少年怀孕率在以 6% 或 7% 的比率逐年下降，但低收入和受教育程度较低的女性在十几岁时成为母亲的现象依然非常常见。这给少女和她的父母都带来了沉重的负担，往往会导致年轻母亲辍学陷入贫困。

展望 2030 年，也许没有什么比避免高中辍学更能改善女性经济状况，尤其是如果辍学的原因与怀孕有关的话。杰米·拉什在她 15 岁怀孕的时候写下这样的话：“在我上 10 年级的时候，一切都改变了。当我告诉孩子的父亲我要把孩子生下来时，我和他的关系几乎也就终结了。”杰米的父母接济她并帮助她抚养孩子，不幸的是杰米的情况并非个例，超过 60% 的年轻未婚妈妈依然生活在贫困中。反过来，贫困也是导致青少年怀孕的风险因素。

劳伦的母亲死于癌症时，她才 12 岁，她父亲又常常不在家。劳伦在马萨诸塞州东南部读高中，毕业前不久就怀孕了。如今的她无家可归。

克里昂娜的母亲在她 2 岁时去世，她父亲一直抚养她到 7 岁，后来因为吸毒入狱。她被亲戚们养大，她的家里经常聚集着吸毒者。她在 16 岁时怀孕，她男友和她父亲都希望她堕胎，但她选择把孩子生下来。孩子出生后，她和孩子住进了收容所。据《大西洋月刊》报道："尽管如此，她还是比许多同龄人有优势：她已经读完 11 年级；没有卖淫，也没有犯罪记录；没有精神疾病，也没有滥用药物。"她坚持下来，高中毕业后上了大学，后来在一家诊所找到一份工作。之后她带着蹒跚学步的孩子搬进了一套朴素的公寓。

尽管女性拥有的机会越来越多，但职场歧视、离婚和少女怀孕每年仍在影响着发达国家数以百万计的女性。虽然她们中的一些人，比如克里昂娜，成功地克服了困难，但仍有很多人陷入永久的贫困和无家可归的困境。美国联邦政府的调查数据显示，大约 4 500 万美国人生活在贫困线以下。16% 的女性很贫穷，而男性的这一比率为 14%。在独自抚养孩子的女性中，贫困率跃升至 27%。

女性（和男性）的丁克现象越来越普遍。20 世纪 70 年代中期，在 35～39 岁的美国女性中，大约 10% 没有孩子；到 2016 年，这个数字几乎翻了一番。在 40 多岁的人群中，16% 的女性没有孩子，而男性为 24%，造成这种差异的主要原因是有相当数量的单身妈妈。随着生育率持续下降，没有孩子的女性和男性将在世界各地变得更加普遍。到 2030 年，1/3 的美国男性和几乎同等数量的美国女性在退休时仍无子女。

大多数美国妇女面对不生孩子这个决定时都很平和。有位女性说："我今年 66 岁，已经退休，没有孩子。我依照《退伍军人权利法案》上大学，之后一直从事白领工作。在我 20 多岁到 40 多岁的时候，像我这样的女人被认为是怪胎。"调查中，可以看到，其他人也会经历起起落落："在我 62 年的生命中，我从心碎到宽慰，到骄傲，因为我从来没有过孩子！""潜意识认为没有孩子的女人注定孤独是一种无知。有很多老人的子女在成年后不想和父母联系，或者只有当他们想从父母那里索取好处时才和他们联系。即使没有孩子或丈夫，我们也可以过上快乐、充实的生活。"另一位女性得出结论。

伦敦政治经济学院教授保罗 · 多兰（Paul Dolan）将美国幸福数据进一步拓展：" 我们确实掌握了一些对同一个人进行一段时间的跟踪后获取的优质纵向数据，但我要说的现实可能与这些科学数据背道而驰：如果你是男人，那么你应该结婚；如果你是女人，就大可不必如此麻烦。"区别在于婚姻和生儿育女如何改变男性和女性的生活轨迹。多兰通过这些数据观察到："男人承担的风险更小，可以通过工作赚到更多的钱，从而维持更长远的生活。女性则很难做到这一点，并且与未婚女性相比，已婚女性的寿命更短。最健康、最幸福的群体是那些从未结婚或有过孩子的女性。"

有趣的是，美国丁克一族和已为人父母的群体之间的"幸福差距"比其他发达国家都大。由社会学家詹妮弗 · 格拉斯（Jennifer Glass）主导的研究表明："儿童增加了成年人接触各种压力源的机会，但更宽松的家庭政策，尤其是带薪休假和育儿补贴，会缩小丁克一族与为人父母者的幸福感差距。"在法国、芬兰、瑞典、挪威、西班牙、葡萄牙、匈牙利和俄罗斯，有孩子的人实际上比没有孩子的人更幸福，或许是因为这些国家有更优越的育婴假和儿童保育计划，政府对有孩子的家庭的支持让世界变得完全不同。家庭支持项目增强了为人父者的幸福感而不涉及没有孩子的男性，但此类项目增强了所有女性的幸福感，无论她们有没有孩子。提出新的家庭计划的政客们可能会更多地迎合女性，而不是男性。

到 2030 年，教育水平提高和生育率降低的趋势将强化四类女性之间的差异：无子女的女性、单身妈妈、已婚女性和离异女性。在每个群体中，有些人的财务状况会很好，另一些人则会陷入困境。

女性创业

尽管在发展中国家，随着中产阶级的壮大，越来越多的女性生活水平有着显著提高的趋势，但她们的经历仍然存在类似的差异。在撒哈拉以南非洲地区、拉丁美洲、南亚、东南亚和中东的部分地区，城市和农村地区超过 50% 的女性正在遭受贫困的持续折磨。女性割礼之类的陋俗使原本糟糕的经济雪上加霜，它对至少两亿名妇女的人权造成侵犯。女孩的包办婚姻也是一个主要问题。据活动组织“女童不当新娘”（Girls Not Brides）估算，每五个女孩中就有一个在 18 岁之前结婚，大约 6.5 亿女性在未成年时结婚，这种现象在非洲、南亚和拉丁美洲最为普遍。南苏丹女子海伦在 15 岁时被迫嫁给一个 50 岁的男人，这意味着她不得不违背自己的意愿辍学回家。15 岁的女孩死于分娩的概率是 20 多岁女性的 5 倍。来自埃塞俄比亚的喀纳斯说：“我很小的时候就被送给了我的丈夫，我甚至不记得那时的情景，因为我当时实在太小。是我丈夫把我养大的。”即使在瑞士这样的国家，据政府估计，每年也有大约 1 400

名未成年女性被迫结婚。

尽管问题依然存在，但发展中地区的许多女性如今正享受着上一代人无法想象的机会。在坦桑尼亚，需要设备来实现创业梦想但又缺少购置资金的女性可以通过维多利亚·基斯央比（Victoria Kisyombe）创办的一家公司租赁这些设备，包括冰箱和冰柜、缝纫机、烤箱、制砂机、拖拉机和卡车。基斯央比是一名在英国接受过教育的兽医，她在丈夫去世后决定创业，组织创办租赁公司SELFINA，并将其最终发展为坦桑尼亚最大的租赁公司，签订的租赁合同超过了 22 000 份。

即使是像基斯央比这样受过高等教育的女性，也面临一些障碍和普遍的歧视。世界银行的一份涵盖 128 个发达国家和发展中国家的报告表明，在创业领域，女性遭受着相当程度的法律歧视。例如，截至 2009 年，有 45 个国家的女性不具有与男性同等的从事经济交易的法律行为能力，49 个国家的女性被禁止从事某些行业的工作，32 个国家的女性没有平等的继承权。研究发现，若享有平等的权利，女性拥有或管理的企业比例会更高。

甚至可以说，女性企业家长期以来一直被政策制定者忽视。直到1970年，在联合国工作的丹麦经济学家埃斯特·博赛洛普（Ester Boserup）出版了一本很有影响力的书《女性在经济发展中的作用》（*Woman's Role in Economic Development*），这本书详细分析了女性如何对经济发展做出贡献，以及她们受到了经济发展的哪些影响。她有力地指出，女性在家庭内外的活动中发挥着关键作用。博赛洛普的工作推动“联合国妇女十年”（1975—1985 年）活动的发展，并为新一轮旨在促进女性在经济中的作用以加速经济发展的方案奠定基础。这一新方针的目的不仅是将促进两性平等作为一项目标，而且旨在探讨女性的经济活动如何有助于经济增长和发展。

决策者终于意识到，如果没有女性企业家，国家将浪费或闲置一半的人才储备。正如时任联合国开发计划署署长的海伦·克拉克（Helen Clark）在2009年所说："我们应该释放女性企业家的巨大潜力，帮助她们清除面前的障碍，例如信贷和融资的审批、无法继承或持有土地所有权的问题或者享受政府的预算拨款，这样可以减少不平等，刺激经济增长。"SRS航空公司的创始人斯本吉尔·萨姆布（Sibongile Sambo）对此表示赞同，她说："有史以来，南非的妇女，特别是黑人妇女，还没有得到自主创业的机会，没有机会为我们的经济做出充分的贡献。在SRS航空公司，我们利用新的政治自由来创造经济自由。这是我的母亲和姑妈们不具备的机会，但是我有，并且我打算抓住它。"

对女性而言，创业精神可以解放和促进经济繁荣，但是由于她们一路上所面临的障碍，这也可能成为一个令人沮丧的经历，其中许多障碍是女性在这一领域特有的。正如拥有165名雇员的埃及著名珠宝公司创始人阿扎·法赫米（Azza Fahmy）所说，在传统环境中，她的全新经历对任何一个传统的埃及年轻女性来说都是不同寻常的，但她决定继续下去。法赫米无疑在实现梦想的道路上遇到过无数障碍。

男性和女性在创业道路的选择上有所不同，女性倾向于从事与她们以往最熟悉的经历相关领域的工作，如个人服务、零售、创意手工艺和传统行业。此外，由女性创立、拥有和（或）管理的企业规模的增长速度会随时间的推移慢慢放缓，这主要是由于各种结构性的限制，缺乏商业知识和经验也是原因之一。塞内加尔的室内设计师艾莎·迪翁（Aissa Dionne）指出，在事业刚起步时，她甚至不知道如何开具发票，不得不向朋友们求助。

尽管女性在申请启动资金时确实会受到歧视，但在成为企业家的动机方面，研究人员还没有找到有关性别差异的确凿证据，例如对创业的态度、企业家的社会或心理特点、创业的过程、管理或领导风格，甚至持续的融资渠道。“我最初在圣地亚哥的一家纺织公司工作，”智利企业家伊莎贝尔·罗亚（Isabel Roa）说，“然后我开始自己做纺织品，并挨家挨户地推销。我最大的问题是在创业之初缺少资金，不过后来我通过储蓄和贷款解决了这个问题。”

女性在创业和发展过程中遇到障碍的一个重要原因可能是，她们比男性更有可能出于自身需要而创业。纳斯瑞·卡苏日（Nasreen Kasuri）在巴基斯坦创办了一所学校，她说：“我意识到可供选择的学校很有限，而且自我上学以来，学校的数量和学位都没有增加。我还意识到，我的孩子们不会像我那样能够幸运地从高质量的教育中获益。我唯一能应对这一挑战的方法就是建立一所能够为我的孩子们和其他人提供优质教育的学校。”事实上，针对全球创业活动的年度调查“全球创业观察”指出，大多数女性之所以成为企业家，是因为缺乏其他谋生的选择。

临近 2030 年，一个重要的争论已经出现，即女性企业家在设想、组织和管理企业的方式上是否有独特的偏好，以及是否应该以目标成就、更好的工作 / 家庭平衡或社区利益，而不是以增长、利润和名声来定义她们的成功。在这种情况下，卢旺达手工业企业家珍妮特·库巴纳（Janet Kkubana）为她的企业能够给身处困境的妇女带来福利而感到自豪。“我的员工中有幸存者、寡妇和丈夫在监狱里的妇女。看到她们坐在一个屋檐下，一起编织，一起做生意，我获得了巨大的成就感。这些女人现在聚在一起赚取收入的情景是那么令人惊奇。”同样，作为一个社会企业家，来自复活节岛的安妮特·扎莫拉（Annette Zamora）一直致力于保护和普及这个与世隔绝的火山岛的古老文化，她的想法是：“我不知道自己是否成功，我获得了认可，但我对成功没有一个明确的概念。”

平衡工作和家庭

到2030年，世界上将近一半的新企业将由女性创立。阿努·安查娅（Anu Ancharya）在美国完成研究生学业后返回印度——遵循我们在第1章中讲到的人才循环模式，创建了一家基因组学外包公司 Ocimum Biosolutions。在经历15年的运营和在欧洲和美国的三次收购之后，她的公司成为全球生物医学外包行业的领军者之一。阿努的两个女儿还未满13岁，因此她不得不在工作和家庭的平衡之间做出艰难的选择：“孩子们现在已经习惯了我有一半的时间不能陪在她们身边。”为让孩子能够得到照顾，她们现在和阿努丈夫那边的亲人住在一起。她的公司为员工提供三个月的带薪产假，贾什里·拉维（Jaishree Ravi）是 Ocimum 公司的质量体系副总裁助理，也是元老级的员工，她说：“这是一家很理想的公司，尤其是对女性员工来说，我们的办公时间很灵活。如果要参加家长会，我可以中途出去再回来；我所要做的就是完成9个小时的工作。”

阿努和贾什里并不是唯一感受到作为母亲和职场女性双重压力的人。“2007年，我经历过一场艰难的（而且出乎意料的）离婚。”年近50岁的梅丽莎说。她有一个上大学的儿子和一对十几岁的双胞胎女儿。作为一名教师，她在孩子们开学之前会一直休假，并且为了尽可能多地和孩子们相处，她做着一份兼职工作。她说："在重新进入职场、平衡家庭生活的过程中，我学到一件事，那就是我一定会坚持做到早上送孩子上学。"和她那一代受过良好教育的女性一样，梅丽莎不得不面对艰难的取舍，其中很多是男性根本不必面对的。

大约70%的美国母亲在外从事全职工作，对她们中一半以上的人来说，这不只是一个选择——她们的经济条件不允许她们只是待在家里或者只做兼职。海伦·贝托尔是一位23岁的母亲，她有两个孩子，一个5岁，一个4岁，她希望能上北卡罗来纳州的社区大学。她说："现在每周一到周五的中午到下午6点，我都在一家乡村小酒吧里调酒，周末兼职做摄影师。我每个月要支付650或700美元的日托费。如今我依靠食品券过活，孩子的父亲每月给我300美元的抚养费。"海伦和父母住在一起，他们会尽其所能地帮助她。

"我希望我儿子不要满足于做一名时薪8.5美元的销售助理。"威勒蒂·奥尔蒂斯说。她在高中时辍学，19岁时怀上儿子，现在在波士顿保德信购物中心的一家零售店工作。在威勒蒂3岁时，她父亲在家乡波多黎各被枪杀，母亲带着她搬到波士顿，以便离亲戚更近一些，她母亲后来死于癌症。威勒蒂孩子的父亲没给她一点儿抚养费，她靠食品券和燃料补贴生活。和海伦一样，威勒蒂待在家里照顾孩子是不可能的。

对那些有能力待在家里的女性来说，做出这个决定同样不容易。待在家里被认为是一种社会耻辱，并且人们担心一旦待在家再想重返劳动力市场可能会很难或不可能。身为护士的特里·斯普雷兹·西斯泽克解释道："我无法想象不得不把孩子留给别人照看的痛苦。当我看到其他人勇往直前，拥有令人兴奋的事业时，待在家里会让我产生一些自尊及自我意识方面的障碍。这真是让人泄气，而且新闻里也报道过这些。20世纪70年代，到处都在宣传'女人可以做到一切'，我仍对弗吉尼亚牌女士香烟的广告记忆犹新。"如今她的孩子们都已30多岁，她的丈夫是一名内科医生，他们可以只用一份收入就负担起中上层阶级的舒适生活。

若女性中断职业生涯，她们的收入就会受到影响。芝加哥大学商学院的一项研究发现，与同龄的男性相比，离开职场三年或三年以上的女性在薪酬方面有大约40%的劣势。乔安娜·克利弗（Joanne Cleaver）等职业顾问和作家认为："完全放弃职业生涯无异于职业自杀。不要这样做。"令人惊讶的是，新生儿数量的下降为那些想重新开启自己职业生涯的母亲提供了一个独特的机会，原因在于人口老龄化，这使得合格工人的数量不断减少。几十年来，数百万受过高等教育的日本女性在结婚后辞职。现在，随着公司拼命招聘员工以填补职位空缺，这些人重新加入劳动力大军。截至2018年，除24岁以下的日本女性外，各个年龄段的日本女性外出工作的比率都普遍高于美国女性。大约71%的处于工作年龄的日本女性拥有工作收入，这是几十年来最高的比率，也是世界上最高的比率之一。考虑到过去10年的趋势，到2030年，日本女性的劳动参与率可能接近男性，目前这个比率徘徊在86%左右。然而，薪酬歧视仍然很严重，母亲们仍然要继续做大部分家务并照顾孩子。一位有两个孩子的平面设计师抱怨说："男性在这方面的意识依然很薄弱，我丈夫没有性别平等的观念。"

在世界上许多国家，工作与家庭的平衡问题已经被提上国家议程，特别是在涉及人口老龄化和福利国家未来的可行性方面。1996年，联合国报告称，在总共约70个低生育率国家中，只有35%的政府为解决这些问题制定过相应的政策，然而到2015年，这一比率已上升至59%。最常见的政策是带薪产假（除一个国家外的所有国家）、公共育儿（88%）、儿童或家庭津贴（85%）和带薪陪产假（64%）。值得一提的是，据联合国估计，女性平均每天花4个小时做无薪家务，包括照顾孩子，而男性只花1.7个小时。

工作与家庭的平衡作为一种概念和政策一直是许多争论的主题。也许最重要的一点是，人们是更愿意把工作和家庭生活结合起来，还是把两者分开来对待。我在沃顿商学院的同事南希·罗斯巴德（Nancy Rothbard）、凯瑟琳·菲利普斯（Katherine Phillips）和特雷西·杜马斯（Tracy Dumas）在调查近500名美国雇员的偏好后发现，那些喜欢把工作和家庭分开的人，在公司为他们提供综合性项目（比如工作场所的托儿服务）时，对公司的满意度和忠诚度会降低，但当公司提供弹性工作制等分段制项目时，他们会更满意、更投入。弹性工作制允许员工调整工作日上下班的时间。

思考这个问题的另一个有效方法是注意到女性更多地参与劳动为经济带来的好处。正如丹麦社会学家哥斯塔·埃斯平-安德森（Gøsta Esping-Andersen）所认为的，女性加入劳动力大军促进了她们过去在家庭中无偿从事的各种面向市场的服务活动的增加。如果到2030年发展中国家有更多的妇女从事带薪工作，那么非洲、中东和南亚的经济将会经历一个更快的增长阶段，加速我们之前在第3章中讨论的中产阶级的扩张。

工作影响女性寿命？

随着越来越多的女性利用劳动力市场的机会，在家庭生活与工作之间找到平衡，男女预期寿命的差距正在缩小。1995 年，女性的平均预期寿命比男性长 7.8 年，到 2018 年，这一差距缩小到 6.8 年，联合国预估到 2030 年将进一步缩减到 6.3 年。如图 6 所示，20 世纪 90 年代后期以来，这种现象只出现在大多数发达国家，而正是从这个时期起，越来越多的女性开始追求工作和事业。

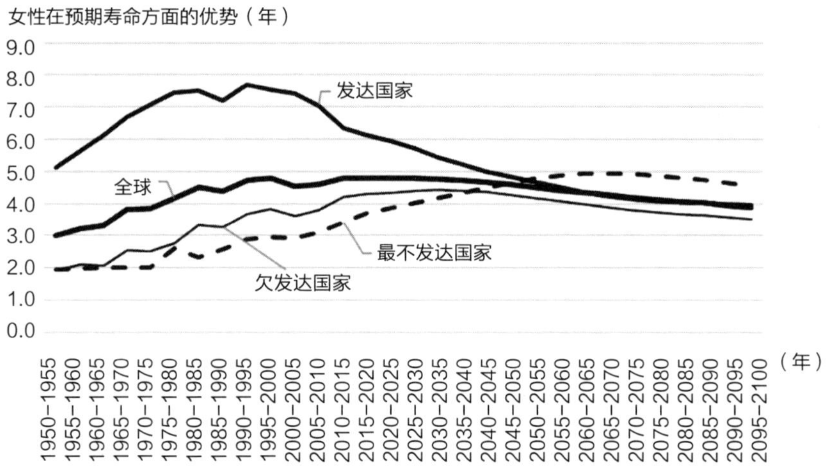

图 6

资料来源：United Nations, *World Population Prospects 2019 Revision.*

在美国，女性曾经在劳动力市场取得过更大的进展，但后来形势急转直下：在预期寿命方面，女性相比于男性的优势在 20 世纪 70 年代初达到 7.7 年的峰值，但在 2019 年这个数字在 5 年左右徘徊，到 2030 年将下降至 4.3 年。

到底是什么导致了这种下降？为回答这个问题，我们首先需要了解女性比男性长寿的原因。男性在各个年龄段的死亡率都高于女性。《科学美国人》杂志观察到："女性荷尔蒙和女性在生育中的角色是其更长寿的因素。例如，雌激素有助于消除有害胆固醇，因此可能对心脏病起到预防作用；睾丸激素往往与暴力和冒险行为有关。不止如此，女性的身体还得为怀孕和哺乳做准备，这种能力与更强的应对暴饮暴食和消化过量食物的能力有关。"

纵观历史，女性比男性长寿的另一个原因与她们较少接触所谓的"人为疾病"有关，包括"暴露在工业环境中的工作场所的危险、酗酒、吸烟和交通事故，这类情况在整个20世纪都有显著的增加"。但是，尤其在最发达的国家，女性现如今越来越频繁地暴露在这样的环境中。

哈佛大学人口与发展研究中心主任莉萨·伯克曼（Lisa Berkman）指出，女性在美国经济中扮演的新角色制造了一场"完美风暴"：她们更容易感受到来自工作场所、婚姻关系及某些情况下身为单身妈妈的压力。加州大学旧金山分校的精神病学教授埃莉莎·埃佩尔（Elissa Epel）说："慢性压力可能会促使慢性疾病更早发作。"她因参与发现压力会破坏染色体的保护端粒而闻名，人们通常认为染色体的保护端粒与长寿有关。更糟糕的是，女性比男性更有可能通过吃东西的方式来安慰自己，并减少锻炼的时间以平衡工作和家庭生活。

对一些女性来说，情况甚至更糟。在美国，女性预期寿命的变化显示出其受教育程度和居住地点的持续分化，大都市区的女性预期寿命比其他地区的女性长得多。根据我在宾夕法尼亚大学的同事艾尔玛·埃洛（Irma Elo）所领导的人口统计团队的分析，2009—

2016 年，在美国的 40 个地区，“白人男性的预期寿命增长超过白人女性”。这些数据指的是非拉丁裔白人女性。更糟糕的是，不仅仅是女性优势在减少，在这 40 个地区中有 8 个地区的女性预期寿命在下降：1990—2016 年，亚拉巴马州、阿肯色州、肯塔基州、路易斯安那州、密苏里州、俄克拉何马州、田纳西州、得克萨斯州等非大都市地区的女性平均寿命缩短了将近 1 年。谁是罪魁祸首？答案是吸烟、精神和神经系统紊乱及吸毒过量。

女性角色的变化也影响着那些从高中辍学的人。杜克大学的阿伦·亨迪（Arun Hendi）发现，自 1990 年以来，除高中以下学历的非拉丁裔白人女性，所有受过教育的种族性别群体的预期寿命都起码持平或在增长，在过去 20 年里，高中辍学的女性预期寿命急剧下降 2.5 年。克里斯特尔·威尔逊来自阿肯色州的凯夫城，她 38 岁就去世了，这个城市的大部分居民都是白人。作为全职妈妈，她患有肥胖症和糖尿病。莫妮卡·波茨（Monica Potts）在《美国展望》杂志上写道，她“在十年级时因结婚而辍学”。“事情就是这样。”当地学区的技术协调员朱莉·约翰逊（Julie Johnson）说，“如果你是一名女性，而且是一名受教育程度很低的女性，你的机会几乎为零。如果你结婚，有了孩子……选择不工作，你会过得更好些……这是一个可怕的循环。这是时代的绝望。其余的我什么都不知道，但这就是杀死她们的原因。”她的回答解释了高中辍学的白人女性的死因。

总而言之，美国 25～44 岁人群的死亡率正在持续快速地上升。埃洛与她的合著者指出：“如今的年轻人在经济大萧条时期经历过成长的困难，也就是说，他们成年期的过渡被推迟，结婚率下降，与父母同住的比率上升。这个年龄段的成年人滥用药物和酒精的比率在增加，与这些行为相关的发病率和死亡率在未来几十年有可能也会有所增加。”这就是相当数量的千禧一代男女将要面临的未来，他们并没有从我们所讨论的形势中受益。

女性的职位与薪酬

作家劳拉·里斯伍德（Laura Liswood）认为：“对女性来说，根本不存在‘玻璃天花板’，有的只是一大堆男人。”即使女性把自己的一生都奉献给事业，她们也会发现自己的发展受到无数障碍的牵制。2015 年，《纽约时报》发表了一篇题为“执掌大公司的女性比名为约翰的男性还少”的文章。在英国最大的 1 500 家标准化公司中，每个女性对应着四个名为约翰、罗伯特、威廉或詹姆斯的男性。[①] 尽管女性在受教育和就业机会方面取得了进步，但是全球范围内由她们执掌的大公司寥寥无几。在《财富》杂志世界 500 强的美国公司收入排行中，只有不到 5% 的 CEO 由女性担任。

其他地方的情况也好不到哪里去。在经济合作与发展组织的那些富裕的成员国中，女性在大型上市公司担任 CEO 的比率非常小：在英国、印度和南非为 4%，澳大利亚和墨西哥为 3%，在欧盟平均不到 3%，整个拉丁美洲平均不到 2%，而在法国和德国这两个欧盟最重要的经济体，这一比率是零。只有在中国，女性 CEO 的比率超过 5%，即 5.6%。当谈到董事会成员的性别平衡时，只有 1 个国家（挪威）的水平趋于平衡（女性比率为 42%），只有 15 个

---

① 此处四个男性的名字为英语国家常见姓名，这里指在大公司中女性与男性的比例为 1：4。——编者注

国家的比率超过了 10%（美国为 17%）。在一些亚洲国家，半数上市公司的董事会成员全部是男性。

国际劳工局发现，只有三个国家的高级和中级管理职位一半以上由女性担任——牙买加、哥伦比亚和圣卢西亚，这三个国家都在加勒比地区。在美国，这一比率在临近 2020 年时为 43%。在接受调查的 20% 的国家中，这一比率低于 20%。在许多阿拉伯国家，这一比率下降到不足 10%。因此我们看到，虽然女性参与工作的人数比男性多，甚至比男性积累财富的速度快，但公司的高层依然由男性主导。

谈到女性从政时，数据同样令人沮丧。截至 2017 年年底，只有卢旺达（64%）和玻利维亚（53%）的立法部门女性多于男性。另外，一些国家的议会中没有女性：南太平洋的汤加和瓦努阿图共和国、中太平洋的密克罗尼西亚联邦，以及中东的卡塔尔和也门。26 个国家的女性从政比率低于 10%，64 个国家的女性从政比率低于 20%。世界平均水平已经从 1990 年的 10% 增长到 2017 年的 21%。美国的比率为 19%，略低于全球平均水平。令人震惊的是，沙特阿拉伯的比率更高，为 20%。在行政部门，只有卫生、文化、就业、贸易、教育、妇女事务、环境和能源、家庭和儿童、社会事务等部门的内阁部长中女性占一半以上，在这些部门中，女性在整个经济和社会中占有更高的地位。

只有在国家官僚体系内的高级公务员职位上，女性似乎才有充分的代表。在匈牙利、俄罗斯、立陶宛和爱沙尼亚，女性员工占 50% 以上，在加拿大、瑞典、斯洛文尼亚和哈萨克斯坦，女性员工占 40% 以上，这些国家都有国家社会主义的传统或发达的福利制度。显然，当招聘是基于竞争性考试时，女性通常表现良好。到

2030 年，政府官僚机构的大多数高级职位将由拥有大学学位的女性担任。

即使在奥地利、英国、韩国和新西兰等有着长期反歧视法的发达国家，女性一旦走上工作岗位，仍然忍受着与男性超过 30% 的工资差距。在日本和其他欧洲国家，这个差距至少是 20%。在美国，所有职业的性别工资差距约为 22%，管理人员为 19%，高层管理人员的工资差距甚至达到 33%。

随着 2030 年的临近，越来越多的女性将担任管理职位，尽管她们仍然是少数。在私营部门，女性的比例将大大低于男性，而在公共部门，女性的比例可能接近于男性。然而，考虑到性别工资差距在过去二三十年一直居高不下，这种差距不太可能消失。但是，如果有更多的女性掌权，情况会有所不同吗？

女性领导者都很霸道？

已故的英国首相撒切尔和现任德国总理默克尔[①]之间就有一些共同之处，两人都曾经带领保守党在选举中获胜，并在各自国家登上权力的最高层，同时两人都是训练有素的化学家。从牛津大学毕业后，撒切尔在 J. Lyons & Company 食品集团短暂工作过。在那里，她所在的团队研发出把硬冰激凌变成软冰激凌的生产工艺，这个发明取悦了全世界各地的孩子。因此她被《大西洋周刊》戏称为“甜筒铁娘子”，这是对她更著名的绰号“铁娘子”的打趣。在她从政期间，撒切尔还有其他一些绰号：“杂货店老板的女儿”、“牛奶掠

① 2021 年 10 月 26 日，默克尔正式卸任。——编者注

夺者”和“阿提拉母鸡”。已故法国总统弗朗索瓦·密特朗甚至在一次表现出他厌女倾向的惊人言论中称撒切尔为“拥有卡利古拉[①]的眼睛和玛丽莲·梦露的嘴唇”的女人。

默克尔的职业生涯虽与撒切尔的迥然不同，但她也引发了关于性别歧视的评论。她获得量子化学博士学位后做过几年研究科学家。柏林墙倒塌后，她决定进入政界，不到一年，她就进入了德国联邦议会。她被誉为“世界上最具影响力的女性”，人们用“Mutti”（德语中“妈咪”的意思）这个绰号来表示她对政治温和委婉的态度，还有“Frau Nein”（不夫人）这个绰号——因其于欧债危机期间坚持实行紧缩政策。

将撒切尔和默克尔归为同类的关键在于，她们都是掌握权力的女性。不幸的是，对有权力的女性来说，无论她们自身个性如何，她们首先还是因女性身份而被评价，并且她们往往被认为专横跋扈。Ban Bossy网站曾对此展开争辩：“当一个小男孩坚持自己的主张时，他会被称为‘领袖’；当一个小女孩做同样的事情时，她可能会被贴上‘霸道专横’的标签。”差别待遇的问题在于“像‘专横’这样的词传递出的信息是：不要举手或大声说话。到中学时，女孩对当领导的兴趣就不如男孩，这一状态一直持续到成年。”正如脸书首席运营官、畅销书作家谢丽尔·桑德伯格（Sheryl Sandberg）所说：“这个小女孩并不专横，只是有行政领导才能。”

但对像撒切尔和默克尔这样（为数不多的）登上权力顶峰的女性来说，她们的职业生涯还有一个更为深刻的方面。罗莎贝斯·莫

---

① 卡利古拉（Caligula）是罗马帝国第三位皇帝。——编者注

斯·坎特（Rosabeth Moss Kanter）是哈佛商学院教授，也是一位训练有素的社会学家，她于20世纪70年代在耶鲁大学任教时发现，当女性在自己只是花瓶角色或属于少数群体的环境中工作时，她们的行为和被认知的形象就会有所不同。在这些男女数量不平衡的情况下，作为象征性的女性往往会更明显地遭到大多数人的讽刺，承受更大的压力，并被期望在严格的、预先设定的性别角色内行事。考虑到结构性力量在这种象征性的情况下发挥的作用，难怪许多女性在到达职业顶峰之前就放弃了，因为即使她们成功进入首相办公室或CEO办公室，人们也会用不同于看待男性的眼光来看待她们的行为与表现。

坎特在书中指出，在撒切尔和默克尔执政之前，组织中的女性面临四个角色陷阱：宠物型、诱惑型、战斧型和母亲型。宠物型被认为是“可爱的、甜美的或少女风的”，很少被别人认真对待；诱惑型指的是“女巫、母兽、荡妇或男性杀手”，男性和女性都不喜欢。英国阿斯顿大学教授朱迪思·巴克斯特（Judith Baxter）解释称：“最招骂名的是落入战斧型角色陷阱的女性。她的历史形象有麦克白夫人的传统，也有玛格丽特·撒切尔的影子。她被讽刺成可怕、强硬、刻薄、专横或者像个男人。”默克尔符合四种刻板印象中的最后一种，即母亲或女教员型，“通常被描述为女学究、专横霸道、老土或刻板”。

随着2030年的临近，人们对待女性作为领导人的态度似乎正在迅速转变。著名的民调机构盖洛普在2017年发布报告称：“自盖洛普开始调查美国人对老板性别的偏好以来，这是第一次，大多数人（55%）表示，老板的性别对他们没有影响。”23%的受访者表示，如果可以选择，他们更偏好男性领导者，21%的人则更喜欢女性领导者，调查的数值误差在正负 4% 之间。针对这一问题的调查，盖洛普早在 1953 年就开始了，当时有 66% 的受访者更喜欢男性领导者，只有 5% 的人更喜欢女性领导者，25% 的受访者对此表示无所谓。有趣的是，2017 年的调查数据显示，无所谓老板性别的女性占所有女性受访者比率的 44%，男性则占到 68%。这表明，正如我们讨论过的，女性的态度和行为因年龄、受教育程度和居住地的不同而存在明显的差异。

尽管这项民意调查是在哈维 · 温斯坦[①] 丑闻曝光一个月后，也恰恰是在对“美国反性骚扰运动”（Me Too）进行强烈的文化反思期间进行的，但我们有理由相信女性或许正在开始克服象征主义的诅咒，即少数人的专制。随着越来越多的女性出现在各种工作场所，并继续晋升到最高职位，她们的角色和地位将迅速发生变化。到 2030 年，相当大比例的女性将走上政治、社会和商业领导职位，从而也许能够彻底动摇这种作为最公然的歧视形式之一的基础。

坎特的理论也有助于解释婚姻市场的动态。早在 20 世纪 40 年代，美国女性就被告知在职业抱负方面不要太雄心勃勃。一本励志类的图书建议：“警告！小心，别让自己看起来比你的男人聪明。几乎同样聪明是一回事，但是要变得或看起来更聪明是一种禁忌。”该建议是在当时美国因战争伤亡而面临劳动力短缺的背景下被提出的，其潜在的假设是，根据当时的习俗，人们会避开那些聪明过人的女性，而青睐那些更女性化的女性。

---

① 哈维 · 温斯坦（Harvey Weinstein）是美国著名电影制作人，2017 年 10 月被媒体曝出骚扰、侵犯众多好莱坞女演员长达 30 年。——编者注

想象一下供应短缺实际上在向另一个方向发展，在中国，拥有博士学位的女性通常被称为“第三性”，指的是很少有男性愿意娶她们。中文期刊文章里经常提到：“对有能力的职业女性来说，撒娇（腼腆、可爱和深情的艺术）是一个不可或缺的工具，可以让她在男朋友面前显得既不太独立也不太能自给自足。”这些建议甚至暗示：“撒娇让她显得温柔而有女人味，而不是强硬且强势——这些特征挑战着传统的女性形象。”如果这还不够，还有锦上添花的：“通过迎合男性的自我意识，她们完成了一件几乎不可能的事情——让她们的男人感觉自己像个真正的男人。”

让我们来看看，当女性的机会和自由发生突变时，性别成见会发生怎样的变化。沙特阿拉伯的女性于 2018 年首次获准开车，她们的购车行为让所有人大吃一惊。据《华尔街日报》报道：“沙特阿拉伯的展厅里摆满了他们认为会吸引沙特女性的汽车，比如色彩鲜艳的迷你越野车。相反，她们却选择声音大、速度快的车型。”传统观念认为，男性对权力和加速度感兴趣，而女性对舒适和安全感兴趣。奥迪的一名女销售员说：“我们希望女性从小引擎的小型车开始。”但是，现年 64 岁的萨哈·纳西夫（Sahar Nasief）是一个 16 岁女孩的祖母，也是一位致力于争取女性驾驶权力的活动家，她想要的是福特野马敞篷车，她说：“它一直是我的梦想车型。”听说了她的喜好后，福特汽车公司特别提供了一辆车给她，她选择了黄黑相间的颜色，这是她最喜欢的足球队队服的颜色。纳西夫说：“我因它的轰鸣声而爱上了它。”

坎特的理论也有助于解释这种行为：沙特阿拉伯的路上仍然很少有女性开车，作为早期实践者，沙特阿拉伯女性的行为方式试图消除人们的刻板印象，使她们看起来与男性处于平等地位。

2030 年：女性的机遇与挑战

越来越多的研究人员发现，女性在社会中来之不易的新地位可能会导致权力结构转变，或许还会减少丑闻、腐败和暴力现象。或者，它会产生一种尖锐的分歧，只有一部分女性享受到这种福利，其他女性则被推到边缘，从而引发更多而不是更少的社会冲突。不管她们在管理岗位或政府职位上的影响力如何，在这个新生儿数量减少、人口老龄化加剧的世界里，女性将掌控更多的财富，并可能将财富导向与她们相关的领域，包括教育和医疗保健。

随着有影响力的女性数量的增加，女性被接纳为领导者是否会成为一种新常态？要实现男女完全平等的乌托邦理想，2030 年可能还为时过早，尤其是考虑到目前的趋势进展缓慢，以及仍然有部分女性受到歧视或被剥夺机会。

然而，最不可估量的因素与两性之间的权力和地位的平衡关系不大。随着城市的发展，女性会获得更多的新机会。但是，正如我们将在第 5 章中看到的，随着城市的扩张，全球变暖也在加速，而气候变化对妇女和儿童的伤害是最大的。

5

城市成为变革引擎

气候变暖、城市生活方式、
创意阶层

任何一座城市，无论其规模大小，本质上都分为两部分，一部分是穷人的城市，另一部分是富人的城市。

—— 柏拉图

随着 2030 年的临近，城市将成为未来的缩影。前文中讨论的每一种趋势在城市中都将加速发展：生育率下降的情况将出现得更早，下降速度更快；千禧一代的行为模式在本质上是典型的城市化行为模式；新中产阶级生活在大城市群中；在人口密集的地区，女性的生活机会和行为进化得更快。城市已然成为巨大的变革引擎，成为我们已知世界的末日催化剂。

全世界现有城市面积只占全球土地总面积的 1%，却居住着全球 55% 的人口。换句话说，地球上的陆地总面积为 1.969 亿平方英里，其中城市面积约 200 万平方英里，却生活着 40 亿城市居民，平均每平方英里就有 2 000 人，这是相当大的群体。同时，城市的能源消耗量占能源消耗总量的 75%，碳排放量占其总量的 80%。城市里密集的建筑和铺着沥青和混凝土的路面也或多或少地加快着全球变暖的速度，因为它们会吸收热量，这一过程被称为“热岛效应”。

这些情况都基于当前的数据。

展望未来，有趋势表明城市化进程正在加速。世界各地的城市人口每周都在以 150 万人的速度增加，这意味着出现新一轮的建设、污染和温室气体排放。2017 年，全球人口超过 1 000 万的城市有 29 个，到 2030 年将达到 43 个，其中 14 个将升级为 2 000 万以上人口的聚居地。城市发展通常还会加剧不平等。随着它们成为世界的标准，我们将向潜在的灾难性的社会和气候危机靠近。那么该如何解决城市贫困和全球变暖的问题？我们需要采取大规模的改变还是小规模的行为适应？城市应该尝试种植自己所需的食物吗？在欧洲和美国的“铁锈地带”，衰落的城市能扭转它们的命运吗？

四面楚歌的城市热效应

2018 年 10 月，由联合国召集的政府间气候变化专门委员会在一份新报告中警告称，为避免灾难性的气候变化，“到 2030 年，全球人为造成的二氧化碳净排放量需要在 2010 年的基础上减少 45%，在 2050 年前后达到净零排放”。换句话说，我们必须在 2030 年之前果断采取行动，以避免沿海地区洪水泛滥，减少极端天气事件的发生频率并防止它对农业的大范围破坏，否则……

“接下来的几年可能是人类历史上最重要的几年。”参与撰写这份报告的工作组联合主席德布拉·罗伯茨（Debra Roberts）说。2019 年 5 月，联合国发表了另一份悲观的报告，报告预测如果气候变化不发生逆转，现有的动植物物种将在几十年内消亡 100 万个（现有的物种是 800 万个）。随着全球气温的上升，城市居民可能会经历地狱般的痛苦。“这种趋势对越来越多的城市居民来说危害巨大。”比利时科学家亨德里克·沃特斯（Hendrik Wouters）说，“高温推升死亡率、住院人数增加、能源消耗和经济损失加剧，而城市热岛效应又使这些问题进一步恶化。”

以这样的速度发展下去，我们可能不仅会损害未来，也会抹除我们的过去。埃及考古学家莎拉·帕克（Sarah Parcak）称，世界上大约有 5 000 万处未被测绘的考古遗址，随着城市的扩张，其中至少 50% 可能会因盗墓、气候变化和不受管制的建设工程而遭到破坏。这一切都将在 2030 年之前发生。为了应对这一问题，帕克推出了众包平台 GlobalXplorer。在《纽约客》上，尼克·鲍姆加滕（Nick Paumgarten）撰文描述这个平台所发扬的民主精神，教会“‘夺宝奇兵’附身的市民们如何仔细查看卫星地图并确定潜在的新地点……这样做的目的是在与碳排放和贪婪的竞赛中吸引更多人的关注（并最终吸引更多有良知的考古发掘者）”。

与农村或无人居住的地区相比，城市更容易受到气候变化和海平面上升的影响。全球约 90% 的城市位于沿海地区，到 2025 年全球将有多达 75% 的人口居住在沿海地区或附近。亚洲拥有世界上扩张最快的中产阶级，全球 60% 的人口居住于此。在亚洲，包括雅加达、马尼拉、胡志明市、曼谷、大阪、达卡和上海在内的大城市都极易受到海水泛滥的影响。在亚洲以外，新奥尔良、迈阿密、威尼斯和亚历山大（埃及）是最易受到影响的地区。

城市发展还加剧着 2030 年世界的另一个关键性特征——不平等。这是一个酝酿已久的问题，柏拉图曾在 2 500 年前写道：“任何一座城市，无论其规模大小，本质上都分为两部分，一部分是穷人的城市，另一部分是富人的城市。”1927 年由德国电影制作人弗里茨·朗（Fritz Lang）执导的未来派默片《大都会》将柏拉图的这个思想投射到银幕上。电影描绘的是一个一分为二的社会。工人们在地下辛勤劳作，富人却高高在上地享受着完美无瑕、富丽堂皇的城市，未来的交通工具、火车、飞机、摩天大楼、立交桥和地下通道都为他们所有。电影中有两个主要角色：一个是城市主人富有的儿子弗雷德，另一个是受工人们爱戴的玛丽娅，他们一直试图缩小贫富差距。像我们现在的许多城市一样，这部电影的整体美学及视觉主题和手法都受到立体主义、表现主义和装饰艺术的启发。它以一张有趣的标题卡结束："在头与手之间的介质必须是心。"《大都会》这部电影问世之初，人们对它褒贬不一，但在今天它被认为是一部开创性的经典之作，它预见大城市最终的样子——同时裹挟着光鲜亮丽和肮脏。

我们今天看到的城市大规模发展是一个相对现代化的现象。从某种角度来说，考虑到 20 世纪 20 年代世界上还没有一座人口超过 1 000 万的城市，事实上只有少数几个国家的城市人口刚刚超过 100 万。在 1969 年人类首次登月后的几年时间里，只有三个城市（纽约、东京和大阪）的人口超过 1 000 万。21 世纪初，城市发展加速，城市生活成为新常态。但这些变化都是积极的吗？正如柏拉图最具影响力的弟子、希腊哲学家亚里士多德所指出的："伟大城市的概念不能与人口众多的城市概念混淆。"

事实上，世界上许多大城市已经变得没有人性、没有灵魂、与人疏离。20 世纪意大利形而上学画派的创始人乔治·德·基里科（Giorgio de Chirico）用他描绘未来主义的、荒凉的城市风景的画作完美地捕捉到这一点。现代主义的建筑师和城市规划者宣称"少即是多"，用 20 世纪著名建筑师路德维希·密斯·凡德罗（Ludwig

Mies van der Rohe）的话说就是，流线型设计将城市变成几何学的重复练习，令城市拥有连绵不绝的大街、街区、立方体状建筑、柱子、窗户等。现代主义建筑的简单性很快会呈退化为大量笨重的混凝土和玻璃的野兽派趋势。1929 年住在纽约的诗人费德里科·加西亚·洛尔迦（Federico García Lorca）曾说："没有什么比摩天大楼与覆盖它们的天空的较量更富有诗意和可怕了。"直到几十年后，罗伯特·文丘里（Robert Venturi）才用"少就是光秃秃"的理念掀起反对现代主义建筑的浪潮。

现实情况是，随着大城市变得越发庞大，我们的问题将继续成倍增加：从交通拥堵、空气污染、废物处理到贫困和不平等，存在各种问题。在对抗全球变暖和贫富差距扩大的斗争中，城市正在绝地求生。但我们不能被那些日益严重的问题造成的压力打倒。查尔斯·狄更斯曾经说："成功，最重要的一点就是停止说'我希望'，改说'我将会'。"用横向思考去面对城市面临的问题，一切皆有可能，一切都是机遇。

城市的光辉与黑暗

卫星图像有助于创建亮度地图，因为城市在夜晚会打开灯光，如图 7 所示，此图由美国国家航空航天局提供。

天空辉光的强度与全球生活水平高度相关，研究人员利用它来多方测量与核实那些通过常规方法收集的官方统计数据。但卫星无法告诉我们，在令人兴奋的城市灯光下，隐藏着大规模的贫困地区，这是人们之间收入与财富差距增大导致的结果。英国下议院图书馆做过一项令人沮丧的预测：到 2030 年，世界上 2/3 的财富

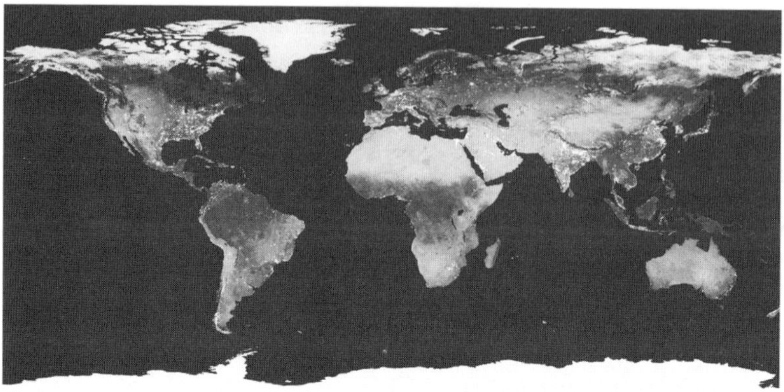

图 7

将为最富有的 1% 的人所有，他们中的大多数人生活在城市。2018 年，香港有 1 万名超级富豪，他们每人的净资产至少为 3 000 万美元，首次超过纽约的 9 000 名超级富豪。东京、洛杉矶、巴黎、伦敦、芝加哥、旧金山、华盛顿特区和大阪跻身超级富豪城市排行前十名，但根据政府数据，香港也有相当大比率的贫困人口（20%），纽约市同样也有相当大比率的贫困人口（19%）。

2019 年美国联邦贫困线的标准是一个四口之家的年收入在 2.81 万美元。按照这个标准，得克萨斯州麦卡伦–爱丁堡–米什都会区有 30% 的居民生活在贫困线以下；在格鲁吉亚的瓦尔多斯塔，这一比率为 26%；在加州的维萨利亚–波特维尔为将近 25%；在印第安纳州的布卢明顿市，这一比率接近 23%。2017 年，美国全国的平均比率为 12.3%，这距离林登 · 约翰逊总统发起反贫困战争仅仅过去 50 年，当时，美国全国的贫困率为 19%。贫穷像财富一样过量地在城市集中，关键是正如我们所知，城市会放大生活的起起落落，它使我们在机遇和挫折这两极之间极端分化。

－－－

离国会山只有几个街区的地方是美国最贫穷的城区之一。罗莎·李·坎宁安的祖父母都是佃农，他们于1932年从北卡罗来纳州的城镇里奇斯奎尔移居至华盛顿特区的这个区域。《华盛顿邮报》调查记者利昂·达什（Leon Dash）写道："罗莎讲述了其半个世纪以来在破败社区的艰苦生活。而在离此不远的宏伟建筑里，决策者们为打破贫困循环的阶段性努力基本上还是失败了。"罗莎·李13岁时怀上她8个孩子中的第1个，她16岁结婚，几个月后由于丈夫开始对她家暴，她搬回父母家，她过了好几年才搬进自己的房子。达什写道："罗莎·李生活在一个由贫穷、文盲和犯罪活动定义的世界。"她有两个孩子最终找到稳定的工作。他们一家和她的大儿子挤在一套狭小的公寓里，大儿子睡在客厅。另一个儿子在肯德基做清洗烤箱的工作，工作时间很长，下班后他会吸食可卡因。罗莎和她的一个女儿同住一间卧室，她的另外一个十几岁的儿子在少年犯之家待过一段时间。她的另一个女儿因持有可卡因而服刑11个月，这个女儿带着她的3个孩子一起住在剩下的另一间卧室里。这套公寓共住了老少三代9个人。

达什说："罗莎·李是她大多数孩子的安全网。她的孩子过着一种流浪的生活，在朋友的公寓、监狱和大街上漂泊着。"在首都生活的45年里，罗莎搬家18次。她的收入是"他们唯一的稳定收入，但并非全部合法。她每月从为贫困残疾人提供的补充保障收入计划中获得437美元……其余的钱是出售从商店偷来的商品所得"。

1988年，罗莎被诊断出患有艾滋病，并于1995年去世。贫困现象摧毁着城乡社区所有种族的美国人，对居住在美国内陆城市的黑人的影响尤其严重。

埃里克是罗莎·李进入中产阶层的两个儿子之一，他住在华盛顿郊区，拥有一辆吉普车。埃里克和他的兄弟阿尔文是罗莎·李的八个孩子中仅有的两个从未吸食过毒品或服过刑的孩子，他俩都参过军。母亲去世时，阿尔文是公共汽车司机，而埃里克是重型设备操作员，同时还做着几份临时工作。达什写道："在他们的家庭中，滥用毒品已经成为一道没人能翻越的隔离墙。埃里克和阿尔文并不与兄弟们一起度假，谁也不记得最后一次（他们的兄弟）来他们家做客是什么时候。只有当阿尔文或埃里克来解决母亲公寓里的问题时，他们几个孩子才会碰面。"

城市贫民和贫困的中产阶级在辛苦奋斗，富人们则过着美好的生活。作家F.斯科特·菲茨杰拉德写道："我周六晚上都会在纽约度过，我依然对他（盖茨比）举办的那些熠熠生辉、眼花缭乱的派对记忆犹新。我还能听到从他的花园传来的微弱的音乐和笑声，还有汽车在他的车道上开上开下。一天晚上，我听到那里有一辆豪华轿车的声音，并看到车灯照在他家门前的台阶上。但我没有深究，也许是最后来的某个客人，他从天涯海角回来了，还不知道宴会已经结束。"在他们的精英世界里，富人间为社会地位而竞争。托斯丹·凡勃伦（Thorstein Veblen）在1899年写道："随着财富的积累，有闲阶级在功能和结构上进一步发展，并在阶级内部产生分化……那些在出身或财富方面，或两者兼备的，接近富裕的有闲阶级中较高和最高等级的人，地位要远高于出身偏远和财力较弱的人。"

城市化消费："沙发土豆"和社交媒体

塑造城市未来的主体是中产阶级，不断扩大的城市中产阶级构成了我们在第3章中讨论过的现代消费经济的支柱，他们过着与农村居民截然不同的生活。中产阶级倾向于把钱花在休闲娱乐上，他们留下更多碳排放和数字化的足迹。城市居民和他们的生活方式将精确地塑造未来的技术和消费，因为他们已经成为人口中的大多数——公司会根据他们的行为来开发新产品和使用营销手段。更多的城市消费者正在一个无休止的、自我强化的循环中催生更多的城市式消费。

随着城市的发展，"沙发土豆"现象也在不断蔓延。2017年全球饥饿人口（8.21亿）多于肥胖人口（6.5亿），但到2030年，肥胖人口数量预计达11亿，将远远超过饥饿人口数量，据保守估计，随着亚洲和非洲中产阶级的扩张，饥饿人口数量将低于2亿。城市人口的激增，加之人们惯于久坐不动的生活方式，加剧了肥胖问题，我们饮食的变化和加工食品的消费也是一大诱因。随着肥胖者的增加，患有心脏病、糖尿病、关节和肌肉疾病及其他健康问题的人数相应增加，对大码服装、宽敞的座位、健身房和饮食建议的需求也将增加。

世界卫生组织将身体质量指数（BMI）在25～30的人群定义为超重人群，身体质量指数超过30即被定义为肥胖。1980年以来，全球肥胖的患病率已经增加了一倍多。2016年，超过19亿成年人超重，其中肥胖者数量达6.5亿。两者加在一起，占世界人口的25%。更糟糕的是，有4 100万学龄前儿童超重或肥胖。而且，2016年，至少有280万各年龄层的人死于与超重有关的健康问题。

更多的人无法过上正常的、有质量的生活：他们失去工作，被社会排斥，或者患上其他疾病。经济合作与发展组织的数据显示："美国、墨西哥、新西兰和匈牙利的成人肥胖率最高，日本和韩国最低……预计到2030年，成人肥胖率将进一步攀升。"肥胖对女性的影响大于男性，对穷人的影响大于中产阶级。

肥胖这一流行病在美国尤其严重，美国人口只占世界人口的4%，体重却占人类总体重的近18%。根据美国国家健康统计中心的数据，多达70%的美国人超重（32%）或肥胖（38%），而全球平均水平分别为39%和13%。换句话说，美国超重人口总重量相当于地球上10亿人的平均体重之和。到2030年，预计将有近一半的美国人患有肥胖症。以超过40的身体质量指数衡量，美国有5.5%的男性和9.9%的女性极端肥胖。在美国儿童和青少年中，17%的人患有肥胖症，6%的人极度肥胖。20%的美国青少年患有肥胖症，其中近10%极度肥胖。随着时间的推移，这些趋势只会更显著。

在中国、印度及亚洲和非洲的其他新兴经济体中（营养不良在历史上比肥胖更严重），经济增长已经转化为高蛋白质与加工食品消费、久坐不动的生活方式及城市生活中其他不健康的行为。然而，肥胖率最高的国家或地区是南太平洋的群岛，有时接近总人口的80%，包括东萨摩亚、瑙鲁、库克群岛、托克劳群岛和汤加。据Healthcare Global网站报道，此前人们认为太平洋岛民有肥胖基因，然而最近的研究表明西方化的饮食才是罪魁祸首。岛上的传统食物，如新鲜的鱼、肉和当地的水果和蔬菜，已被大米、糖、面粉、罐装肉类、罐装水果和蔬菜、软饮料和啤酒取代。

城市的生活方式也受到城市体验的繁忙性影响，尤其在交通方面。在美国主要城市，人们开车穿过市中心的时间有1/3是用来找停车位的。研究表明，在那些中产阶级日益庞大的城市地区，人们醒着的时间有 20%～30% 耗费在交通上，许多城市已经成为烟雾或严重空气污染的代名词也就毫不奇怪了。

城市生活方式已经成为使用各种智能手机应用程序的代名词，这进一步加剧了城市居民和农村居民之间的行为分歧。其中社交媒体应用程序是最常用的，截至 2019 年 1 月，美国、拉丁美洲和东亚超过 80% 的 13 岁及以上人口经常使用脸书、推特（Twitter）、照片墙（Instagram）或微信等数字社交媒体，这一比率在欧洲和中东已超过 70%，相比之下，这一比率在撒哈拉以南非洲低于 20%；在印度约为 30%（后两个地区并非所有智能手机用户都使用社交媒体）。这些国家庞大的农村人口是社交媒体使用频率相对较低的原因，即使可以使用数字网络和应用程序，小村庄的人们也更喜欢面对面地与他人交流。生活在农村的人口比率在撒哈拉以南非洲地区约为 59%，在印度为 65%，相比之下，美国的这一比率仅为 17%，随着人们移居到城市，这一比率正在迅速下降。

自由家长主义：应对污染、拥堵和气候变化

人们常常想知道，除了让整个经济严格实行“无碳饮食”，还有什么办法可以解决全球变暖问题。答案是，对我们日常行为微小且普通的调整实际上可以在避免灾难方面发挥很大的作用。下面有两个基本原则可以使每个城市的生活对环境来说更友好、更包容，对更多人来说成为一种享受。如果不实施这些举措，那么我们在应对环境污染、恶化和气候变化方面将举步维艰。它们都涉及横向思维。

第一个横向原则是“卓越的平凡”，这种观点认为，高成就通

常不是重大突破或天赋的结果，而是产生于一系列微小的改进。这是社会学家丹尼尔·钱布利斯（Daniel Chambliss）在对竞技游泳运动员进行广泛的人种学分析和定量分析后创造的术语，他得出的结论是“最佳表演实际上是几十项小技能或活动的融合，每项技能或活动都是通过学习或者偶然发现实现的”。蝉联三届奥运会冠军的玛丽·米格尔（Mary Meagher）说：“人们不知道成功其实有多普通。”它是一长串的小事情，当它们被同时完成的时候会产生出众的结果。“这些行为中没有任何不寻常或优于常人的地方，只是因为它们被坚持不懈地正确完成了。”钱布利斯说。换句话说，卓越的本质是平凡。以下是它的作用原理。

游泳运动员会通过学习如何正确执行一个翻转动作、以流线型的动作入水、手臂在头顶上互相叠压、落水时先以双手进入水中以防止空气浸入、在健身房使用合适重量的砝码来适当地增强力量、合理饮食、穿着最好的比赛服等方法来提高自己的水平。彼得·德鲁克是最具影响力的管理顾问之一，他曾写道：“成为一名成功的高管并不需要特殊的天赋、特殊的才能或特殊的培训。作为高效的管理者，只需要做一些相当简单的事情。”正如我们将看到的，微小的行为调整就可以在减缓气候变化和为子孙后代保护环境方面发挥很大的作用。

第二个横向原则涉及行为科学家所说的“助推”理论，即通过积极的强化或间接的暗示来改变行为，以影响群体或个人的动机、诱因和决策。“助推的艺术”最初出现在文章《爱因斯坦遇见马格里特》（Einstein Meets Magritte）中，这篇文章由英国科学家D. J.斯图尔特（D. J. Stewart）于1999年撰写。2008年，理查德·塞勒（Richard Thaler）和卡斯·桑斯坦（Cass Sunstein）合著的《助推：

如何做出有关健康、财富和幸福的最佳决策》一书使这门科学受到全世界的关注。在他们看来，最基本的问题是，人们的行为方式往往不仅有损公共利益，而且与自身利益相悖。后来获得诺贝尔经济学奖的塞勒和他的合著者认为，助推行为真正的美在于它有可能是创造行为的改变，促进公共利益与个人利益。助推与监管、强制或胁迫无关。塞勒和桑斯坦称之为“自由家长主义”。正如他们在书中所写：“干预作为助推的一种，必须易于执行，轻松撤销。助推并非强制性的要求。把水果放在目光平视可见的高度（就在收银机旁边）可以算作助推。禁止食用垃圾食品则不然。”

助推通过做出微小的、微妙的、成本较低的改变而起作用。举个例子，通过在阿姆斯特丹史基浦机场的男厕便池中蚀刻一只苍蝇的标识，设计师提高了“使用者们的准心”，从而降低了清洁成本。助推在市场营销、人才管理、医疗保健、各种治疗和政治领域都得到广泛应用，候选人甚至利用这种技术来改善筹款方式、参与度和选举日的投票率。

我再分享一个我的亲身经历，我在费城每天上下班路上遇到的红灯，使我花在通勤上的时间可能增加一倍甚至两倍，这也会增加我的碳足迹。当红灯即将亮起时，我很想在交叉路口加速，这是一种非常危险的行为，会增加事故发生的风险。但我想政府或许可以在交通灯上方安装面板，以告知司机前方交通灯的状况。例如当接近一个正在变黄的灯时，如果我同时可以看到下个路口的灯也即将变黄接着再变红，那么在红灯来临之前，拼命开过十字路口就不太可取，因为我无论如何都要在下一个红绿灯前停下来。再举个例子，在人行道上画线和箭头有时可以帮助人们更顺畅地驾驶，尤其是在转弯的时候。同样地，零售商多年来也知道在商店过道拥挤的时候，播放快节奏的背景音乐有助于减少排队，提升销售额。

研究表明，在帮助城市应对污染、拥堵和气候变化方面，平凡的适应性和自由家长主义比罚款、碳排放税或货币激励更有效。当人们感到对气候变化采取行动是一种道德义务时，选择污染较轻的交通方式、参与回收项目或使用环保洗涤剂等环保行为就会普及。的确，人们需要意识到问题及其后果，被鼓励承担个人责任，并被激励采取行动。但研究也表明，环保行为在很大程度上是由习惯驱动的。意图和行动之间的差距可以通过鼓励人们养成积极的习惯来弥合。例如，恒温器应该显示加热房间的成本，而不是实际的温度。将你每月的账单与你邻居的平均账单相比较，也被证明可以减少能源消耗，就好像激励人们在正义上与邻居攀比，而不是炫耀性消费。通过接受信用卡和移动支付，让公交支付更容易，也可能促进公共交通的使用。

“井干方知水珍贵”

“井干方知水珍贵”引用自本杰明·富兰克林的话，尽管这是一个关于不要对事情想当然的一般性看法，但这句格言的字面解释在今天仍然适用。水几乎总是一种可再生资源，但它的品质和在世界各地的分布是一个相当大的摩擦和冲突的主题。城市尤其容易面临经常性的水资源短缺。此外，有 25% 的城市居民，即 10 亿人，家中没通自来水。人口增长的地理分布变化、城市化进程、中产阶级的增加及气候变化将从根本上重塑与水相关的经济和政治。我在宾夕法尼亚大学的同事伊琳娜·马里诺夫（Irina Marinov）是一位海洋学家和气候建模专家，她指出：“在过去 200 年里，人类对这个系统的改变比自然界以 10 万年为周期对它所做的改变还要多。”

到 2030 年，我们的用水问题将成倍增加。美国国家水资源协会联邦事务主任伊恩 · 莱尔（Ian Lyle）说：“在美国西部，有一句古老的谚语，威士忌是用来喝的，水是用来打架的。”根据麦肯锡的研究，在美国，水资源是未来基础设施发展中第三大重要且成本高昂的领域，仅次于交通和能源。水的储存和远距离运输非常困难（且昂贵），城市的未来取决于建设新的水利基础设施，取决于鼓励每个消费者、农民、制造商和能源生产者更加关注用水问题。

水资源和水资源管理是大规模人类社会必不可少的。每个主要的古代文明——埃及、美索不达米亚、印度河流域、中国和罗马，都发展了水资源管理基础设施和技术，以养活和维持城市化环境中大量的人口。纵观历史，水资源短缺引发的重大灾难层出不穷。根据联合国的数据，可能高达 90% 的自然灾害都与水有关。干旱或水资源冲突已经引发重大的难民危机，比如 2011 年的索马里、2012 年的苏丹和马里。经济合作与发展组织推测，到 2030 年，将有近 40 亿人（预计世界人口的一半）生活在水资源严重短缺的地区，主要是在东亚、南亚和中东，而这些地区的城市发展速度恰恰是最快的。

想想我们面临的挑战：地球表面 2/3 以上都是水，但其中 97.5% 是不能饮用的，仅剩 2.5% 供人类使用。而这其中的大部分，可能高达 70%，是难以触及的，被冻结在冰原、冰川、永久冻土和永久积雪中，其余大约 30% 是地下水，不到 1% 在河流、湖泊、湿地和其他水库中。目前约有 12 亿人缺少清洁的饮用水，约 28 亿人每年至少有一个月面临缺水。水资源稀缺问题可能是由物质或经济原因造成的。世界上的一些地区缺乏足够的水来维持现在和未来的人口水平，而在其他地区，特别是撒哈拉以南非洲和南亚部分地区，缺水是由缺乏基础设施、资源管理不善或其他经济因素造成的。在其中一些地区，人们（主要是妇女和儿童）在干旱期间每天需要花多达 5 个小时为家庭取水。

南亚的情况尤其严重，甚至在金奈、班加罗尔、西姆拉和德里，只能定量供应水，印度的粮食安全也遭受威胁。印度全国妇女委员会的一份报告指出："由于数百万人的生命和生计处于危险之中，印度城市迫切需要水。例如，班加罗尔每周限水两次，博帕尔每天限水 30 分钟……孟买通常从 1 月到 6 月都缺水，而海得拉巴的一些地区三天才供应一次水。"引文中提到的城市都是全球发展较快的地区。

改造取水桶

在世界上最贫困的地区，妇女和女孩都要走很远的路去为她们的家庭取水，因为水很沉，这项任务变得更加困难。世界卫生组织建议每人每天的用水量为 5.3～13.2 加仑，用于饮用、烹饪和洗涤。在亚洲和非洲的部分地区，妇女平均每天步行 3.7 英里，每次携带约 3 加仑的水。

辛西娅·凯尼格（Cynthia Koenig）下决心解决这个问题，从密歇根大学获得工商管理硕士和全球可持续发展硕士双学位后，她创办了社会企业 Wello WaterWheel，目的是生产和分发塑料水桶，这些塑料水桶可以在各种地面和地势轻松滚动。她的发明旨在用一个 24 加仑的塑料桶取代传统的印度头顶式 2.2 加仑的水壶，这种塑料桶类似一个大轮子，有一个很长的 U 形把手，可以像推购物车一样推动。它的运水量是之前的 10 倍，而且在几英里的运输过程中更加省力。

虽然这个概念并不是由凯尼格首次提出的，但她的价格优势使她的产品在市场上脱颖而出。她回忆道："Wello的愿景源于我多年在缺水环境中生活和工作的经验。我住在墨西哥的一个偏远村庄时，努力地运来足够的水，满足我的日常需求。"在印度拉贾斯坦邦的一次探索之旅中，凯尼格开始集思广益，征求解决方案。"我们早期的想法各式各样，从带水的气球到为驴子设计的符合工效学的吊篮。"截止到2016年年底，孟加拉国、印度、肯尼亚、马拉维、巴基斯坦和赞比亚的农村和城市地区每天使用的水车都超过1万辆。

从更广的范围来看，未来水资源的最大威胁来自落后的耕作方式，因为农业用水量大约占全球人类用水量的70%，工业用水量约占20%，剩下的10%由家庭使用。在第1章中，我们评估过非洲发生农业—工业革命的潜力，如果没有更好的水资源管理系统，就很难推动这种变革。

水—能关系

如果我们更重视水在能源生产中的作用，城市就会有更大的机会获得所需的水。我们需要水来提取、洗涤和分类原材料和化石燃料、冷却热电厂、种植生物燃料，以及驱动水力发电涡轮机。联合国的相关数据显示，大约90%的电力生产是用水密集型。但是，当能源需求和保持水供应的需求产生冲突时，会发生什么呢？由于采矿或水力压裂（水力压裂法）造成的含水层污染正在加剧，气候变化也将是一股破坏性的力量。决策和规划需要考虑到不断增加的城市人口对水和能源日益增长的需求，及其带来的固有限制和风险。因此，根据通用电气电力、水利及加工技术公司首席营销官拉尔夫·埃克斯顿（Ralph Exton）的说法，需要重视水—能关系和水—能量—食物的关系。宾夕法尼亚大学工程系的诺姆·利奥尔（Noam Lior）说："水是世界上被过度使用、滥用和定价过低的资源，而且其中很大一部分是不可再生的，或者被循环到不可饮用（水域）。政府不愿意干预，没有人愿意进行彻底的成本分析，并在此基础上制定政策。"

气候变化将不可避免地以不可预见的方式影响到水循环，从而加剧偶发的干旱和洪水。除了这些反复出现的水资源管理挑战，全球变暖也造成新的威胁，并将产生几个直接的影响：高温意味着蒸发增加，这将分流原本会填满溪流、河流和湖泊的、为城市和农村居民所需的水；植被的变化将改变雨水的模式；气候变暖将使冰川融化并最终消失，从而使溪流和河流失去稳定的水流；可用于灌溉的水将变得越来越少；温暖地区的零星强降雨将导致暂时的蚊虫聚集，为蚊子提供新的繁殖区域，构成重大的新型公共卫生挑战。

垂直农业

如果城市是碳排放的主要来源，也是受气候变化和水资源短缺影响最严重的地区，那么也许我们应该横向思考，把一些对乡村环境更加友好的东西带进城市。2030 年及以后的一个诱人前景是，城市可能会转向粮食生产来养活不断增长的人口，从而变成绿色岛屿，而不是热岛。这样的发展还有益于减少粮食进口，从而减少碳排放，城市植被的增加将有助于吸收汽车和能源生产设施的部分排放。

"垂直农业"的概念在大多数发达国家已经根深蒂固。垂直农业最初由哥伦比亚大学的迪克森·德波米耶（Dickson Despommier）提出，指的是在两层高或更高的建筑物内种植食物。该领域的专家拉温德拉·克里希纳穆尔蒂（Ravindra Krishnamurthy）指出："现在种植食物的地方都是旧工厂、废弃仓库、工业建筑等一些看似不适宜种植的地方。"杰克·Ng（Jack Ng）在新加坡建造了世界上第一家具有商业可行性的大型垂直农场 Sky Greens，他在 30 英尺[①]高的 A 形塔中种植生菜、菠菜等蔬菜。38 层生长槽以每秒 1 毫米的速度旋转，保证了阳光均匀分布、适当的空气循环和所有植物得到灌溉。这项突破在于对资源的有效利用。每座塔每月的运营成本仅为 3 美元，碳排放量极低，它需要的能量仅相当于点亮一个 40 瓦的灯泡。在这里，水被循环利用，所有的有机废物也被堆肥和再利用。

垂直农业具有帮助衰退中的城市恢复活力的潜力。据《底特律新闻》报道："企业家们正在利用底特律廉价的旧仓库和工厂，将它们改造成农业用地，生产当地所需的食物。"例如，绿领食品公司在 400 平方英尺[②]的塑料温室里的荧光灯下，使用特定配方的营养液对羽衣甘蓝、芫荽叶和辣椒裸露的根部喷雾。该系统是垂直建造的，将植物堆叠在架子上，让它们一起生长。杰夫·亚当斯（Jeff Adams）于 2015 年在一个 7 500 平方英尺的空仓库里创办了自流农场。就种植一棵生菜所用的水量来说，他的加州竞争对手是他的 20 倍。最重要的是，城市的垂直农业可以减少运输过程中的碳排放，缩短运输时间。亚当斯指出"你现在吃的食物，要耗时 7～10 天才能被送到密歇根"，但他的产品"从这里运到市场只需 1

① 1 英尺 = 0.340 8 米。——编者注

② 1 平方英尺 ≈ 0.092 9 平方米。——编者注

天，最多 48 小时……它会更美味，更有营养”。

城市农业无论垂直与否，对满足迅速发展的非洲城市的需求都至关重要，在非洲，运输农村的产品是供应链的一个关键瓶颈。例如，乌干达首都坎帕拉和肯尼亚首都内罗毕的市政官员多年来一直在鼓励农业活动，并且取得过不同程度的成功。一些研究表明，全世界已经有“8 亿人从事都市农业，生产世界上 15%～20% 的粮食。”这些国家大多是发展中国家，在非洲，多达 3 500 万～4 000 万人主要从城市农场获得食物。

农民们还想出不同寻常的办法来满足非洲的粮食需求。“我们在集装箱里从事农业种植。”创立 Fresh Direct 农产品公司的尼日利亚企业家奥尔韦米卡·安杰尔·阿德拉佳（Oluwayimika Angel Adelaja）说。她把自己的农场搬到尼日利亚首都阿布贾，这样可降低运输成本，并确保大部分产品能以完美的状态进入市场。此外，集装箱养殖在用水方面效率更高，并使用太阳能电池板提供电力。通过发展城市农业技术，非洲正在逐步解决 2030 年及以后人口增长引发的粮食问题。

复兴后工业时代的遗留城市

想要应对发达国家的城市所面临的最重要的挑战，也需要运用横向思维：去工业化导致经济衰退，这个进程使贫困加剧，并且对中产阶级造成严重的破坏。

1997 年，毕尔巴鄂古根海姆博物馆向公众开放，它位于西班牙北部巴斯克地区一个破旧的工业城市。19 世纪下半叶，这个地区的钢铁厂和造船业十分繁荣——这是一个关于繁荣和萧条的故事，类似于欧洲和美国那些被遗弃在“铁锈地带”的数百座城市中发生的事情。这座建筑由超级巨星建筑师弗兰克·盖里（Frank Gehry）设计，它那弯曲、性感、白金色的外形在全球引发轰动。就连著名的建筑评论家赫伯特·马斯卡姆（Herbert Muschamp）也在《纽约时报》上写道：“毕尔巴鄂最近已变成朝圣之城。有消息说，奇迹仍然在发生，并且一个重大的奇迹已经在这里发生……近两年人们蜂拥而至，只是为了观看建筑骨架的成形。‘你去过毕尔巴鄂吗？’在建筑界，这一问题已成为谈话的开场白。你看到曙光了吗？你看到未来了吗？工程有进展吗？建筑开放了吗？”这座建筑吸引普通参观者的主要原因是它那不规则、复杂的建筑形式。我的朋友拉斐尔·德尔·皮诺（Rafael del Pino）所任职的公司 Ferrovial 是这座博物馆的建筑商，他在那里担任执行主席一职，他曾经和盖里的一个搭档开玩笑说：“如果我们稍微改动一下它的建筑造型，你会注意到吗？”

毕尔巴鄂的古根海姆成为城市复兴的全球性象征。“工业体系的衰退体现为高失业率（25%～30%，大城市的某些地区甚至达到 35%），环境和城市总体框架的退化，人口迁出和人口增长停滞，以及社会排斥问题。”训练有素的建筑师伊本·阿雷索（Ibon Areso）回忆道，他曾担任副市长、城市规划负责人，也曾（短暂地）担任市长，并引领过他的城市转型。“在当代社会，文化活动、艺术、体育和休闲构成集体活力真正的温度计，它们决定着一个城市的吸引力，同时有利于其在国际上的形象。我相信，未来不会有城市不重视经济的强大和文化的重要性。伦敦、巴黎和纽约等大城市已经具备这种双重功能。”伊本补充说。

毕尔巴鄂古根海姆博物馆耗资 1.32 亿欧元（约 1.5 亿美元）建

造。该计划当时遭到当地人的广泛批评，他们不明白为什么政府要在有这么多其他需求和优先事项的情况下依然花这么多钱在博物馆建造上。据伊本回忆："根据曾开展的可行性调查估计，每年需要 40 万名游客的流量来证明这项投资的合理性。开放后的第一年，博物馆已接待 136 万名游客。"如今，平均每年游客的总量大约为 100 万。该博物馆直接或间接带来的经济活动创造了大约 4 000 个就业岗位，与该市最重要的造船厂在其全盛时期创造的就业岗位大致相当。为改造城市而建设的基础设施——使用巴斯克、西班牙和欧盟的资金——围绕在崭新的、闪闪发光的城市中心。然而，"这些数字还有没考虑到其他因素，比如这一行动给城市带来的正面宣传，或者它对获得其他投资的影响"。博物馆的成功也有助于"毕尔巴鄂居民自尊的恢复"。

2018 年，面向企业家的杂志《快公司》有评论写道"这些复兴计划在美国同样引起争议。美国后工业时代的遗留城市正在经历复兴，但以黑人为主的低收入聚居区比以往更加艰难。"

以宾夕法尼亚州的匹兹堡为例，这里是工业时代的敛财大亨安德鲁·卡内基（Andrew Carnegie）和安德鲁·梅隆（Andrew Mellon）的故乡。在整整五代人的时间里，匹兹堡为美国提供着建造摩天大楼、高速公路和洲际船舶的钢材。在第一次工业革命中，这座城市比毕尔巴鄂要成功得多，但匹兹堡也受到工业衰退的影响。现在，在莫农加希拉河沿岸的一块空地上，优步正在测试自动驾驶汽车。它附近的一座破旧的建筑曾经是钢铁厂的一部分，现在被改造成高级机器人制造研究所。卡特彼勒已经建立一个设施，用以开发自主重型建筑和采矿设备。数十亿美元的风险投资资金正在涌入。长期居住在这里的居民注意到，房价在经历了几十年的下跌后迎来上涨。“从事人工智能和机器人工作的新的年轻人为这座城市带来了巨大的变革，但它更多的是以一种中产阶级化的方式，而不是融入社区。”卡内基梅隆大学的安德鲁·穆尔（Andrew Moore）表示。

扭转几十年来城市的破败并非易事，这使得许多城市通往 2030 年及以后的道路上充满挑战。2018 年，《快公司》报道说：“匹兹堡现在很时髦。”然而，《分裂之城：美国城市的贫困与繁荣》（*The Divided City: Poverty and Prosperity in Urban American*）的作者艾伦·马利亚奇（Alan Mallach）说：“仔细观察匹兹堡周围的热度，你会发现它只聚集在少数几个社区。复兴忽视了穷人。”马利亚奇的结论是：“随着一些地区的城市化，从一个遗留城市到另一个遗留城市，许多社区，包括许多直到最近还相当稳固、相对稳定的工人阶级或中产阶级社区，正在从社会和经济的悬崖上跌落。经观察，巴尔的摩、克利夫兰、底特律和匹兹堡这几个城市都是如此。”在《新城市危机》（*The New Urban Crisis*）一书中，理查德·佛罗里达（Richard Florida）指出城市的二象性：“城市作为伟大的创新引擎，是乐观主义者赞颂的经济和社会进步的典范，还是悲观主义者谴责的贫富差距和阶级分化严重的地区？事实上，两者都是。”到 2030 年，越来越多的城市将出现类似的两极分化：一部分是向上流动、受过高等教育的专业人士居住的地区，另一部分是功能性文盲居住的地区，后者约占成年人口的 15%。城市将如何应对这种日益扩大的鸿沟？

“打扰了孩子，那是开往查塔努加的列车吗？”美国著名的歌

曲《查塔努加火车》这样开头。该唱片最初由格伦·米勒（Glenn Miller）和他的乐队于1941年录制，并在电影《太阳谷小夜曲》中播放。它成为冠军单曲，也是第一张获得金牌的唱片，仅在最初的9周内就售出120万张。田纳西州的查塔努加当时是一个繁荣的纺织品、家具制造和金属加工城镇，它位于田纳西河畔，与佐治亚州接壤，被称为“迪克西的发电机”。所有往南的火车都停靠在那里。

20世纪50年代末，这里的人口已达到13万的峰值，从那时起，中产阶级白人就开始成群结队地搬到郊区居住。此后不久，制造业的就业岗位开始减少。1969年，联邦政府认定这个城市为“美国空气污染最严重的城市”，因为周围的山脉将工业污染物困在山谷中。1971年前往查塔努加的铁路终止了客运服务。

20世纪90年代，这座城市的复苏同样引人注目。多亏当地的慈善基金，重建蜿蜒的田纳西河岸的努力取得了很大的进展：1992年世界上最大的淡水水族馆开放，接着是公园、学校和住宅区。查塔努加是20世纪90年代美国仅有的18个人口增长的城市之一。旅游业、金融业和保险业的工作以两位数的速度增长。大众汽车2008年宣布将投资10亿美元在该地区建造一座大型组装工厂时，这座城市已经处于繁荣之中。

但是，查塔努加政府官员和他们的私人支持者所采取的最具远见的行动，或许是投资建设一个覆盖全市的高速光纤互联网网络，这在美国所有城市中是第一个（建成的城市还不到200个）。它因千兆每秒的速度被称为“Gig”，号称全国最快的网络连接。“查塔努加原本可能是另一个失败的中型城市，现在却转变为创业中心，挤满来自曼哈顿、旧金山和奥斯汀的背井离乡者。”Vice的贾森·科伯勒（Jason Koebler）写道。“2011—2015年，光纤基础设施产生从 8.653 亿美元至 13 亿美元的增量经济和社会效益，同时增加 2 800～5 200 个就业岗位。”田纳西大学查塔努加分校的经济学家本托 · 洛博（Bento Lobo）在一项研究中总结道。在众多公司中，总部设在诺克斯维尔的 Claris Networks 公司决定在查塔努加设立办事处，“因为在诺克斯维尔，享有 AT&T（美国电话电报公司）提供的 100Mbps（兆比特每秒）服务，每月需支付 1 400 美元，而享有查塔努加光纤网络提供的类似服务，每月仅需 300 美元，这样可以节省 1 100 美元”。对千兆服务来说，节省的钱甚至更多：“AT&T 提供这种服务的费用可能在每月 5 000～7 000 美元，而使用 Chattanooga’s EPB，每月只需支付 1 400 美元，每月可节省 3 600～5 600 美元。”正如我们将在第 6 章看到的，Gig 帮助查塔努加吸引了大量依赖高速互联网的初创公司。

创意阶层：人才、宽容和技术

提到城市创意中心，人们脑海中浮现的通常是硅谷或曼哈顿的硅巷，查塔努加在很多方面都与之极为不同。“你看看那些创业天堂，通常你会看到那些在蓝色州（美国政党选举中，支持民主党的蓝色之州）的人非常自由、非常年轻。这就是那里的典型形象。”查塔努加一家创业加速器的负责人杰克 · 斯蒂德（Jack Studer）指出：“这是一座南方城市，总部位于查塔努加的高科技搬运公司 Bellhops 的员工们都打猎、钓鱼、看橄榄球赛。这在脸书上是看不到的，这就是不同之处。”

旧金山和纽约这样的全球性城市在经济中扮演着不同的角色，借鉴社会学家萨斯基亚 · 萨森（Saskia Sassen）在这一课题上的开创性研究就是“做全球化的工作”，它们对“创意阶层”有着巨大的吸引力。“创意阶层”是多伦多大学教授、畅销书作者理查德·佛罗里达提出的，用来描述知识型专业人士——从科学家、工程师到建筑师、艺术家和设计师。城市之间会相互竞争以吸引和留住他们。反过来，创意阶层也吸引着各种各样的企业，形成一个良性循环。最重要的是，许多城市已经成为创意中心。

如今，创意阶层约占美国劳动力的 1/3，预计到 2030 年这个比率将达到 50%。创造性工作者利用复杂的知识体系来解决特定的问题。佛罗里达用他的三个概念总结一个城市如何发展出一个充满活力的创意阶层：人才、宽容和技术。

在这三者中，宽容已经引起相当多的关注。佛罗里达认为，在他所说的“同性恋指数”和“波希米亚指数”上得分高的城市最终表现得更好。他将宽容定义为一个由不同人群组成的大熔炉，其中包括同性恋社区成员、艺术家、音乐家等。更宽泛地说，整个创意阶层都与一种培养开放思想的独特生活方式有关。他写道：“对多样性的宽容和开放是文化向后物质主义价值观转变的重要组成部分。”它们与技术和人才一起提供额外的经济优势来源，并且共同努力吸引人才，为知识经济的发展提供动力。佛罗里达提出过一个关于城市更新的具体争论，他的“街头文化”指的是“熙攘的咖啡馆、街头音乐家、小型画廊和小酒馆的混合，在那里很难区分参与者和观察者，或者创造力和创造者”。

创造力的重要性在很多职业中都有所体现。哈佛大学教育研究生院的经济学家戴维·J. 戴明（David J. Deming）发现，越来越多的工作需要用到非常规分析能力。更重要的是，社会技能包括协调、谈判、说服和社会洞察力，它们被需求度很高。戴明的研究表明，到 2030 年，大部分工作将需要运用社交技能和创造力。

佛罗里达和他的同事们对美国 30 个最具创造力的城市进行排名，加州的库比蒂诺和帕洛阿尔托、弗吉尼亚州的麦克莱恩、马里兰州的贝塞斯达在 2015 年的榜单上位居榜首（查塔努加不在此列）。值得注意的是，在创造力指数上得分较低的城市数量最多的两个州是加利福尼亚州和新泽西州。佛罗里达的城市实验室（CityLab）在一份报告中得出结论："创意阶层比率极高和极低的城市是并存的。在美国一些强劲的经济中心以及地区之间不断扩大的经济差距似乎并没有有产阶级和无产阶级之间的贫富差距那么大。"

城市实验室还将世界各地的城市和大都会区分为三类："全球巨头"包括纽约、洛杉矶、伦敦、巴黎、东京和大阪—神户，圣何塞、波士顿、西雅图、圣迭戈、华盛顿特区、芝加哥、奥斯汀、达拉斯、亚特兰大、波特兰（俄勒冈州）、丹佛、阿姆斯特丹、斯德哥尔摩和苏黎世都被归为"知识之都"，香港、新加坡、首尔—仁川、上海、北京和莫斯科被归类为"亚洲之锚"。布鲁金斯学会都市政策项目的负责人埃米·刘（Amy Liu）观察到全球城市持续增长的一个关键方面，她写道："现在具有讽刺意味的是，所有这些活力和进步都是在这样一个新环境中产生的：对全球贸易的怀疑情绪日渐高涨，对移民和难民的担忧，以及对增长缓慢的世界经济的悲观情绪。城市该如何深化努力，在全球参与和竞争的同时，正视随着全球一体化程度的加深而产生的不平等和负面的后果？"请记住，罗莎·李那些吸毒成瘾的子女和孙辈生活在华盛顿特区，一个被归为世界知识之都的大都市，那里 45% 的劳动力属于创意阶层。

"佛罗里达的创意阶层理论与社会从传统价值到世俗理性价值、从生存价值到自我表现价值的演变相吻合。"密歇根大学政治学家、世界价值观调查的策划者罗纳德·英格尔哈特（Ronald Inglehart）指出。尽管在文化价值和规范方面，社会不会随着时间的推移而完全趋同，人们报告说他们越来越坚持与世俗、理性、自我表达和后物质主义相关的价值观，越来越接受离婚、堕胎、安乐死、自杀、不同的性取向和性别平等，然而需要注意的是，关于文化价值观演变的数据表明，世界上至少有一半国家的人要么是传统的，要么是以生存为导向的。有相当一部分人在传统价值观和生存价值观方面得分都很高，尤其是在南亚、中东和北非。

城市在 2030 年依然宜居吗

电影《大都会》、毕尔巴鄂的复兴、匹兹堡等美国城市的中产阶级化，都在提醒我们城市生活的跌宕起伏。罗莎·李·坎宁安及居住在全球城市的受过高等教育的工程师、艺术家、医生和金融家们的故事也是如此。到2030年，将有400个城市的人口超过100万。这些城市群在本质上是二元化的，大部分是超重或肥胖的人，他们沉迷于自己喜欢的流媒体服务和社交媒体应用程序，这种趋势会导致社会孤立，减少社会参与。许多城市将成为知识密集型工人中充满活力的创意阶层的家园。大多数人将面临与污染、拥堵和安全威胁有关的艰巨挑战。受气候变化影响最大的城市将遭遇淡水短缺和海水过剩的问题，这些问题将以洪水的形式显现。我们的行为适应会产生影响吗？垂直农业的发展速度能跟上吗？技术突破会拯救我们吗？第 6、7 和 8 章将会探讨发明和创新方面即将来临的革命，以及它对提高城市和其他地方生活质量的潜力。

6

技术创新与未来

颠覆式创新、科技与伦理

创造性破坏是工业突变的过程：内部经济结构不断变革，不断地摧毁旧的，不断地创造新的。

—— **约瑟夫·熊彼特**

经济学家

发明家和企业家们每分钟都能产生新想法、创造出新产品和新技术，但其中仅有少数会被采纳，极少数能够真正转化为生产力。比如说，厕所。

从斯坦福大学毕业并获得比较文学学位后，弗吉尼娅·加德纳（Virginia Gardiner）的第一份工作是就职于一家设计杂志社。她被指派撰写有关厨房和卫浴行业的文章，她说："我为杂志写的第一篇文章是关于坐便器的——关于一个不会有任何改进的现实。"

英国泌尿外科医师协会的相关资料显示，我们所知道的最古老的厕所可以追溯到大约公元前3000年，设置在苏格兰的一个新石器时代定居点。在希腊克诺索斯王宫（公元前1700年），你可以看到每次使用后都可以用水桶冲水的陶制平底盘。加德纳在她的文章中指出，现代带凸起水箱的抽水马桶是由约翰·哈灵顿（John Harington）爵士在1596年（或许还要再早几年）发明的，他当时是英国朝臣，还是伊丽莎白一世的教子，伊丽莎白一世为英格兰成为欧洲强国并最终成为世界强国奠定了基础。1775年，钟表匠亚历山大·卡明斯（Alexander Cummings）发明一种叫作“存水弯”的S形管道，用来阻隔异味。在接下来的几个世纪里，马桶的设计并没有太大改进，但作为发达国家，我们没有理由抱怨，因为接下来我们所做的真正的创新是下水道系统。

是什么让我们陷入埃莉奥诺的困境？47岁的她是一位母亲，住在马达加斯加首都塔那那利佛，经营着一家小商店，她家没有连接下水道系统，所以无法使用抽水马桶。几个月前，埃莉奥诺用一种全新的无水马桶取代从前的蹲式厕所，这种马桶用白色的可生物降解膜将排泄物密封起来，并将其储存在马桶下方（额外的优点是：它没有异味）。马桶制造商每周收集一次排泄物。埃莉奥诺说：“我们一家四口都在用它，三个租住在隔壁房子的房客也在使用它，它的费用已经包含在租金中。就连我儿子都知道使用方法。”像非洲和其他发展中国家的许多母亲一样，她终日生活在恐惧中，担心自己的孩子有一天会掉进满是人类粪便的坑里。

这款马桶的制造商是伦敦的卢瓦特（Loowatt）公司。该公司的创始人是谁呢？正是加德纳。在做了一段时间的杂志撰稿人后，她进入伦敦皇家艺术学院攻读硕士学位，她在那里发表过一篇关于无水马桶系统的论文。加德纳在2010年创立这家公司，一年后，她获得盖茨基金会“新厕所改造挑战”项目的资助，该项目旨在鼓励可持续卫生设施方面的创新。一位住在马达加斯加的加拿大人得到消息后，成为加德纳的第一个投资人。不到一年，加德纳就启动了一个试点项目，并建立了一个小型加工厂，将排泄物转化为沼气来发电。你可能已经猜到，它可以给手机充电。许多像格洛丽亚一样的马达加斯加妇女还体会到无水厕所的另一个好处：以前她们不得不和几个邻居共用一个厕所，但现在有了这样的马桶，给她们带来很大的安全感。

“在非洲的许多社区，人们都有用于通话的手机，却没有电灯和水龙头，更无暇考虑冲水马桶，因为他们可能连饭都还吃不上。”内罗毕大学发展研究所所长温妮 · V. 米图拉（Winnie V. Mitullah）说，就我们许多人认为理所当然的最基本的服务——自来水、污水处理、电力和道路而言，许多人的生活还不如 19 世纪的人。米图拉认为，缺少可靠的电力和自来水不仅仅是一种不便，“当没有足够的清洁用水且没有安全的污水处理时，孩子们极易生病甚至死亡。晚上没有灯光用来学习，或者除了手机没有其他方式与外界联系，那么受教育和成功的机会就会受限”。

扎法尔 · 阿迪尔（Zafar Adeel）是联合国大学水、环境和健康研究中心主任，他警告说：“为了每年因水污染和不健康的卫生设施而死亡的 150 万儿童和其他无数人的利益，任何对（卫生设施）这个话题感到反感并回避、认为它有失体面而把它最小化或认为不值得对那些有需要的人进行帮助的人，其工作都应该被其他人接手。”总而言之，全球有 15 亿手机用户必须在户外小便或去公共厕所。差距还在继续扩大：在撒哈拉以南非洲和南亚地区，对移动通信的投资飙升，而对基本卫生设施的投资却在减少。例如，在印度收入最低的 20% 的家庭中，拥有手机的人数是拥有厕所的人数的 3 倍。

在发达国家，我们认为拥有卫生设施和手机都是理所当然的。移动通信的使用在撒哈拉以南非洲迅速普及，因为它是一种相对廉价的技术。考虑到农村人口占总人口的 60% 以上，比起固定线路，手机信号塔的安装成本要低得多，速度也更快，更不用与下水道和冲水马桶的安装相比了。由于在大多数撒哈拉以南非洲国家，只有不到 10% 的人口拥有银行账户或信用卡，手机已经成为实际上的收付款工具。事实上，这个地区使用移动支付平台的人比东亚、南亚、欧洲或美洲的人都要多。更重要的是，他们中的许多人根本不使用实体货币。

毫不意外，技术变革已然渗透到世界的经济和文化中，也改变着游戏规则。正如手机和无水马桶表现的那样，科技也有可能改善数十亿人的生活质量，尤其是在城市里。然而，当涉及新技术的消费者应用时，最重要的方面不是技术能实现什么，而是它如何与人口和社会趋势相互作用，创造出一些意想不到的或好或坏的模式和结果。

然而，在我深入研究这一切之前，我想告诉你一个关于手表的故事。

钟表行业的技术突破

如果说手机无处不在，那么手表更是如此——世界上拥有手表的人比拥有手机的人还多。从劳力士和苹果手表这两款现代腕表的历史来看，连续不断的科技浪潮改变了从设备制造到销售和使用的一切。20 世纪 70 年代，在摩托罗拉工作的马丁 · 库帕（Martin Cooper）是无线通信的先驱，他发明出第一款手机。他的灵感来自 1946 年同名连载漫画中侦探迪克 · 特雷西（Dick Tracy）佩戴的双向无线电手表。（巧合的是，那年的广播节目《超人》中的一集《会说话的猫》中也出现过类似的装置。）

在“瑞士制造”成为手表的代名词之前，英国是最具创新精神的钟表工业的发源地。便携式时钟最早出现于15世纪。历史告诉我们，怀表直到17世纪才普及。手表的第一次重大技术突破可能发生在1657年，那时罗伯特·胡克（Robert Hooke）或克里斯蒂安·惠更斯（Christian Huygens）提出在平衡轮上增加一个平衡弹簧的想法，这大大提高了手表的精确度（一个现在已经被我们遗忘的创新，那时人们期望得知准确的时间）。谁是这一想法的主要提出者，引起过激烈的争论。胡克是英国自然哲学家、建筑师和博物学家。惠更斯是荷兰物理学家、数学家和天文学家，是他发现了土星最大的卫星——土卫六。惠更斯也曾是科学革命的巨擘之一：他发明了摆钟，并被广泛认为是数学物理学的奠基人。（顺便提一句，1984年成立的印度泰坦钟表有限公司的命名正是为了纪念惠更斯，如今它已是世界上最大的钟表公司之一。）

让事情变得复杂的是被巴西人称为航空业先驱的阿尔贝托·桑托斯–杜蒙特（Alberto Santos-Dumont）发明的在手腕上佩戴挂表或怀表的概念。然而，这种巧妙的可穿戴技术的历史大多归功于瑞士，因为其军队需要在崎岖多山的阿尔卑斯山地区协调战术。

不管手表的起源有多模糊，统领这个行业的不是英国人、荷兰人或巴西人，而是瑞士人。他们碰巧有着优秀的珠宝商和工匠，这在一定程度上要归功于受到迫害的法国胡格诺派的到来，他们中的许多人非常擅长制作复杂的机械装置，因而可以小批量生产奢华的手表，并销往欧洲各地。瑞士是如此的成功，甚至1905年成立于伦敦的劳力士也在1919年将生产基地搬到瑞士，以依托位于日内瓦北部美丽的汝拉山谷的高技能劳动力。

随后，一场变革降临。基于二战期间开发的技术，美国公司萌生批量生产手表的想法，需要做的就是用合金代替贵金属，用电池代替弹簧作为动力源。天美时主宰着这项技术，并且盈利颇丰。人们怎样选择手表？美国的大众消费定义了那个时代，人们对任何东西都有大量的需求，从冰箱、洗衣机到汽车和手表，价格比质量和耐用性更重要。劳力士萎靡不振，天美时却遥遥领先。

20 世纪 60 年代，钟表行业受到第二波技术变革浪潮的冲击。一位瑞士工程师发明了一种巧妙的机械装置来简化设计，从而降低制造成本。它以音叉为基础，音叉是一种双叉的金属部件，被敲击时会产生振动，振动频率可以转换成比传统式擒纵机构更精确的时间测量，传统式擒纵机构由一个复杂的齿轮机构组成。而另一家美国公司宝路华利用了这项创新并从中获利。相比之下，瑞士人却没有这样做，因为他们为坚持手工制作手表而自豪，一次只做一件，毕竟这是一件艺术品。

当日本人决定加入这个有趣的游戏时，第三次创新浪潮掀起，他们采用一种基于石英的新技术，进一步简化设计。又一次，一位瑞士工程师发现，如果电流流过一块石英，这块天然晶体就会产生振动，这种振动可以非常精确地测量时间。20 世纪 70 年代，精工、西铁城和卡西欧等品牌已经把天美时和宝路华挤出市场。从 70 年代至 80 年代末，大多数石英表都是日本制造，而不是瑞士或美国制造。

直至 20 世纪 80 年代末，瑞士人才把握住科技变革的连续浪潮，推出手表品牌斯沃琪。斯沃琪不仅报时准确，而且还可作为时尚配饰和收藏品。他们邀请名人做广告来推销斯沃琪。受斯沃琪崛起的影响，几乎停滞的瑞士钟表业又恢复了元气。一夜之间，日本手表变得平淡无奇。

然后是手机，如果说有什么颠覆性的东西削弱了手表的必要性，那就是一种可以显示时间和打电话的便携式设备。突然之间，手表变成一种奢侈品，适用于社交场合或者仅仅是为了娱乐。现在我们又回到了原点，苹果、三星和小米这些曾经为我们带来智能手机的科技公司，现在又试图向我们销售智能手表。

这段历史的一个关键教训是，每一次新技术取代旧技术，就业机会就会被创造与破坏，不同国家的钟表行业随之跌宕起伏，新的消费模式就会出现。手表只是众多例子中的一个。制冷机取代冰用于冷却，事实证明电话比电报高级，白炽灯取代煤气灯，晶体管取代真空管，喷气发动机取代螺旋桨，CD 使黑胶唱片变成收藏品，文字处理软件使打字机过时，数字成像代替化学摄影，电子游戏比传统玩具更有趣。我们用“颠覆”这个词来指代这种戏剧性的转变，腕表只是这种普遍模式的一个例证。

创造性破坏理论再次爆发

技术通过改变以下一项或多项方式来打破现状：产品的概念、制造方式、销售模式、使用者定位、使用方式，以及人们之间如何互动。在过去的半个世纪里，根据标准普尔 500 指数，企业平均寿命从 60 年缩短至 10 年。到 2030 年，技术变革将迎来一个新的现实，在工厂、办公室、医院、学校、家庭、车辆和所有类型的基础设施中将出现数十亿台计算机、传感器和机械臂。在制造业，计算机的数量将首次超过人脑，传感器的数量将超过眼睛，机械臂的数量将超过人的手臂。我们正在经历一场技术上的寒武纪大爆发，寒武纪大爆发发生于 5.41 亿年前，持续 1 300 万～2 500 万年。在寒武纪，陆地上出现复杂的动物物种，海洋生态系统得到发展。在那之前，大多数生物体都是单细胞的。在寒武纪时期，出现了和今天的动物一样复杂的小生物，包括长有五只眼睛的食肉动物和有头、脊椎、胸、腿及两对触须的花边蟹（lace crab）。

从虚拟现实到 3D（三维）打印，从人工智能到纳米技术，把今天的转变比作寒武纪大爆发，稍微有点儿夸张。这些新技术有望解决从贫困和疾病到环境退化、气候变化和社会孤立等棘手的问题。借用汤姆·沃尔夫的话来说，它们正在催生一个新阶层，其中大多是年轻、有远见的企业家，很多人才 20 岁出头并自称“宇宙的主人”。

每一波技术颠覆都伴随着一种幻想，即技术可以把我们从大大小小的问题中解放出来。事实上，它是一种既能提出解决方案又可能制造问题的力量。例如，自动化将人类从重复性工作造成的无聊和可怕的身体和心理后果中解放出来，也许查理·卓别林的经典电影《摩登时代》就是最好的例证。然而，它也有一个影响，那就是使某些工作消失了，这些工作在几十年前曾为工人们提供进入中产阶级的可靠途径。如果员工缺乏灵活性或资源从事其他职业，他们可能会发现自己因没有后备计划而失去当前地位，而年龄或外出寻找新机会的能力又会使情况变得更加复杂。由于某个人在一个传统上依赖人力、监督和专业知识的领域进行发明或创新，整个工种和社区都可能被摧毁。

奥地利经济学家、政治学家熊彼特想出一个有史以来最贴切的比喻，来描述我们一直在探索的东西的本质——创造性破坏理论。他认为，市场经济倾向于吸收新技术及它们的连锁效应，然后取代效率低下的旧技术，这既是它腐蚀性的一面，也是它的力量所在。熊彼特在 1942 年写道：“资本主义引擎运转的根本动力来自新的消费品、新的生产或运输方法、新的市场，以及由资本主义企业创造的新的产业组织形式。”他将这种动态描述为“工业变革的过程，不断地从内部改变经济结构，不断地破坏旧结构，不断地创造新结构”。他总结说：“创造性破坏的过程是资本主义的重要事实。”

熊彼特因此提醒我们，颠覆是正常的，因为它无处不在。从大约 12 000 年前农业革命开始，它已经改变人类的生活。虽然这不是一种新现象，但随着时间的推移，它似乎发生得越来越频繁、越来越迅速。它是一种不仅改变经济而且改变生活的、从政治到人际关系的方方面面的力量。

人工智能与人

当技术性颠覆来临——如往常那样一再发生，正如手表行业所见证的，一些具有创造性破坏力的糟糕动态会随之出现：生活被打乱，事业被破坏，社区被摧毁。

就其潜在后果而言，人工智能（AI）领域是我们进行分析研究的沃土。就像手表行业一样，关于我们现在的处境和未来的方向，存在相互矛盾的利益和信念。早在 1992 年，《经济学人》就发表过一篇关于“人工愚蠢”的社论，提出创造与人类无异的机器智能并没有实际意义，因为人类劳动力的供应很充足。它还注意到，如果出现短缺，会有一些经过验证的、流行的方法来制造更多劳动力。（这种假设基于人们有生育的欲望，我们现在知道，这在 20 世纪 90 年代只是一厢情愿的想法。）与此类似，埃隆·马斯克最近在推特上表示“特斯拉过度的自动化是一个错误”，并补充说“人类被低估了”。毕加索曾经说：“计算机无用——它们唯一能做的就是告诉你答案。”

事实上，人工智能在开启一系列新的机遇，这也是我们过去所熟知的世界即将终结的一个重要原因。人工智能包括用一系列广泛的应用程序来执行传统上属于人类大脑的任务，如语音识别、视觉感知和决策。它被部署在自动驾驶汽车和卡车、高效和响应性的基础设施，以及智能医疗和生活系统中。在我们的生活中，人工智能的发展突飞猛进。1997 年，IBM（国际商业机器公司）的“深蓝”计算机击败国际象棋冠军加里·卡斯帕罗夫（Gary Kasparov）。一年后，泰格电子公司开发出一款具有语音识别技术的机器人玩具。2000 年，本田推出一款仿人机器人阿西莫（ASIMO），它可以充当多功能私人助理。2011 年，苹果公司在其智能手机中加入虚拟助手 Siri（苹果智能语音助手）。从定向社交媒体广告到照片标签，人工智能已经无处不在。

一些有远见的人预测，当奇点来临时世界将走向末日，这个奇点就是当人工智能变得足够复杂和智慧因而足以接管一切，使人类作为一个整体变得集体无用的时候。这是一个由机器来编程和控制其他机器的未来。就像计算机科学家欧文·古德（Irving Good）在 1965 年所说的那样，它将是人类需要创造的最后一项发明。他的同事艾伦·图灵（Alan Turing）在二战期间领导从事过破译德国恩尼格玛（Enigma）密码的工作，并帮助开发计算机。1951 年，他宣布人工智能将“超越人类弱小的能力”，进而“控制人类”。理论物理学家史蒂芬·霍金也发表过自己的观点，他说“这可能会导致人类的灭亡”。

人工智能将带来划时代的改变，这一点毫无疑问。就在我们侃侃而谈的间隙，有成千上万的程序员正在升级智能机器学习的范围和能力，以及它的应用程序。

– – –

与此同时，在美国中心地带某个地方的卡车停靠站，司机们正在小憩。他们为经济的发展从事着重要的工作：来往于全国各地运送货物。他们的工作时间很长，工资却很低，特别是如果他们是自己单干的话。对那些从事长途运输的人来说，很难说他们属于哪个社区。在美国 50 个州中的 29 个州，卡车司机是最庞大的职业群体。例外情况是新英格兰地区、中大西洋地区、加利福尼亚州和得克萨斯州的大部分地区，那里的软件开发人员、小学教师、农民、秘书、护理助理、零售店店员、客户服务代表或律师的人数占据首位。奥巴马政府委托进行的一项研究表明，受自动驾驶汽车技术应用的影响，有 150 万～220 万轻型和重型卡车司机面临失业。这一数字占 2015 年司机就业总人数的 60%～90%。如果加上公共汽车司机、出租车司机、私人司机和自雇司机，这项技术可能使失业人数达到 300 万。

目前的自动驾驶汽车实验预示着一个光明的未来，因为人类是草率和不可靠的，我们会分心、无聊或疲倦。电脑可以优化复杂的行程，适应交通和道路状况，同时节省燃料。最重要的是，计算机可以与其他计算机通信。我们在路上往往依靠原始的手段沟通，如车灯、喇叭和手势。相比之下，一辆自动驾驶汽车，连同附近的其他汽车，可以以协调的方式共同管理交通流（并减少事故）。

不止于此，在制造业，一个机器人平均可以取代五六名工人。1983 年，美国从事重复性体力劳动的人数为 2 800 万。截至 2015 年，这个数字只增加到3 000万。在此期间，人类安装了30万个机器人，它们承担了近200万工人的工作。我们在第3章中讨论过，美国中产阶级的手工业者和非手工或认知工作者停滞不前，部分原因在于技术。现在每年有35 000个机器人被安装，这种影响将在未来10年加速。到2030年，制造业雇用的程序员和控制员的数量将超过临时工。

同样，从事常规认知工作的人数从2 800万增加到3 300万，主要包括办公室职员和商店服务员。相比之下，非常规体力工作，如技工，从1 400万增加到2 700万；非常规认知职业，如教师、设计师、程序员和医疗工作者，从2 800万增加到庞大的5 700万。至少就目前而言，似乎有些工作已超出技术的创造性破坏范围。

但过不了多久，办公室和行政管理等日常认知工作就会受到人工智能的影响，其影响在数量上将与大数据本身一样令人震撼。执行例行程序的外科医生、帮助整理法律案例的年轻律师，以及教授入门课程的教授，都有可能看到他们的工作由智能机器完成。下一步，也许是最后一步，将是消除一些非常规性的工作，特别是如果奇点真的到来的话。

以外科医生的工作为例，这是世界上最复杂、最精妙的工作之一，需要接受近十年的高等教育和在职培训。2016年电气和电子工程师协会报告称："由机器人执行的手术取得突破性进展，它利用自己的视觉、工具和智能将一头猪的小肠缝合起来。"更重要的是，"智能组织自动机器人（STAR）比接受相同任务的人类外科医生做得更好"。人类外科医生操作的缝合线不如机器人的缝合线整齐，而且抗漏性较差。参与过这项研究的儿科医生彼得·金（Peter Kim）表示："尽管外科医生为自己的手术技术感到自豪，但有一台机器与我们一起工作来改善结果和安全性将是一个巨大的优势。”他认为机器人将首先为人类外科医生提供帮助，就像自动驾驶汽车“从停车开始，接下来是一项告诉你不要走错车道的技术”。从这个意义上说，机器人不一定会取代工人，但它可以帮助工人更好地完成他们所从事的工作。

机器人另一个吸引人的特点是它们不具备判断力，至少现在还没有。记者劳拉·西德尔（Laura Sydell）说：“我们花费很多时间与 Alexa（亚马逊旗下智能语音助手）和 Siri 交谈。想象一下，如果这些人工人格被放进一个可爱的机器人里。”麻省理工学院的研究员亚历山大·雷本（Alexander Reben）用纸板制造了一个名为 Boxie 的机器人。有一天，他发现一个人正在和 Boxie 分享他的烦恼，他就像在跟另一个人说话那样跟它说话。雷本决定与艺术家、电影制作人布伦特·霍夫（Brent Hoff）合作，设计一个可爱的机器人，鼓励人们敞开心扉。霍夫说：“这是完美的微笑。它是开放的、有吸引力的，以确保它尽可能地不带有评判性和威胁性。”早期的结果表明这是有效的。麻省理工学院人机交互专家谢里·特克（Sherry Turkle）表示，让人类向机器人敞开心扉并不难，它们也是一种廉价的约会对象。

智能机器时代的伦理问题

技术在带来利益的同时，也带来伦理的困境。想象一下，一辆无人驾驶汽车正驶向一个十字路口，打算右转弯，车上的传感器严密监控着右边骑车的人。突然一个蹒跚学步的孩子从母亲手中挣脱出来冲过马路，电脑必须在一瞬间决定避让骑车的人还是孩子。在这种情况下，没有时间收集更多的数据，也没有时间精心计算如何将伤害降到最小，更没有时间考虑哪一个人的生命胜过另一个人的，比如孩子和骑车的人。计算机将怎么做？

这是经典思想实验“电车难题”的修正版本。在这个问题中，一辆飞驰而来的有轨电车即将撞死五个人。如果你能改变电车轨道，让它只撞死一个人，你会这么做吗？“电车难题”揭示了一个无法通过简单的道德或伦理来解决的难题。在电影《苏菲的抉择》中，梅丽尔·斯特里普饰演一位有两个孩子的波兰母亲，她在德国占领波兰期间参加抵抗运动，被捕后被送往奥斯威辛集中营。在那里，一名纳粹军官把她置于一个荒诞的处境，她必须在她的两个孩子中做出选择，哪个进毒气室，哪个进劳改营。在一时冲动之下，苏菲不得不做出一个可怕的选择，上面例子中的司机也是如此。这种道德困境有助于解释为什么无人机飞行员比传统飞行员患创伤后应激障碍的比例高。无人机飞行员在数千英里外的控制中心做出生死抉择，而真正的飞行员实际上要拿生命冒险。在《纽约时报》的一篇关于无人机操作员阿伦的文章中，埃亚勒·普雷斯（Eyal Press）写道：“在阿伦眼前展开的是一幅令人震撼的熟悉画面：在无人机袭击后，棺材被抬过街道。”尽管阿伦是一名经验丰富的军用无人机操作员，但他开始感到不适且情绪低落。他出现了虚弱的症状，包括恶心、皮肤红肿和慢性消化问题。“我感到非常不舒服。”他告诉记者。他对自己在日常任务执行中做出的关于杀谁、饶过谁的决定感到眩晕。

2016—2017 年，由麻省理工学院召集的一个国际研究团队开展过一个名为“道德机器实验”的项目，以评估不同文化背景的人如何处理这类困境。通过一个在线平台，他们收集了来自 200 多个国家和地区的 200 多万人的近 4 000 万个关于开车的抉择。研究人员向受访者展示 13 种死亡不可避免的情境，有些决定可以说比其他的更容易做出。例如，司机应该保全宠物还是保全人？应该是大多数人还是少数人的生命享有优先权？但也有一些情境在伦理和道德方面非常棘手。例如，应该被保全的是身体健康的人还是残疾人？罪犯还是守法公民？在这个实验中，人们表现出一种明显的倾向，那就是人的生命优先于动物，多数人的生命优先于少数人，年轻人优先于年长者。因此，研究人员推断，这三种偏好可能被认为是机器伦理的基本组成部分。

正如预期的那样，不同人的伦理偏好存在一些差异。男性和女性都更倾向于保全女性，但相对来说，女性表现出的倾向更强烈。有宗教信仰的人更倾向于保全人类，而非动物。研究还揭示了一些不同国家之间的明显差异："在东部地区的国家（亚洲的以儒家文化为主流文化的国家和一些伊斯兰国家），保全年轻人而非年长者的倾向偏弱；在南部地区的国家（拉丁美洲和法语区的非洲国家），这个倾向更加明显。对于优先保全地位较高的人，这两个地区的倾向也是如此。"在南部这一组人中，"人们对人的偏爱远远弱于对宠物的偏爱"。有趣的是，"似乎在所有集群都是如此，通常人们（微弱）倾向于优先保护行人而非乘客，（适度）倾向于保护合法的人而不是非法的人"。在个人主义文化更浓厚的国家，人们更有可能保全年轻人；而在较贫穷的国家，人们对乱穿马路的人比遵守规则的行人更宽容。令人不安的是，经济不平等程度越高的国家，其受访者越愿意保全社会地位高的人。

这项研究的作者之一伊亚德·拉万（Iyad Rahwan）说，这项研究的一个令人不安的暗示是，"那些思考机器伦理的人让它听起来像是你可以为机器人提出一套完美的规则”。“而我们用数据表明，并不存在通用的规则。”另一位合著者埃德蒙·阿瓦德（Edmond Awad）指出：“越来越多的人意识到，人工智能可能会对不同群体产生不同的道德后果。事实上，我们看到人们正致力于此——我认为这是有希望的。”正如奥迪德国自动驾驶汽车部门经理芭芭拉·魏格（Barbara Wege）所说：“我们需要就愿意承担哪些风险达成社会共识。”

人工智能崛起带来的不仅仅是“电车难题”中的道德困境。正如索纳塔软件公司（Sonata Software）首席执行官斯里卡尔·雷迪（Srikar Reddy）以及我最近在世界经济论坛的一篇博客中所指出的，我们必须区分道义论伦理标准和目的论伦理标准，前者关注的是意图和方式，后者关注的是目的和结果。哪种方法更好，取决于技术和环境。“在自动驾驶汽车的例子中，追求一个既高效又对环境友好的无差错运输系统的目标，可能足以证明大规模收集不同条件下驾驶的数据以及基于人工智能应用的实验是合理的。”相比之下，鉴于在毫无戒心的人体上进行医学实验的可怕历史，基于大数据的医学试验很难在目的论的基础上站住脚。在这种情况下，基于意图和方式的道义论方法更有意义。

自动化、人工智能和大数据带来的伦理和道德困境日渐显著。参与道德机器实验项目的人员总结说：“在人类历史上，我们从未允许过机器在没有实时监督的情况下瞬间自主决定谁该活、谁该死，而我们现在随时都会跨越这座桥。”如果你相信我的话，那会是在2030年。“在我们允许汽车做出道德决策之前，我们需要进行一次全球对话，向设计道德算法的公司和监管它们的决策制定者表达我们的偏好。”但问题是，伦理和道德的自动化并不能以算法的形式被自动化和展现出来。

3D 打印：低碳环保

“掌握了 3D 打印，谁还会需要《巴黎协定》？”这是达特茅斯学院塔克商学院教授理查德 · A. 戴夫尼（Richard A. D’Aveni）提出的发人深省的问题。新型 3D 打印机按顺序打印超薄片，将它们叠加形成三维形状，从而制造出三维物体——技术术语是“增材制造”。这项技术通过只使用精确数量的材料来制造从塑料零件到牙科零件或人体替代组织的一切，从而减少浪费。和传统制造业一样，它需要能源，但“它排放的烟雾和其他有毒气体更少”。最大的好处将来自以下可能性：“3D 打印场和微型工厂离客户更近，因此企业的运输需求会大大降低。”我们已经普遍认同这样的观点：在制造业，规模经济对于提供低成本产品至关重要。微型工厂和灵活的生产方法在 20 世纪 80 年代走上 3D 打印的发展路径，并将加速和扩大化，这对环境非常有利。戴夫尼预测：“我们将摆脱 20 世纪那种一次性的道德观念。人们会减少购买，并珍视到手的东西，这正是环保主义者告诉我们应该做的。当我们用更少的材料生产更少的产品时，我们向大气中排放的碳就会少得多。”

换句话说，如果管理者和客户抛弃陈旧的设想并改变他们的习惯，如果他们走出熟悉的领域去想象新的可能性，如果他们横向思考，3D 打印将会流行起来。企业应该学会根据实时需求生产，而不是为了库存（把生产出来的东西储存在仓库里，以便随时取用）。工业客户也应该学会等待，直到他们真正需要某样东西。“货物运输……约占富裕国家碳排放总量的 25%。”戴夫尼提到。航运巨头

UPS 则依靠布局范围广的仓库网络来满足其工业客户的需求，“它最近在路易斯维尔的中心安装了 100 台大型 3D 打印机，目的是减少仓库空间、缩短运输距离。越来越多的零件将只根据需要来制造”。2017 年 UPS 与德国技术咨询公司 SAP 合作，为客户按需打印零部件。UPS 正在有效地将自己重塑为“一家物流公司，而不是一家托运公司”。

3D 打印技术是定制零件的理想选择，但不要把你的想法局限在假牙上。瑞典沃尔沃汽车公司指出，日益遭受洪水威胁的城市（见第 5 章）可以受益于 3D 打印的海堤，“合成的弯曲水泥表面可以向多个方向分散波能”。它还与澳大利亚悉尼当地的组织合作，建造一个类似红树林的人工珊瑚礁，像真正的珊瑚礁一样为海洋生物提供栖息地。随之形成的生物多样性有助于去除水中的重金属和塑料等颗粒物。这些材料都是用 3D 打印的混凝土模具制成的。

还有其他许多应用程序可以帮助我们避免未来气候危机的最坏情况。作为一名建筑师，普拉特·博伊德（Platt Boyd）对传统建筑材料的局限性和建筑业的浪费越来越忧心，因此他决定投身于 3D 打印初期领域的创业。2015 年，他将自己的公司 Branch Technologies 搬到了田纳西州查塔努加的一个企业加速孵化基地，正如我们在第 5 章中看到的，这是唯一一个连接到全市千兆网络的加速孵化基地。普拉特自豪地解释说：“公司使用了一种革命性的技术，结合工业机器人、复杂的算法和新颖的自由挤压技术，使材料在自由空间内凝固。这项技术被称为蜂窝制造技术（C-FABTM），从自然创造的形式和结构方式中汲取灵感，并通过前所未有的设计自由和资源管理引领建筑业的革命。”3D 打印的优点是多方面的。“Branch Technologies 正在使设计自由民主化，并开发一种新的建筑产品，它可以现场组装——更轻、更强、更快，并且通过一个本质上无浪费的过程来实现10倍的设计自由（增材制造与几乎所有的施工模式都在使用的减法制造）。”该公司在总部拥有世界上最大的自由形式3D打印机，并保持着世界上最大的3D打印结构的纪录——位于纳什维尔公园的为纪念联合国可持续发展目标而建造的露天舞台。

安妮·王（Annie Wang）和扎克·西姆金（Zach Simkin）也决定抓住3D打印的机遇，他们是在沃顿商学院读MBA时认识的。和她的大多数同学一样，安妮毕业后打算走传统的职业道路，在大公司或银行工作，扎克则专注于创业。他们对3D打印知之甚少，第一次接触它是在2013年即将毕业的时候，当时他们正在上创新课。他们看到了将人工智能和机器学习结合起来帮助工业客户做设计以及用3D打印机制作零部件的契机。安妮放弃了化妆品公司雅诗兰黛令人垂涎的全职工作，来追求这个远见与风险并存的项目。7年后，他们的公司Senvol拥有多家美国国防机构、美国海军和工业公司的客户，成为为美国制造业复兴做出贡献的数百家公司、企业和领军者之一。

3D打印的另一个革命性应用涉及医疗保健的某些领域，包括牙科和用于移植的打印组织。此外，中国企业正在使用3D打印来建造整栋房屋，这也许能够加快灾难救援和飓风等事件后的恢复（由于气候变化，这一现象越来越频繁，破坏性也越来越大）。也许3D打印最诱人的前景将是太空探索和移居。想象一下，在火星上居住的人类不需要从地球上运来设备、零件和组件，而是用一台3D打印机，可以用当地的原材料创造出所需的一切。考虑到从地球到火星需要7个月的时间，这不仅可以节约资金，还可以节省时间。

3D 打印可能会带来诸多好处，但它也会危及一些技术含量高、薪酬高的蓝领职业，尤其是那些涉及供应链某些环节的职业。政治影响可能也很重要（考虑到现在简单的枪支可以用3D打印机制造）。要了解自动化、人工智能和 3D 打印的关键是它们真正改变着游戏规则，自动化重新定义了人与工作之间的关系。人工智能用机器学习代替人类的心理活动，用自然语言处理代替人类的话语。3D 打印技术重塑了买家和供应商在经济中相互作用的方式，也重塑了我们现有的运输生态系统。

让保险更公平

人们期望保险公司万无一失，他们小心翼翼地计算风险，仔细挑选和选择他们的投保客户。保险之所以乏味，是因为它们在经济中的角色是保护所有人和所有事物免受灾难性损失。与制造业不同，保险业从未发生过真正的变革。几个世纪以来，保险公司一直向高危人群收取更高的保费，比如吸烟者、30 岁以下的男性司机和极限运动爱好者，这种分类常常导致对弱势群体的偏见和直接歧视。未来，实时数据收集将使保险公司能够根据人们在路上的实际行为“按里程付费”收取保费，而不是根据对某些高危人群一概而论的刻板印象。行为不良的或高风险的司机最终将支付更多的保费，无论他们是男性还是女性、年轻还是年长。如果实时监控自己的驾驶行为意味着缴纳更低的保费，许多人可能会同意这么做。

这些潜在进步背后的一系列技术被称为“物联网”——所有被设计用来运行工厂、矿山、能源系统、交通系统、零售设施、车辆、家庭、办公室甚至人的互联传感器和其他设备。它不仅有可能彻底改变保险业，而且有可能改变整个经济和社会。到2030年，将有大约2 000亿台设备和传感器与之相联。增长最快的领域包括工厂、城市、医疗保健、零售和运输。实现全面的物联网需要广泛的生态系统，不仅包括设备本身，还包括数据传输和存储设施、分析中心和反馈循环。可以说，它将会创造大量工作岗位来支持这一庞大的基础设施。这波创造性破坏既有可能减少就业机会，也有可能创造就业机会。

虚拟现实技术让你更健康、更快乐

直到几年前，我还以为虚拟现实技术只对沉迷于电子游戏的玩家有吸引力，事实证明它的用途更大，更具革命性。在医疗保健领域，外科医生和他们的助手如今已经戴上虚拟现实眼镜，以便将执行复杂手术的最佳方式可视化。心理学家正在使用虚拟现实技术治疗恐高、眩晕、焦虑症和创伤后应激障碍。牛津大学的两位研究人员正在使用这项技术帮助被害妄想症患者，他们解释说："要做到这一点，最有效的方法是帮助他们从经历中认识到，他们所担心的情况实际上是安全的。随着安全感的增加，错觉也会减少。"他们的病人经历了快速的改善，即使只经过一个疗程。他们指出："虚拟现实技术不仅仅存在于游戏世界，我们相信它很可能在未来心理健康中心的评估和治疗中发挥核心作用。"这项技术也被用于减少在牙医诊所或做核磁共振检查时的焦虑。

虚拟现实技术被证明可以有效地刺激大脑某些区域有损伤的人的运动功能。韩国的研究人员发现："虚拟现实技术设备可以被用来携带，显著且适当地刺激到人的神经系统，从而利用神经可塑性刺激运动系统和认知系统。”同样，虚拟现实技术也在帮助一些儿童控制自闭症。致力于健康领域虚拟现实应用的网站 VR Fitness Insider 指出：“孩子和成年人每天都在使用智能手机、电脑、智能手表、电视和游戏技术，他们除了觉得这是一段美好的时光外，别无他想。一些患有自闭症的孩子和成年人很少说话或不会说话，他们每天使用平板电脑和语音应用程序来为他们发声，并将其作为一种教育工具。”通过使用虚拟现实技术监测大脑活动，医生可以研究自闭症儿童和非自闭症儿童行为和社会方面的认知，然后治疗师可以帮助病人练习面部和身体暗示，以克服社会交往中的障碍。虚拟现实技术还可以帮助自闭症儿童在学校培养社交技能，让他们的学习更加轻松有效。到 2030 年，这类技术加上医生和治疗师几十年来积累的经验，可能会将心理障碍的发病率降低几个数量级。

用纳米技术控制气候变化

服装行业是气候变化的最大推动者之一，其预估的碳排放量约占总排放量的 8%，这比国际航班和海运加起来的排放总量还要多。纳米技术的新领域可以大大减少人类对来自化石燃料的合成纤维的依赖——在用聚酯纤维制作 T 恤的过程中排放的碳是用棉花制作 T 恤的两倍多。“快时尚”现象加剧着这个问题，因为它每隔几周就会推出新的设计。《自然》杂志 2018 年的一篇社论指出：“如今服装行业每年的生产量相当于为每个人生产 20 件新衣服，同时人们的购买量比 2000 年增加 60%。”每件衣服在被丢弃前的穿着次数都在减少，而这种较短的使用寿命意味着较高的生产排放。随着中产阶级的扩大和消费的增加，经济将持续增长，以适应这种人口结构的转变。此外，购买二手服装有时会被视为一种耻辱。相比之下，精明的购车者却会选择购买二手车，而不是新车。

纳米技术为解决服装对气候变化的影响提供了其他途径，这些技术包括在原子、分子或超分子尺度上操纵物质。我们在这里讨论的是设计微小到十亿分之一英寸大小的颗粒，目的是获得更强、更便宜或更环保的材料。也许纳米技术最普遍的应用将是可编程物质——有能力改变其物理特性的材料，如形状、密度、电导率或光学特性，以响应信号或传感器。到 2030 年，我们可能不必再按照季节来重新整理衣橱，同一件衣服既可以在冬天为我们保暖，又能在夏天让我们感到清凉，它甚至可以根据室外的温度改变颜色。麻省理工学院自组装实验室的研究人员认为："无论天气如何都能穿的衣服将不再是科幻梦想。"研究人员已经创造出"一种智能材料，它的工作原理和人类皮肤的毛孔相似，会根据周围的温度来扩张和收缩"。这种材料在寒冷的天气会收紧以绝缘，当温度上升时张开以允许空气流通。

纳米技术还有可能通过提高能源效率来帮助避免 2030 年的气候临界点。高强度复合材料已经被应用于从飞机和汽车到滑雪板和网球拍等各种产品，它们有助于减少工作时所需的能量。建筑业将会因使用更耐用、更节能的材料而发生变化。最近的研究表明"纳米技术有望提高隔热效率，减少对不可再生资源的依赖"，并将成为"打造绿色建筑的重要策略"，"应用纳米保温材料限制墙体厚度，是现有建筑及建筑遗迹最大的节能潜力之一"。

可编程物质也可作为"通用零件"使用。美国国防部高级研究计划局专注于军事应用，米切尔·扎金（Mitchell Zakin）是那里的一名项目经理，他解释说："未来，士兵的车后面会有一个看起来像油漆罐的东西……里面装满了各种大小、形状和功能的粒子，比如小型电脑、陶瓷、生物系统，以及任何用户可能想要的东西。"如果在战斗中"士兵需要一个特定大小的扳手，他就会向容器传递一个信息，使粒子自动形成扳手。用完扳手后，他又意识到自己需要一把锤子，他就可以把扳手放回罐里，扳手在其中自己分解成它的组件后重新形成一把锤子"。类似地，可编程物质可以使飞机改变机翼的形状、密度或灵活性，使它们在变化的飞行条件下更节能。纳米技术的这种应用将有助于减缓气候变化的速度。

纳米医学已成为诊断和治疗多种疾病的新领域。2018 年，美国国家癌症研究基金会宣布，在极其精确地向癌细胞输送药物方面有了一项潜在的突破。中美研究小组的一名成员说："这些纳米机器人可以通过编程来传输分子有效载荷，造成肿瘤血液供应堵塞，从而促使组织死亡和肿瘤缩小。"就卵巢癌而言，当这种疾病只影响到 100 个细胞时，纳米技术就可以帮助进行早期检测。纳米技术还有望为塑料提供廉价的、可生物降解的替代品，以避免微小的、有害的颗粒污染渔业，因为这些颗粒会伤害野生动物且可能进入食物链。

旧模式，新生机：纸质书、葡萄酒在线

最近的技术进步似乎是一场冗长而满是胜利的进程。数字替代品已经取代传统的新闻消费（纸质报纸）、音乐消费（唱片）或电影消费（安息吧，大片）。The Buggles 乐队用他们 1979 年创作的歌曲《视频扼杀了广播明星》（Video Killed the Radio Star）来纪念

这个过程。相比之下，在美国和其他发达国家，电子书还没能取代纸质书。那么，是什么因素在支撑着古腾堡 500 多年前创新的这种形式（纸质书）的非凡韧性？

有人可能会怀疑，电子书之所以没有取代纸质书，是因为千禧一代不再读书了。但根据皮尤研究中心的调查数据，这个群体阅读的各种形式的书籍比其他任何年龄段的人都要多。另一种可能性是，图书出版商变成“结构性惰性”的囚徒，这种惰性阻碍个人、组织和社区实现从一种做事方式到另一种做事方式的平稳过渡，而这种过渡能够提供更好的性能。惰性表现为一种在心理上、认知上和组织结构上不愿追求新模式的既定习惯、惯例和程序。这就是瑞士手表制造商错过音叉和石英技术的商业运用价值的原因，尽管是他们发明了这些技术。还有一种可能性与纸质书的独特设计有关，这种设计使纸质书成为礼物和家庭装饰的完美选择（这让真正的爱书者非常懊恼）。

那么，我们是否可以总结出一个总的原理，来解释为什么电子书在发达市场遭遇惨败，音频和视频流却大获成功？科技评论员、畅销书作家爱德华·坦纳（Edward Tenner）认为，人们有时不愿放弃旧技术、拥抱新技术有几个原因。首先是新产品存在潜在弱点。例如，如今已成为博物馆展品的传真机，曾经有一段时间，出于安全考虑，人们仍然更喜欢使用它，而不是通过电子邮件发送扫描文件。其次与美学和怀旧有关。尽管音乐 CD 和流媒体已占据主流市场，黑胶唱片的销量仍然在音乐爱好者的小众市场持续增长；某些汽车爱好者还是更喜欢驾驶手动挡汽车，尽管自动变速箱已有所改进。

也许理解设计韧性的关键在于理解技术往往作为生态系统的一

部分而兴衰起伏，而非出于它们自身的更新换代。这些生态系统需要通过开放创新快速进化，以吸引新一代用户在这个过程中改变形式。电子书平台从根本上仍然对外部创新者封闭，特别是在软件方面，因此它的功能仍然有限。此外，研究表明与在电子阅读器或平板电脑上阅读同一本书相比，阅读纸质书能让读者更有效地吸收信息。英国剑桥微软研究院的科学家、工程师阿比盖尔·塞伦（Abigail Sellen）认为："阅读实体书时的内在感觉比我们所能意识到的还重要。当你阅读电子书时，你会怀念读实体书的感觉。我认为电子书制造商没有考虑到如何可视化读者在书中的阅读位置。"

发表在《科学美国人》杂志上的一篇文章指出："屏幕和电子阅读器缺失了可操纵文本的另外两个重要因素——猎奇和控制感。人们反映说，当读到某一句话使其头脑中浮现出他们之前读过的内容时，他们喜欢翻回纸质书的那一部分。"电子书不像数字杂志那样具有互动性。2011 年，一个名为"一本杂志是一台不能工作的 iPad"（"A Magazine Is an iPad That Does Not Work"）的优兔（YouTube）视频在网上热传：一名 1 岁的小女孩用手指在 iPad 的触摸屏上扫来扫去，打乱图标组，然后她对着一本印刷杂志的书页又抓又戳，但没有任何反应，这令她十分沮丧。她的父亲观察到他的 Z 世代的孩子："对我 1 岁的女儿来说，一本杂志就像一台不能用的 iPad。她的一生都会如此。"我们在第 2 章中提到的"Z 世代"似乎并没有对电子书感到兴奋，因为它们只不过是纸质书的数字版本而已。如果创建文本的过程不断发展，或许电子书会变得更加吸引人。据《科学美国人》报道："一些作家正与计算机程序员合作，制作更复杂的互动小说和非小说类作品，在这些作品中，读者的一系列选择决定了他接下来会读、听和看到的内容。"

当电子书在美国和其他富裕国家苦苦挣扎时，它们可能会成为发展中国家的天赐良机——如果我们敢于从侧面思考。非洲前进的关键挑战之一是如何教育其迅速增长的人口。正如我们在第1章讨论的，2020—2030年，非洲将有4.5亿新生儿，占世界新生儿总数的1/3。南非初创企业Snapplify是非洲最大的数字教育内容平台和聚合商，它的使命是将图书带到没有图书馆或书店的地区。目前，它为几百所学校、17万名学生提供服务，因此它有很大的增长空间。总部设在旧金山的非营利组织Worldreader则代表着另一种方式，它通过电子阅读器和手机为发展中国家的学校提供免费的数字图书馆。在没有电网的农村地区，他们提供了包括太阳能电池板、USB集线器、LED照明、电子阅读器和数字图书馆接入在内的综合解决方案。

非洲很可能成为世界上最大的电子书市场，就像它已经在移动支付领域处于领先地位一样。在这个快速发展的世界，最违反直觉和令人惊讶的特性之一是欠发达国家和地区通常能提供最佳的全景窗口步入未来，而那些被我们贴上“发达”标签的国家则是如此固守既定的思维和行为方式，以至于他们发现很难与过去分道扬镳。“跨越式发展”使落后者能够跳过以往出现渐进式创新的整个时期，迎头赶上。

而且，除书籍外，还有其他一些旧模式恢复生机的例子。在酒吧和餐馆以外的葡萄酒销售总额中，只有很小一部分是通过网络销售的：美国只有可怜的1.8%，德国和日本为3.3%，法国为4.3%。但中国是个例外。按销量计算，中国是全球最大的葡萄酒市场，网络销售量占中国葡萄酒总销量的19.3%。另外，只有两个国家的葡萄酒线上消费比率超过10%——澳大利亚（11.3%）和英国（10.3%），考虑到两国人对葡萄酒的热爱，这或许并不令人惊讶。

消费者究竟为什么不愿意在网上购买葡萄酒？这不是一个毫无意义的问题。相比之下，在许多国家，网络销售量占服装和鞋类商品销售量的 50% 以上。表面上看，这让人感觉很奇怪：服装店鼓励你试穿不同的衣服，看看什么合适，而酒类商店只是偶尔让你从有限的选择中品尝店内的酒。一般来说，消费者可能对葡萄酒知之甚少，更喜欢内部员工的推荐，或者他们觉得网上买的酒在运输途中容易损坏。也许人们没有耐心等待，渴望立即喝到它。一个更令人信服的原因是，大多数人都是在最后一刻才买酒，比如在特殊场合或参加聚会之前。所有这些因素无疑阻碍了在线葡萄酒交易的发展，但它们都无法解释为什么中国、澳大利亚和英国是例外。

正如我们在第 3 章看到的，在中国，考虑到中产阶级的快速增长，很难足够快地建立实体葡萄酒商店。但是澳大利亚和英国呢？答案是，有些葡萄酒是根据酒标来装瓶和销售的（更昂贵和复杂的风土地域特色的葡萄酒），其他的则是根据品牌名称（较便宜）。例如在法国，有 27 000 家酒庄和同样多的葡萄酒酒标，每个都有不同的特点和口味。作为酒标销售的“风土”葡萄酒不像以品牌名称销售的标准化葡萄酒那样容易通过网络渠道销售。澳大利亚最著名的葡萄酒品牌之一是黄尾。在澳大利亚、英国和中国，许多消费者更多地将葡萄酒视为一个品牌，而不是一个标签，因为大众市场在 20 世纪 80 年代起步较晚，新的葡萄酒消费者没有时间探索风土葡萄酒的复杂性。朱莉·鲍尔（Julie Bower）在《饮料》（*Beverages*）杂志最近发表的一篇研究文章中写道：“英国如今是全球最大的葡萄酒市场之一，这在很大程度上归功于……早期品牌和 20 世纪 90

年代后期的品牌，同时澳大利亚取代法国成为大众市场吸引力的来源。”就像电子书一样，我们看到，只有在非常具体的情况下，网上的选择才能抓住消费者的想象力。没有这样的环境，即使是最方便或最便宜的技术，也不会成功。

哪些技术值得开发和改造

考虑到人口老龄化、环境恶化和气候变化这些挑战，我们不妨仔细考虑一下在 2030 年之前哪些技术是最迫切需要发展的。为那些无法接触到传统事物的人准备的无水厕所和电子书将会在我个人的清单上名列前茅，以虚拟现实技术为基础的帮助人们克服慢性心理或认知疾病的治疗也应被优先考虑。纳米技术有望将我们从一些对环境危害最大的材料中解放出来，3D 打印也许能帮助我们减少浪费。但是，如果这些技术毁掉了就业机会，降低了我们的隐私安全，或者助长着假新闻的泛滥，那么它们中的每一项都可能被极端化。

我们同时也会思考旧的技术，以及如何将它们以创造性的新方式加以运用。“重新发明轮子”的一个鲜明的例子是飞轮，它是一种几千年来被用作陶工旋盘部件的精巧装置，有助于使旋转运动变得平稳，从而帮助生产出最精致、最光滑的陶器。它很可能是由古代苏美尔人在今天的伊拉克境内发明的。瓦特在 18 世纪 70 年代发现它的另一种用途，他在他著名的蒸汽机轴上安装一个圆盘，这样尽管活塞不规律地上下推动，蒸汽机仍能以稳定的速度旋转。

21 世纪前 10 年，马萨诸塞州的一家公司开发了一种基于飞轮的设计，通过储存将被浪费掉的多余能源来帮助拯救地球，并使发电厂的电力流动更加顺畅，从而提高发电效率。该公司在纽约州史蒂芬镇的第一个工厂设置了 200 个飞轮组成，可以储存 20 兆瓦的电力，足以满足该州 10% 的日常用电需求。为达到这个目的，飞轮不再由石头或钢铁制成，而是由轻质碳纤维制成，在磁铁的作用下，它被悬挂在真空室内以减少摩擦。因此，它可以以超过喷气发动机的速度旋转，并在保持动力的情况下储存能量。通过制动，人们可以在任何需要的时刻把飞轮的动能转化为电能。这项技术还可以提高太阳能电池板和风力发电场在不利的天气条件下的性能。因此，飞轮技术在能源稀缺和提高环境意识的时代得到了新的应用，飞轮得以被重新发明以应对新的趋势。

最终，如果技术与社会或经济中已经发生的事情产生共鸣，它就会被传播并被采用。如果新技术能够促进增长和普及，就像非洲的手机和电子书，或者中国和英国的在线葡萄酒销售一样，那么新技术就是赢家。而要真正地改变世界，彻底地改变世界，技术创新必须乘上巨大的人口或经济浪潮，这一点我们在第 7 章中将会探索。

7

共享与协同经济

共享骑行潮、网络效应和
85 亿人互联的力量

想象没有财产，

我在想你能否做到

不再贪婪或饥饿，

四海皆兄弟，

幻想所有的人

都能共享这美丽的世界

——约翰·列侬

林赛·霍华德没有朝九晚五的工作，也没有车，她愿意在业余时间再找点儿活，一有机会就会去工作。但她不是那种与社会格格不入的人，也不是工资很低的临时工。作为一名训练有素的工程师，她的生活围绕着跑腿兔（TaskRabbit）这样的数字协作平台，她用它们来挑选世界各地公司发布的任务，也就是打零工。如果她能又快又准确地完成工作，她的收入就会增加。一旦任务完成，她就会像我们很多人一样去超市购物。只是我们可能对她去超市的方式不那么熟悉：她通常骑共享单车或者叫一辆网约车，帮她把采购的物品搬回家。仅在美国就有 4 000 多万这样的打工人，霍华德是其中之一，而 2018 年这个数字还不到 2 000 万。有些人做的是发传单或跑腿之类的体力活，像霍华德这样的人则专注于认知性的工作。在 2018 年的一篇社论中，《经济学人》用回顾过去的方式设想了未来："2026 年起，职业社交服务平台领英承诺，它可以在 6 小时内为任意任务找到合适的员工，而且由于与优步达成一项协议，它还可以确保员工在一个工作日内到达工作现场。”到2030年，我们可以共享的东西（包括住房、汽车和工作）的品种几乎是不可计数的。

大众对合作经济在不久的将来的规模和影响的预测各不相同。布鲁金斯学会估计到2025年其规模将是现在的20倍。根据普华永道会计师事务所的数据，增长最快的领域将是众筹、在线招聘、点对点住宿、拼车及音乐和视频流。对这些趋势的线性外推表明，到2030年，合作经济将占总工作和消费量的30%以上。

数字协作平台的力量首先被优步、爱彼迎等公司背后的创业者掌控。2009年1月19日，近200万人聚集在华盛顿特区的国家广场上，参加奥巴马总统那场跨时代的就职典礼。显然，该地区的旅馆没有做好应对准备，为迅速增加的外地游客提供足够的住宿。布莱恩·切斯基（Brain Chesky）、乔·格比亚（Joe Gobbia）和内森·布莱查奇克（Nathan Blecharczyk）三人是朋友，还都是刚刚崭露头角的企业家，他们观察到一个独特的机会来宣传他们的网站爱彼迎上所提供的服务，他们设想人们可提供家里可用的房间接待旅行者。这三位企业家提供一种机制，让潜在的客人与潜在的主人取得联系。苹果手机于2007年推出，一年后应用商店上线，最初提供了500个应用程序。与此同时，谷歌也在通过它的地图工具帮助每个人更便捷地出行。只需要横向思维就能把所有这些元素整合在同一平台上。

爱彼迎于2007年10月面世，当时它的第一位用户住在旧金山南部市场区的一幢排屋里。如今，爱彼迎拥有400多万套房源，遍布于191个国家的65 000个城市、城镇和村庄，该公司的估值接近400亿美元。正如畅销书《新贵》（*The Upstarts*）的作者布拉德·斯通（Brad Stone）所言：“如果你想建立一家真正伟大的公司，你必须赶上真正的浪潮，你必须能够以一种不同于其他人的方式看待市场波动和技术波动，并能更快地看清它的走势。”在这种情况下，巨大的市场浪潮是由移动技术和人们对旅行和体验的代际转变交叉推动的（见第 2 章）。作为一个双向平台，爱彼迎将年轻的旅行者和老年的房主聚集在一起。

爱彼迎的价值主张在于将亲密关系作为体验的亮点。其联合创始人、首席执行官布莱恩·切斯基曾经说：“我认为爱彼迎之所以成功，关键在于我们是一个社区，而不仅仅是一种商品。”“我旅行不是为了放松，而是为了获得新的、有趣的体验。”23 岁的纽约自由职业者里弗·塔特（River Tatry）说，“对我来说，这让我能够融入一个地方并使旅行更有价值，学习新东西，结交当地朋友并再次去拜访，建立社区联系。”这是横向思维的绝佳例子，它正在改变经济和我们的行为习惯。

共享资产和协同消费

共享资产和协同消费绝不是前所未有的。事实上，在有记载的历史中，在约 90% 的时间里，人类在没有私有财产的情况下不仅生存了下来，而且繁荣昌盛，尤其是在陆地上。基于农业革命之前人类社会的考古记录，以及对非洲现今狩猎—采集群体的人类学研究，研究人员认为，无产者通常比有产者更幸福。例如，《人类简史》（*Sapiens*）的作者尤瓦尔·赫拉利（Yuval Noah Harari）认为：“农业的出现将人类的集体力量提高了几个数量级。然而，它并不一定会改善个人的命运……农民的饮食通常比采猎者差……人类力量的巨大提升并没有与人类幸福感的同等提升相匹配。”甚至一些定居的农业社区也不支持个人财产，而是支持共享的牧场。到2030年，协同消费将再次战胜个人财产。

现在的年轻人正在放弃拥有个人财产，他们更愿意花钱使用别人的财产。他们以合作的方式看待财产，甚至一些最私密的财产也会为了互利互惠而与他人分享。其他年龄段的人也开始接受租房而不是买房这个理念。就连《辛普森一家》也把玛姬·辛普森变成一名优步司机（伯恩斯先生也为优步喝彩），《辛普森一家》一直很好地反映了美国文化的演变。共享的影响才刚刚开始。到2030年，我们近一半的消费将以协同或共享的形式呈现，包括汽车、住宅、办公室、小玩意儿和各种个人物品。共享将成为一种时尚。

《我的就是你的：共享经济的崛起》（*What's Mine Is Yours: The Rise of Collaborative Consumption*）一书的作者瑞秋·波特斯曼（Rachel Botsman）说："我们这一代人的文化正在从'我'转变为'我们'。"一切都是关于"在这个永久连接的时代，通过智能手机分享信息"。2016年，千禧一代企业家卡伦·麦欧（Caren Maio）指出："在短短十年里，拥有住房的美国梦已经失去光彩。"相反，"长期以来，租房被认为是一种权宜之计，现在却已悄然成为美国人的新选择"。《金融时报》指出："从纽约、伦敦到新德里和上海，千禧一代越来越模糊家庭、工作和娱乐之间的界限，共享空间可以节省金钱和时间，还能结交新朋友。"《福布斯》杂志称之为"NOwnership"（无所有权）。伯纳德·马尔（Bernard Marr）认为："拥有两辆车（甚至三四辆车）曾经是一种身份的象征，而如今，许多千禧一代认为拥有一辆车甚至没有车的家庭，以及使用优步、来福车（Lyft）、CarGo等服务，更能体现身份。"

美国千禧一代不仅不愿买车，连驾照都不愿考，这让很多人感到惊讶。例如，2015 年，在 20～24 岁的美国人中，只有 77% 的人特意去考取驾照，而 1983 年，这个比率是 92%。与此同时，15～35 岁这一群体在种族和语言上变得更加多样化，这仅仅是因为最近的移民生育了更多的孩子。我们知道，移民和他们的子女往往渴望结婚、拥有房屋、开自己的车。因此，到 2030 年，美国和欧洲部分地区的年轻消费者将会是什么样子，目前还没有定论。这一切都取决于移民子女的行为，他们将至少占其人口的 2/3。

全球调查显示，至少 2/3 的成年人（所有年龄段）愿意在应用程序上登记展示自己的房子和汽车。在新兴市场，这一比例更高，这是共享经济持续发展的良好迹象。共享经济本质上是刺激消费，它带来的便利和更低的成本意味着它是面向消费者的，但它也给依赖传统产业的个人和公司带来了巨大的挑战，如酒店和出租车行业，这些行业正被这种变化颠覆。

此外，在考虑共享经济的未来增长时，我们必须注意在第 2 章中提到的代际动态。例如，爱彼迎的报告称，在 60 岁以上人口中，其租赁信息的增长速度快于其他年龄段，同样的趋势也适用于优步、来福车等叫车应用程序——既是司机也是乘客。这些平台创始人的成功绝非侥幸，他们将千禧一代和老年人聚集在一起，作为一个平台的两端，展示了敏锐的横向思维。

现在让我们放眼全球。在亚太、中东和非洲地区，千禧一代愿意使用共享平台提供的产品或服务的比例高于全球平均水平，而在拉丁美洲、欧洲和美国，这一比例则明显低于全球平均水平。这些差异在沉默的一代、婴儿潮一代、X 一代、Z 世代中没有出现。很明显，千禧一代到目前为止是和他们不同的。

共享经济以多种方式挑战了几代人，甚至是千年来的基本假设和愿望。毕竟，如果我们摒弃对拥有的渴望，“美国式的生活”又将会是怎样？每个 40 岁以上的美国人都成长于一个财产制度被视为理所当然的时代，至少在所谓的自由世界里是这样。整个经济部门都致力于确保我们获得、持有和受益于财产，大部分法律体系都是关于财产保护的。历史上许多著名的作家和鼓动者都对谁拥有哪种类型的财产做过大量的讨论，并且提出过许多革命性的思想和宣言。卡尔·马克思提倡废除私有财产，以此作为解决各种社会问题的方法。私有财产长期以来一直是社会等级制度的支柱，是造成不平等的最重要因素，也是各种犯罪（尤其是战争）的背后动机。而产权是市场经济和经济交换的基础，房屋抵押贷款就像苹果派一样是典型的美国事物。拿破仑曾经说，英国是一个由店主组成的国家。好吧，美国变成了一个由房屋主组成的国家。斯坦福大学社会学家魏昂德（Andrew Walder）写道：“产权是国家、政治、法律和文化各种角色的结晶，它们是塑造社会不平等和经济表现模式的核心。”

我们过去常常根据人们的拥有（或匮乏）来定义社会阶级，进而定义其成就与幸福程度：土地贵族、店主、商业和工业资产阶级、中产阶级房主、无产阶级、佃农等。科技引领了一个新的社交类别——共享类，它是由生活方式而非财产来定义的。在很大程度上，技术和不断变化的文化价值观是这一变革趋势背后的推手。uber 的派生词 uberize 指使用科技深刻改变一个经济活动的模式，在这种模式下，客户与供应商之间通常通过移动技术直接接触，按需提供服务。

如果共享房屋和共享汽车是数字平台驱动的唯一大趋势，那么其潜在的变革影响就不会那么大。资产共享经济只是更广泛的协同经济的一部分，协同经济还包括对等借贷、众筹、众包、转售、协同办公、协同自由职业及其他在线合作方式。内森·赫勒在《纽约客》上评论道：将所有已经启动的合作或零工经济的一部分平台聚集在一起的原因是“它们通常都有基于评级的市场和应用内支付系统。它们让员工有机会根据自己的时间表赚钱，而不是通过职业晋升。他们在僵化的行业内找到了立足点”。畅销书作者伯纳德·马尔认为：虽然这类合作和分享形式已经存在了几个世纪，但与以往不同的是，现在从事这些业务的公司“不仅代表一种新的思维方式或新的服务，还是一种有效利用数据的新方式，可以在人们需要的时间和地点为他们提供服务”。如果没有应用程序和背后的算法数据处理系统，优步或来福车永远不会腾飞。事实上，许多参与共享经济的公司都被描述为促进者，它们自己不生产或提供服务，这些平台降低交易成本，使得合作变得方便和实惠。企业家凯特琳·康纳斯（Caitlin Connors）说：“我认为我们刚刚进入人类文明的下一个浪潮。人们（现在）可以在人对人的基础上运作，无须中介就可以分享想法和业务。”2030 年的重大横向问题是：合作经济会让世界变得更不平等吗？它会让我们熟知的工作岗位消失吗？它能帮助解决环境危机吗？

本地网络效应

2014 年，脸书斥资 190 亿美元收购了瓦次艾普（WhatsApp），它是一个几乎没有实体资产的即时通信应用程序，员工不到 60 人。该公司之所以成为具有吸引力的收购目标，是因为它拥有庞大的 15 亿用户群。瓦次艾普由曾担任雅虎工程师的布赖恩·阿克顿（Brian Acton）和简·库姆（Jan Koum）于 2009 年创立。库姆从乌克兰搬到美国（这是我们在第 1 章中列出的一种移民），而阿克顿出生在密歇根州。阿克顿曾经指出："我们并不想创建一个搭讪应用程序——随便找一个奇怪的人聊天，这不是我们的宗旨，我们在乎的是你的亲密关系。"与此同时，库姆表现出一种更雄心勃勃的态度："我们将不会停止，直到地球上的每个人都有一个负担得起的可靠的方式来与他们的朋友和亲人交流。"马克·扎克伯格给出过一个具有争议的解释：人们喜欢被联系在一起，因为"与所有这些人联系得更紧密，感觉更好。你会有更丰富的生活"。

许多类型的企业都受益于所谓的网络效应。事实上，整个共享经济都依赖于它们。当网络对参与者的价值随着参与者数量的增加而增加时，就会产生正的网络效应。电话就是一个典型的例子，接入电话网络的人越多，自己的电话就越有用，因为可以呼叫更多的人。电话是单向网络，所有用户都能拨打电话和接听电话。相比之下，当一组参与者的增加会增加另一组参与者的价值时，就会产生双边网络效应。协同经济也是一种双边网络效应。在爱彼迎上展示自己的房间、公寓或住宅的人越多，就会有越多的客人涌向该平台，反之亦然。正如约翰·列侬的歌《想象》（Imagine）中的最后一句所唱的——"世界将合而为一"。

到 2030 年，关键问题将不再是网络效应是否主导经济，而是哪种类型的网络效应会优先。一个重要的维度将是网络效应是在地方、国家、区域还是全球层面运作。虽然大多数人认为所有的网络效应在本质上都是全球性的，但实际上很少。例如，在叫车服务中，本地网络效应至关重要。作为一名乘客，当我需要搭车时，我关心附近有多少可接我的司机。同样，大多数休闲约会平台也依赖于本地网络效应。相比之下，相亲应用大多是全国性的，某些平台主要依靠区域效应。例如，爱彼迎早就意识到大多数国际旅游都是区域性的（即在欧洲、拉丁美洲、非洲或亚洲），而不是全球性的。在一些大国，如美国和中国，大多数旅客是在其国内旅游。因此，优步需要在每个地区设定一个临界数量的司机和乘客，而爱彼迎在每个地区需要达到一个最低登记展示门槛。纯粹的全球双边平台相对较少。

作为美国人，我们偏爱使用爱彼迎、优步、来福车、WeWork、易贝等平台，因为它们主导着美国市场。我们应该扩大我们的范围。例如，在中国，本土公司占据着主导地位，它们的规模比美国同行更大，而且在国际上扩张得相当快。这些公司包括滴滴（叫车和共享单车）、微信（社交媒体）、途家网（住宿共享）和优客工场（联合共享办公空间）等巨头。截至 2017 年，亚洲市值超过 10 亿美元的分享型独角兽公司比美国多。正如我们在第 3 章中所见，到 2030 年，情况可能会变得更有利于亚洲，这主要受益于该地区迅速增加的中产阶级。然而，共享和协同经济正在造就截然不同的消费者和劳动者。

零工经济与平等问题

马克思和恩格斯号召工人阶级团结起来，推翻已有的秩序，改变自己的命运。与从事传统工作的人相比，零工工作者的境况是好是坏？共享阶层的崛起是缓解还是加剧了不平等？据曾在克林顿政府担任劳工部部长的罗伯特·赖克（Robert Reich）说，零工工作者包括“优步司机、外卖员和爱彼迎房东，还包括跑腿兔的临时工、Upcounsel 的按需律师和 Healthtap 的在线医生。它们像亚马逊的众包平台土耳其机器人一样运营”。零工工作者通过来回刷屏幕寻找工作机会。赖克认为，这些“工作”有损人格，报酬也很低。“委婉的说法是共享经济，更准确的术语应该是‘共享碎片’经济。”

赖克认为，共享经济是企业削减全职工资，转而聘用临时工、临时代理人员、随叫随到的员工、独立承包商和自由职业者努力的高潮点。在更广泛的零工经济增长的同时，从事非标准工作的工作者数量也在增加，其中包括那些作为独立合同工在平台供应端工作的人。经济学家劳伦斯·卡茨（Lawrence Katz）和艾伦·克鲁格（Alan Krueger，曾任奥巴马的经济顾问委员会主席）估计，2005—2015年，这类工作者的占比从原来的10%上升到将近16%。

赖克并不是唯一提出批评的人。英国经济学家盖伊·斯坦丁（Guy Standing）创造了precariat [precarious（不稳定的）和proletariat（无产阶级）的合成词] 一词来指代这一工人阶级。2016年史蒂文·希尔（Steven Hill）在《沙龙》（*Salon*）杂志上撰文，他看到了共享型初创公司发展的新模式。“在大张旗鼓地启动、背后有数千万风险资本的支持后，它们发誓要发起一场革命，改变人们的工作方式和社会组织对等经济交易的方式。”希尔认为，“到最后，许多这样的公司都变成了老式的临时工中介机构（还有一些公司只是爆炸成黑洞般的虚无）。”希尔的畅销书书名说明了一切——《原始交易：优步经济和赤裸的资本主义如何压榨美国工人》（*Raw Deal: How the Uber Economy and Runaway Capitalism Are Screwing American Workers*）。美国国家就业法律项目副主任丽贝卡·史密斯（Rebecca Smith）注意到，零工经济似乎把我们带回到大多数工人都是“劳务经纪人”的时代，在外包系统中，他们在家里生产产品，而不是在工厂。在她看来，零工经济平台的“运作就像农场劳务承包商、服装批发商和旧时的日工中心一样”。

尽管存在就业不稳定的负面影响，但一些研究人员发现，共享经济帮助了那些处于收入分配底层的人。利用汽车共享平台 Getaround 的数据，纽约大学经济学家塞缪尔·弗拉博格（Samuel Fraiberger）和阿鲁·萨丹拉彻（Arun Sundararajan）发现，对等租赁市场有利于消费者，尤其是低收入者。“这一细分市场更有可能从买房转向租房，提供更高水平的同辈市场需求，更有可能对市场供应做出贡献，并享有更高水平的剩余收益。”简而言之，他们得出结论，共享经济有潜力帮助经济上处于不利地位的消费者（需求方）和工作者（供应方）。

然而，也有证据表明，对大多数人来说，在零工经济中赚到的钱只是补充性收入，而不是维持生计的主要来源。波士顿学院社会学家朱丽叶·肖尔（Juliet Schor）决定评估哪些人真正受益于爱彼迎、RelayRides 和跑腿兔等应用程序。在她的定性研究中，她发现：“提供服务的人都受过高等教育，而且很多人都有高薪工作，他们利用平台来增加收入。”在肖尔的研究中，她观察到律师、政治掮客、管理顾问、技术专业人士、医学研究人员、教师、会计、大学教师和销售代表的工作在共享经济的供给侧。

肖尔认为，存在一种挤出效应，因为“许多人从事体力劳动，包括清洁、搬家和其他传统上由教育程度低的工人做的工作”。在每位客人退房后，爱彼迎的房东通常会像办事员和客房部工作人员那样做。在跑腿兔这个应用程序上，人们可以花钱请别人来打扫、开车、组装家具、整理房间、修理东西和取杂货，在这里，她发现一些从事全职工作的高级专业人士也在兼职做这些体力活，其中包括律师、生物技术科学家和会计。瓦莱里亚是一名利用跑腿兔接单给客户做家务的学生，她说："一开始我在打扫方面做得很糟糕，我表现得很差劲。客户也给我差评……因为我在家里甚至不铺床，我家里有个清洁工。"希尔总结说，最终的结果是收入不平等的加剧，受过良好教育的人获得了补充性收入，而技能不足的人看到他们的传统领域被应用程序侵占了。

来自零工经济的另一个不平等因素与这样一个事实有关：在爱彼迎上做房东可以成为收入的主要来源，但这只适用于那些一开始就足够富有到拥有房产的人。"赚钱需要本钱。"基兰说道，他是一名接受肖尔研究采访的爱彼迎房东。夏伊拉是一名年轻的单身女性，她靠出租公寓一年能挣 3 万美元，她说："这笔收入好得让人难以置信。"肖尔发现，在她的样本中，大多数在爱彼迎上出租房屋的人通过该服务赚的钱比他们从主要工作中赚的钱多。

想赚点儿外快的愿望还与一些良性因素有关。肖尔发现，许多年轻的零工工作者"利用这些平台收入来减少债务。一对夫妇在爱彼迎上赚了 1.1 万美元，然后用这笔钱偿还丈夫的学生贷款"。但研究中最惊人的发现可能是，许多人认为他们所做的工作"技术先进，是一件新奇且炫酷的事情"。肖尔说："有些人认为他们是在做环保、建立社会联系、帮助他人或促进文化交流的事情。"内森·赫勒在《纽约客》上写道："爱彼迎让我得以重返校园，成为一名全职学生，同时我还做着兼职摄影师。"正如萨丹拉彻所说，零工经济提供的服务之所以成功，是因为它们更有效地利用了人们的时间，你可以说人们是在利用自己停工的时间赚钱。

许多零工工作者只是试图避免成为像《呆伯特》（*Dilbert*）漫画中描绘的那种小隔间文员。加州圣巴巴拉的 67 岁优步司机卡拉说："我想通过写作讲述一个故事，优步帮助我实现了这个想法。"

她早上写小说，下午和晚上开车接送乘客。优步的联合创始人、前首席执行官特拉维斯·卡兰尼克（Travis Kalanick）曾表示：“司机看重他们的独立性：按下按钮而不是上下班打卡的自由，同时使用优步和来福车的自由，一周的大部分时间或仅仅几小时的驾驶自由。”这也是其他分析师看到的零工经济的主要优势。正如考夫曼基金会高级研究员、巴布森学院讲师黛安娜·马尔卡希（Diane Mulcahy）在她的著作《零工经济》（*The Gig Economy*）中所写的那样：“传统的全职工作缺乏安全感，越来越稀缺，而且很多员工都希望可以在自己的生活里做点儿别的。”马尔卡希相信，数字平台“可以为企业多维数据集提供一个有吸引力、有趣、灵活甚至有利可图和安全的替代方案”。在她看来，“现在的趋势是更多地关注时间和经历，而不是物质财富。新美国梦强调的是生活质量，而不是物质的数量”。

当然，也有人觉得自己在零工经济中的工作有失身份。凯蒂是一名法学院毕业生，她没有找到一份与她的学历相称的工作，她说参与跑腿兔上的工作“令她非常非常羞愧”。她在简介中提到她的学位，她说人们通常会“用同情的口吻给我写评论，因为我上过法学院却不得不打扫他们的公寓，我讨厌被那样评论……他们会说‘哦，你不得不这样做，太糟糕了’，我通常会回复‘是的，我知道这很糟糕。你们不必提醒我’”。维罗尼卡拥有理学硕士学位，她拒绝了星巴克时薪 8 美元的工作。

随着双边平台的继续扩张，2030 年的劳动力市场可能会有很大不同。正如纽约大学的萨丹拉彻所言，它们可能是对某些人拥有他人所渴望的东西或某些人有钱而其他人有时间这一事实的有效回应。正如希尔在《沙龙》杂志上指出的那样：“许多传统经济公司可能会以我们目前还无法预料的方式适应一个基于应用程序的劳动力市场……但这意味着我们需要找到一种方法，为所有美国工人建立一个普遍的、轻便的安全网络。”

共享阶层与政治变化

朱利安·布雷夫·诺斯凯特（Julian Brave NoiseCat）是加拿大不列颠哥伦比亚省卡尼姆湖部落的原住民，也是一名致力于增加美洲原住民权利的活动家。他观察到：“我们生活在一个以私有财产原则为主导的世界。凭借着剥夺瓜分原住民们横跨美洲、非洲、亚洲、爱尔兰和澳大利亚的数十亿英亩土地上的果实，两个以英语为母语的帝国（先是英国，然后是美国）崛起为全球霸主。”其他几个欧洲国家，从丹麦到比利时和意大利，从荷兰到葡萄牙和西班牙，也参与了赏金活动。帝国主义者离开后，他们在当地的后代继续拥有大片土地，统治其政治体系。

像世界上大多数人一样，美国人多年来已经形成一种对所有权的亲密关系。诺斯凯特认为：“房地产宣扬一种被称为‘美国梦’的乌托邦式愿景，在这个愿景中，辛勤工作、土地和家园是无限机会的平台，或者至少是逃离资本统治的平台。”正如我们在第 3 章中看到的，曾经拥有住房和汽车就能被定义为美国的中产阶级。选举和政府政策往往是由那些拥有（或渴望拥有）财产的人的利益驱动的。

欧洲和美国旧中产阶级的停滞不前与财富不平等的加剧（最富有的 1% 的人拥有的财富比剩余 99% 的人拥有的总和还要多），正在引起人们对关于财产权应该受到何种程度的保护这一设想产生怀疑，特别是在税收方面。“前几代人对类似危机的反应是转向共产主义，”诺斯凯特指出，“但今天，马克思、列宁和毛泽东不能再为人们提供一把锋利到足以砍倒资本主义的大镰刀。”人们正通过参与共享经济来应对压力，这是由于缺乏足够的资源来确保财产安全，以及他们对使用住房和汽车等资产的新型、协作和公共模式的明显偏好。

长期以来，房产和其他昂贵资产的所有权一直影响着政治行为。然而，目前尚不清楚它们是否使人们更有可能支持保守的经济或社会政策。研究发现，房产所有人更有可能投票和参与政治。如果到2030年这些资产中的大部分被共享而不是被拥有，人们预测可能部分公民会更加冷漠，不愿参与政治或参加选举。考虑到这些平台需求方的大多数分享者都是年轻人，这就会进一步抑制该年龄段人群的政治参与意愿。

零工经济对政治还有另一个震荡性的影响。耶鲁大学政治学家雅各布·哈克（Jacob Hacker）在他的著作《风险大转移》（*The Great Risk Shift*）中指出，几十年来，政府和企业一直在卸去它们对公民与工人的责任，并提倡一种个人责任的文化。个人责任的概念源于保守的价值观，代表着对一些最宝贵的进步理想的直接冲击，这些理想推动了大萧条以来欧洲和美国社会安全网的采用。正如家政服务平台 Zaarly 的创始人、首席执行官博·菲什巴克（Bo Fishback）所说，零工经济造就了“就业市场的终极选择，人们没有理由说‘我不知道如何找到一份工作，我不知道如何起步’”。

共享阶层的兴起重新点燃了关于歧视的政治辩论。萨丹拉彻指出：“与传统酒店不同的是，在爱彼迎上做房东的人可能会说‘好吧，这是属于我的空间。我只希望某类客人住在我的备用卧室里’。”零工经济挑战了关于什么因素构成歧视的传统观念，这似乎是它抛弃传统游戏规则的另一种方式。

如果说共享工作平台正在改变劳动力市场，那么众包和众筹则正在改变政治竞选。时任参议员的奥巴马在2008年竞选总统时率先有效地利用了这些新工具，他最大的成功是通过短信和互联网招募并组织数百万志愿者，这甚至发生在数字社交网络的病毒式增长之前。据一位消息人士透露，奥巴马在聚友网（MySpace）上有大约85万个好友，而他的对手约翰·麦凯恩只有22万；奥巴马在推特上有12万名粉丝，而麦凯恩只有5 000名粉丝。一项研究指出：“对约翰·F.肯尼迪来说，电视是有力的武器，巴拉克·奥巴马的武器则是社交媒体。”最重要的是，他的竞选活动从400万捐赠者那里筹集到创纪录的8亿美元，这主要是通过众筹技术筹集的。该研究得出结论：“奥巴马2008年的竞选活动创建了一个全国性的虚拟组织，激发310万个人捐款，并动员500多万志愿者发起一场草根运动。”为了实现各种目标而综合运用的新技术为这场空前的运动推波助澜。“很明显，奥巴马的竞选团队利用这些工具不仅仅是为了教育公众和筹集资金，还是为了调动群众的积极性，提高政治参与度和争取选票。”随后，2016年的总统大选通过操纵无处不在的社交网络给我们带来“假新闻”。

共享阶层的崛起可能引发的另一个划时代的政治变化是，更多的工人可能不会退休，至少不会完全退休。想想零工和退休之间的横向联系。在政治行为方面，退休人员是一个独特的群体，尤其是在投票方面。正如我们所见，他们比其他年龄段的人更有可能投票。尽管许多人认为，零工工作者人数的激增将加剧养老金不足这一问题，但人们往往忘记，许多人超过了退休年龄仍在工作，尤其是在弹性职业领域，这是因为他们热爱。因此，与全职员工相比，共享阶层的零工工作者可能推迟退休，或进入半退休状态。许多老年人在爱彼迎上提供住宿服务，因为他们喜欢结识新朋友。

另一个事实是，在预期寿命持续增长、公共和雇主养老金体系面临压力之际，零工经济实际上可能会起到一些缓解作用，有分析师写过《把零工经济作为退休后备计划》之类的文章。另一种可能是，从事朝九晚五的传统工作的员工正在利用兼职填补退休储蓄的缺口。

共享阶层的消费者和零工工作者可能对主要问题持有不同的看法，如歧视、薪酬平等、养老金和社会安全网。考虑到他们灵活的工作时间，他们比全职员工更有可能参与选举。他们自力更生和独立的心态可能会与经济上的自由主义价值观和社会问题上的保守主义价值观产生共鸣。如果到 2030 年，欧洲、美国和世界其他地区超过一半的劳动力由零工工作者组成，那么全球政治前景确实会大不相同。但是，占据主导市场份额的垄断数字平台最终会不会同时剥削工作者和消费者呢？

优步策略：规模大到无法禁止

在一次对优步的联合创始人特拉维斯 · 卡兰尼克的采访中，《华尔街日报》的记者提过一个看似无关紧要的问题：优步在旧金山推出叫车服务四个月后，收到来自加州公用事业委员会和旧金山交通局发出的禁止令，对此优步做出过怎样的回应？

“你停止过吗？”

“没有。”

“你中断过吗？”

“没有。”

“所以你基本上忽略了它们？”

“事情是这样的，禁止令是说‘嘿，我认为你们应该停止’，然后我们说‘我们不认为我们应该停止’。”

卡兰尼克基本上遵循着硅谷的一个古老原则：与其请求许可，不如请求原谅。

共享经济备受争议的一个原因是，它在很大程度上不受监管。它是如此的新颖和具有创造性，现有的规则似乎并不适用。从这个意义上说，这是我们所知道的世界走向终结的最重要的方式之一。

优步成立于2009年，是一个集车主、司机和乘客为一体的双边平台，实现互利共赢。它的运营范围覆盖73个国家的近900个城市和大都市。尽管优步名声不佳，但需要注意的是，全球有4 500个城市的居民人口数超过10万，因此优步的运营范围只占到20%。优步试图在每个地点创造一个临界数量的司机群体，向他们承诺他们可以在几乎无穷无尽的出行需求中接到订单。乘客享受着使用手机应用程序、随叫随到的车辆和低廉的服务价格所带来的便利。评级系统保证透明度。

唯一的障碍是，大多数城市都有严格的城市交通许可证制度，出租车司机和车主是最强烈反对叫车服务的群体。优步最初的做法是完全无视许可证的要求。一些城市容忍了该公司，因为它承诺为居民提供负担得起的、方便的服务，减少拥堵，增加税收。但在出租车游说团体的压力下，许多城市并没有允许优步进入。优步不得不同意在扩张过程中接受监管或限制，甚至在某些情况下它决定完全停止运营。硅谷记者马库斯·沃尔森（Marcus Wohlsen）曾把优步比作亚马逊，这种比较似乎忽略了两大巨头之间的明显差异，但他认为它们的故事是相似的。沃尔森说："一家由一位傲慢而富有魅力的 CEO 领导的初创公司抓住一个老旧行业的弱点。它发展迅速，随着其品牌几乎成为颠覆性服务的代名词，它的人气呈爆发式增长。"面对竞争对手和监管机构的强烈反对，两家公司继续推进，尽管方式截然不同。它们是如何步步为营的？

实际上，每一家雄心勃勃的硅谷初创公司都希望迅速壮大，因为规模能带来利润，而且能快速阻止其他公司模仿这种商业模式。在优步的例子中，其策略是要把规模发展成"大到无法禁止"。这意味着要争取那些从公司服务中受益的人来保护公司，使其不受既得利益者和一些市政府控制交通的愿望的影响。茜拉·科尔哈特卡（Sheelah Kolhatkar）在《纽约客》上写道："优步之所以能发展壮大，部分原因是它将与之竞争的叫车公司或政府法规等视为障碍来逐步推倒。"以伦敦为例，这是优步最重要的成功案例之一，它于 2012 年开始运营，以迎接伦敦奥运会。优步目前在伦敦拥有 4 万名活跃的司机和 350 万名常用者。根据科尔哈特卡的说法，优步在寻求增长的过程中面临着多种类型的竞争对手："一个由熟练的出租车司机工会主导的行业，他们可以在街上等候客人，还有一些由临时职业和私人司机组成的影子行业，以维持平静的生活。"2014 年 6 月，有执照的出租车司机举行了第一次反对优步的示威活动。《卫报》报道："下午，有 4 000～10 000 名出租车司机罢工……在兰贝斯桥上横冲直撞，使整个威斯敏斯特甚至皮卡迪利广场陷入瘫痪……优步的同步下载量增长了 850%。出租车司机的抗议解读起来像是注定要失败的市场主导者做出的经典拙劣行为，他们粗鲁的抗议无意中起到宣传优步的作用。"

优步激进的增长策略必须放在作为其战略基础的纯粹本地网络效应的背景下来看待。在一个特定的城市，其平台上的司机和乘客越多越好。因此，它的方法围绕着尽快扩大其支持基础展开。《卫报》指出：“优步对全球出租车行业的转型建立在一个定理之上。它的意思是，通过在给定的市场流动性中增加大量乘客和司机，出租车车费可以变得更便宜，同时司机可以赚得更多。”正如马库斯·沃尔森所言：“优步搭载的乘客越多，同时乘客越习惯于将其叫车按钮作为一种方便选项，政客们继续支持优步的动力就越小。关键是，通过大幅降低价格，优步所做的不仅仅是增加客户基础，它是在培养选民……如果优步能够在政治斗争中幸存下来，它将成为一家巨大的、极具价值的全球企业。对投资者来说，这10亿美元是值得花的。”2017年伦敦决定禁止优步，几天后，近80万人签署了一份支持优步的请愿书。监管机构别无选择，只能允许优步继续运营，直到上诉在不久的将来得到解决。正是这种横向思维让优步发展到今天这样的规模。优步打赌说，如果它被禁止，司机和乘客会来救它。优步已经变得太大而无法被禁止。

共享经济真正具有革命性的地方在于，它颠覆着社会经济角色和关系。优步承诺向低收入工人和退休人员提供额外收入，并为失业人员提供自主创业的机会。司机们喜欢它的灵活性和透明度，他们觉得这款应用程序很自由，因为他们不再需要依赖调度员。乘客享有更多的选择，乘车服务也可能延伸到服务短缺的郊区和市中心社区。优步还声称，由于它的存在，酒后驾车率正在下降。甚至富有影响力的草根组织“反酒驾母亲协会”也与优步合作，在一些重要的日子提供免费乘车服务，比如高中毕业舞会或比赛日，在这些日子里，年轻人可能会在身体条件不允许的情况下冒险开车。

优步抓住了几个不同的社会趋势，并通过横向思维将一切整合在一起。

如此说来，数字平台有可能帮助应对气候变化吗？

数字公地的悲剧

2017 年，《金融时报》的一名读者致信该报编辑，称优步是一个典型的公地悲剧。他想到的是旧金山，一个需要为游客和商务人士提供便捷交通的城市，然而这座城市的交通容量有限，随之而来的是道路过载这个能够预见的悲惨结果，包括司机工资过低、因司机缺乏经验而导致服务质量不佳、交通拥堵和空气污染。在《卫报》发表的一篇评论文章中，专栏作者阿韦 · 马赫达维（Arwa Mahdawi）指出，根据爱彼迎的说法，“短期租赁市场是培育社区、振兴社区、帮助普通民众收支平衡、实现世界和平的好办法”。与此同时，爱彼迎使房价变得更加高昂，从而将潜在的房主和租房者排除在外。邻居们不仅抱怨房租上涨，还抱怨噪声影响和对日常生活的干扰。马赫达维总结说：“所谓的共享经济，更准确地说是尽可能利用你的财物挣钱的经济。”拥有房产不再是中产阶级身份的标志，它已经成为一个赚钱的机会。

既然这把双刃剑正在成为一个无处不在的因素，从巴塞罗那的社区到纽约的街道，那么我们必须承认这种破坏造成的负面影响，而且可能是全面的、系统性的影响。

许多年前，被认为是现代经济学创始人的苏格兰人亚当 · 斯密提出：“我们期待晚餐并非出于屠夫、酿酒师或面包师的仁慈，而是出于他们对自身利益的考虑。”这意味着自由市场的无形之手为消费者和生产者提供了可能的最佳安排，消费者通过四处购物获得他们所需的一切，生产者则通过满足这些需要来赚取利润。这个基本的直觉在很多情况下都是成立的，但至少有两个明显的（众所周知的）例外。

第一个是由因电影《美丽心灵》而出名的数学家约翰·纳什（John Nash）提出的，他认为，如果一个人孤立地分析多个决策者的决策，就无法预测他们的选择结果。在影片中，这一基本观点有助于解释在酒吧发生的一件激发纳什横向思维的事件：他发现几个男生在追求同一个女生，但都被拒绝，反过来，这也激励酒吧里的其他女性争相模仿，因为没人想被视为后备选择。纳什认为这对男女双方都不是一个好结果，这个例子让他发现了亚当·斯密被广为接受的理论（即自由市场中的竞争行为对每个人都有利）的一个缺陷。

在利己主义驱动下的市场奇迹中，第二个显著的例外是被称为“公地”的共享资源系统，在这个系统中，个人对公共利益的利己主义滥用会导致其他所有人的资源枯竭。这个问题最早是由19世纪的英国经济学家威廉·佛司特·洛伊（William Forster Lloyd）发现的，他提出过在公共土地上不受管制地放牧对环境造成的危害。哲学家、生态学家、人类学家和政治学家很快就用他的观点来研究一切问题，从污染的空气、受污染的分水岭到枯竭的鱼群和格陵兰岛融化的冰原。1968年生态学家加勒特·哈丁（Garrett Hardin）在《科学》杂志上发表的一篇文章中首次提出“公地悲剧”一词，其观点是：“人口问题没有技术上的解决方案，它需要道德的基本延伸。”哈丁主要关注的是人口增长，以及人口增长对地球有限资源的未来意味着什么。正如我们在第1章中看到的，人们曾经认为新生儿过剩会导致世界末日。对哈丁来说，问题在于良好意愿和良好制度的供应不足。

有些人对优步和爱彼迎反应强烈，有时甚至很暴力，因为他们看到了一场正在形成的公地悲剧，他们担心不受监管的叫车服务可能导致更严重的街道拥堵，或者优步司机比出租车司机更易发生事故，又或者不专业的司机会辱骂乘客。他们还指出，在与叫车应用和服务的竞争中，已经被忽视的公共交通系统可能会崩溃。例如，纽约的优步司机从曼哈顿中心 59 街的出租车司机手中抢走乘客，但与优步出现之前相比，该市其他地区的客流量增加了 40%，这加剧了交通问题，并降低了对公共交通的投资意愿。同样地，尽管爱彼迎的服务带来诸多好处，但人们也指责其吸引过多的游客，导致社区退化，房租上涨，超过城市负荷。我们应该如何考虑这些似乎同时出现的优势和问题？

为了给数字共享平台辩护，让我做三个侧面的论证。首先，共享可以通过减少对大量处于运行状态的车辆的需求来帮助我们减轻自然资源消耗的压力。美国人每周平均只有 6% 或 7% 的时间在用车，因此汽车共享实际上可能是对现有资源的更好利用。

其次，人们似乎愿意为共享产品和服务买单，因为这为他们的生活增值。通过对美国四个最大城市的 4 800 万次优步 X 服务的数据进行分析，《魔鬼经济学》的合著者史蒂芬·列维特（Steve Levitt）和他的同事估计，得益于优步，消费者享有一笔隐性的经济意外之财，这笔钱大约是打车费用的 1.6 倍。这意味着，仅在这四个城市，每天就会损失约 1 800 万美元：如果优步突然消失一天，这就是消费者的损失。

最后，也许是最重要的，当人们免费享用共享资源时，公地悲剧是不可避免的结果，这种说法显然是不正确的。杰出的政治学家埃莉诺·奥斯特罗姆（Elinor Ostrom）是第一位获得诺贝尔经济学奖的女性，她和母亲一起在二战期间种植了“胜利菜园”（另一种都市农业），这个经历使她想到，在一定条件下，人们会为共同利益而合作。她用一生的时间研究人们共享资源的各种情况，包括社区治安、龙虾养殖、森林、灌溉系统，当然还有放牧地。她的观点是，当人们自下而上地组织起来，以避免资源枯竭和生态系统崩溃时，就可以避免公地悲剧。她的建议是，为资源共享制定明确的规则，建立解决冲突的机制，设计一套对违反者分级制裁的制度，并促进基于信任的集体的自决承诺的形式。

在某种意义上，奥斯特罗姆敦促用户自己组织和管理公共资源，而不是等待政府通过法规来这样做。所谓的奥斯特罗姆定律表明，在实践中可行的资源安排在理论上也可行，这表明当涉及促进公共利益时，草根倡议可以发挥作用。或许，这是确保共享经济惠及所有人（即参与其中的人和受其影响的人）的最佳方式。

共享经济对环境有利吗

马丁·J. 史密斯（Martin J. Smith）写道：“世界上生产的食物，大约 1/3 是被浪费掉的。”邻居和当地公司可以使用 OLIO 应用程序分享食物，以避免食物被浪费。这款应用程序于 2015 年推出，目前在49个国家拥有200万用户，“分享更多，减少浪费”是它的宗旨。例如，食品零售商可以在上面提供即将过保质期的食品，特别是农产品。OLIO 还有食品银行，长期收取零售商未售出的库存，数字平台可以帮助减少浪费和与之相关的碳排放。

同样，美国初创公司 Rent the Runway 也希望通过让人们租衣服而不是买衣服使时尚变得更可持续。该公司称："每租一件衣服，你就节省了生产一件新衣服所需的水、电和碳排放。平均每位女性每年要扔掉 82 磅的衣服。"

避免在食物和衣服上不必要的浪费可能减少全球 10% 的碳排放量。除石油外，这两个行业对气候变化的影响最大。"在一个共享的世界里，像汽车共享、衣服交换、儿童保育合作社、聚餐和合住这样的事情会让生活更有趣、更环保、更实惠。"在线杂志《可共享》（*Shareable*）观察到，"当我们共享的时候，不仅生活会更美好，世界也会更美好。"《科学美国人》认为："共享就是关怀。"

关于共享对环境的好处的研究并没有产生一致的结果。一项研究发现，在线平台 Craigslist 在城市运营后，大大减少了垃圾处理量；Zipcar 这样的汽车共享服务也为减少拥堵和排放做出了贡献。美国交通研究委员会发现，在美国，每辆共享汽车至少会取代 5 辆私家车，其他研究认为这一数字为 13。司机在位智（Waze）上分享道路和交通拥堵信息有助于减少拥堵和燃料使用。优步、来福车和其他叫车服务公司声称，它们正在为创建更高效、更清洁的环境做出贡献。

然而，由加州大学戴维斯分校的雷吉娜·克莱沃（Regina Clewlow）领导的一个团队的研究显示，在美国的主要城市，网约车平台导致"更多的汽车数量、更多的行程和更多的里程数"，因为当人们有更方便的替代选择时，他们会避开公共交通："共享出行可能会吸引远离公交服务和轻轨的大城市美国人（分别净减少 6% 和 3% 的使用量）。"与此同时，网约车对其他交通方式起到补充作用。例如，通勤中火车的使用增加 3%，步行增加 9%。然而，净效应似乎是负面的。网约车服务目前造成主要城市从更可持续的模式向低车辆使用率转变。

同样地，爱彼迎声称，与房东住在一起的旅行者每次消耗的能源要比他们租一个酒店房间少得多。爱彼迎委托咨询公司 Cleantech Group 进行了一项研究，结果发现，仅在一年时间里，爱彼迎在北美的住客就节省了相当于 270 个奥运会比赛标准大小的泳池的水，同时避免相当于北美道路上 3.3 万辆汽车的温室气体排放。在欧盟，这些数字甚至更高：节省了相当于 1 100 个泳池的水，减少了相当于 20 万辆汽车的排放。爱彼迎称，在北美超过 80% 的房主至少有一台节能设备。该研究还报告说，爱彼迎的客人选择公共交通、步行或自行车的可能性比酒店客人高 10%～15%，而且爱彼迎的用户平均比酒店的用户年轻得多。但这些数字尚未得到独立的核实。

共享未被充分利用的资产对社会来说是不是一种净收益，这一点也尚未明确。在很多情况下，汽车有 90% 的时间是闲置的，但如果车主为优步或来福车工作，并将其作为收入来源，那么随着里程累积，这些车的使用寿命将会缩短。如果汽车折旧得更快，它们就需要更早更换。10 年里只使用 5% 的时间，还是在更短的时间里只使用 50% 的时间？这个问题的答案并不容易得出，因为无论使用与否，随着时间的推移，汽车都会贬值，部分原因是随着新车型的推出，旧汽车会过时。如果到 2030 年，有相当大比例的私家车在叫车平台上被投入使用，社会是否会变得更好，这一问题的答案也并不明显。例如，如果汽车折旧得更快，我们就需要具体考虑如何回收或处理大量的汽车，特别是在新车泛滥的情况下。网约车的发展还可能减少对公共交通的依赖。因此，网约车可能会对环境造成负面影响。

住宿共享案例与网约车既有相似之处，也有不同之处。许多人经常离开他们的主要住所去度假或出差，他们中的许多人都有多余的房间可以出租。从经济的角度来看，将闲置的资产货币化是合理的，这得益于房屋不会像汽车那样迅速贬值，而且与传统的替代品（酒店）相比，房屋对环境的影响也没有那么负面。

总体而言，除打车软件外，共享经济有望帮助保护地球上的资源。荷兰国际集团（ING）进行了一项国际调查，人们反馈说他们使用共享平台是因为他们认为这有利于环境，有助于社区的搭建。一个分享应用程序越受欢迎，就会有越多的人相信它对环境有益。

共享与未来

作为一个名副其实的千禧一代，林赛·霍华德热衷于尽一切努力来保护环境和减少碳排放。她放弃了一份稳定的工作，选择按需完成工作，部分原因是她可以避免通勤。她是实际上“有工作的失业者”缩影。通过模糊工作和办公室、所有权和使用权等概念，协同经济创造了一个新的现实。在网络化的社会，共享意味着曾经的工作现在被分解成不同的任务，这些任务可以由不同的人在家里完成，或者使用在不同时间容纳不同员工的办公空间。房产失去了它的部分意义，因为分散访问和使用提供了灵活性、降低了成本。潜在的文化不再是拥有，而是享受和体验，一种似乎与公平竞争环境和更强大社区理念相一致的世界观。让我们回想一下约翰·列侬的歌词："想象没有财产……"

这些变化与人口结构和技术的巨大变化吻合，潜在地创造了社会秩序的大规模变革。我们能继续把婚姻、孩子、老龄化的影响、制造业工作、住房抵押贷款、城市和个人电脑视为理所当然吗？那么，我们最普遍的体系——货币呢？让我们翻到第 8 章来找出答案。

8

加密货币与区块链

印刷自己的钞票、区块链和
现代银行业的终结

只要我能控制一个国家的货币发行，我不在乎谁制定法律。

—— **梅耶·阿姆斯洛·罗斯柴尔德**

银行家

当今大多数人都成长在这样一个世界里：每个国家都有各自独特的主权象征——一面旗帜、一位领导人和一种货币。但到 2030 年，世界上最重要的货币将不是由政府发行，而是由公司甚至电脑发行。尽管在今天的许多人看来这种可能性是危险的异端。

13 世纪末，马可·波罗第一次观察到纸币在中国的使用时，他惊愕不已，记录道："所有这些纸张都如真金实银般庄严而权威。"这种奇特的纸张由元世祖忽必烈于 1260 年下令全国统一使用，忽必烈是元朝的建立者，也是蒙古诸部统一者成吉思汗的孙子。几个世纪后，在英法竞争期间，出现了现代纸币。1694 年，英国国王威廉三世的朝臣们想出一个新奇的方法来资助英格兰参与它和英吉利海峡对岸的敌人之间那场看似无休无止的战争：一家新成立的私人公司——英格兰银行，被赋予从公众那里吸收黄金储蓄以及发行能够再次出借的货币的权利。

在某些方面，货币的种类多于国家数量并非新鲜事：直至 19 世纪末，银行甚至公司的商业票据被作为货币流通以扩大信贷或支付目的的情况并不少见。在利用新技术方面，银行家们也不遗余力。传说中，罗斯柴尔德家族的银行家们利用信鸽，先于伦敦的其他人得知 1815 年拿破仑在滑铁卢战败的消息，并利用宝贵的信息在债券市场上赚取了一笔可观的利润。

由于对本国境内使用的货币缺乏控制，加上银行危机反复出现，大约从 150 年前开始，各国政府决定建立对货币印刷和流通的国家垄断。到 2030 年，这些国家的货币垄断将被削弱，就像过去航空、电力和电信行业的垄断一样。国家货币仍将占主导地位，但数字货币也将兴起。

为设想传统货币、加密货币和其他类型的代币共享舞台的未来，我们首先必须了解货币是如何运作的。为做到这一点，让我们看看萨尔瓦多·达利这个有趣的例子，他是 20 世纪最著名的艺术家之一，也是超现实主义的先驱，现在他的油画价值千万美元。达利还是一个精明的商人，有一次，他请朋友们到纽约市的一家高档餐厅吃饭，结账时，这位古怪的艺术家运用横向思维，决定进行一个小实验：他在支票的背面签名用以支付餐费，并以自己独特的风格画了一幅素描画，他在上面署名以证明其真实有效后交给服务员，服务员又把它交给了餐厅经理。在正常情况下，支票会被背书并送到银行兑付，但这不再是一张普通的支票，在看到素描画并认出画支票的艺术家后，经理决定把这张支票装裱起来挂在墙上，向公众展示（见图 8）。

达利很高兴，于是又玩了几次同样的把戏。果不其然，几家餐厅的墙上都出现一张镶有他画作的支票。想想这种情况有多不寻常。

图 8

支付餐费的钱从来没有入过账，因为支票被变成了艺术品，开始独立地“流通”。对达利来说，这个举动是天才的一击，他可以印自己的货币（他的画是有价值的），人们也愿意接受他的画作为一种支付形式。当然，正如实际货币出现的情况，达利“印制”大量的“货币”造成其贬值，这些“货币”的价值开始低于那顿饭的价格。最后餐厅经理终于意识到了这一点。

这里的结论是，任何人都可以“印”钞票，只要其他人信任并觉得它使用方便，它就可以作为一种支付形式来流通。其他形式的货币也可以用作投资工具，这意味着人们可能会认为货币会随着时间的推移而增值。但是，就像国家货币一样，任何货币都会受供求规律的牵制，因为过度的供给会使其贬值，降低人们使用它的意愿。

———

当今世界仍然依赖美元作为最重要的支付手段、记账单位和储备货币。超过一半的国际债务、贷款和外汇储备以美元持有，大约45%的外汇交易和全球支付使用美元。在贸易方面，超过80%的贸易是以美元计价的。然而，随着我们向2030年迈进，美元在国际金融和贸易中的霸主地位将受到质疑。新兴市场已经占据一半以上的全球经济体量。

货币的价值

20世纪著名经济学家米尔顿·弗里德曼提醒我们，任何东西都有价格。金钱是建立在信任基础上的一种独特而巧妙的工具。政府发行的货币有时会得到黄金等实物资产的支持，这是英国在不同时期为提振信心和防止政客过度支出及过度借贷而采取的策略。当然这需要实物黄金，因而使得英国两次与南非的布尔人（阿非利卡人）开战，那里有大量的黄金储备。1944年，美国也采用金本位制，以稳定二战末期的全球金融体系。后来在1971年，随着赤字飙升及美联储持续地印钞，尼克松总统终止了这项制度。自此以后，汇率波动、投机倒把和危机在世界各地扩散开来。

我经常告诉我的学生，除非他们真正在一个正应对恶性通货膨胀的国家（货币价值的严重侵蚀和价格的快速上涨）待过，否则他们无法完全理解货币的价值。我问他们："在这种情况下，你会坐公交车，还是出租车？"大多数学生说，面对快速上涨的物价，他们会选择更便宜的交通工具（公共交通）。但是当通货膨胀率达到三位数时，相对价格并不像时机那么重要。换句话说，你最好还是坐出租车，因为你是在旅程结束的时候付钱，而不是在你上车的时候先付钱，货币在这段时间内已经贬值。当坐出租车比坐公交车“划算”的时候，你就会意识到通货膨胀已经成为一个问题。同样，通胀对债务人而不是贷款人有利。

米尔顿·弗里德曼曾经说：“通货膨胀无论在何时何地都是一种货币现象，在这个意义上，通货膨胀只有通过货币数量的快速增长而不是货币支出的快速增长来产生。”换句话说，当太多的资金追逐太少的商品时就会出现通货膨胀，就像淘金热期间的美国西部新兴城镇和最近页岩油热潮期间的大平原地区一样。由此可见，如果政府考虑到国民的经济福祉，那么控制货币供应将是明智的。这是对货币政策（即由一国中央银行采取的政策）的一种思考方式。区别于赞同弗里德曼的方法的经济学家，其他经济学家认为这种正统货币政策在应对商业周期的起起落落时过于僵化。然而，弗里德曼的观点是正确的，他认为通货膨胀是没有代表权的税收，会搅乱市场，迷惑决策者，并最终导致人民贫困。他支持稳定的货币增长率，并认为计算机在管理货币政策方面会比美联储做得好。

开启加密货币

随着我们朝 2030 年迈进，科技似乎为我们提供着看待金钱的新方式。在过去，除非你是国家政府，否则印刷货币是一件麻烦、昂贵且非法的事情。创建数字加密货币既不麻烦也不昂贵，除非政府禁止，否则它们往往会迅速扩散。目前，使用中的加密货币的总价值已达数千亿美元（尽管这确实很难精确计算）。流通中的货币种类超过国家数量，这在我们这个时代首次出现，随着每年推出的加密货币越来越多，不管这些加密货币是否只是昙花一现，这种差距只会进一步扩大。使加密货币真正具有革命性变化的是它们不需要中央政府的权威来主导发行和促进广泛流通，它需要的只是一个计算机网络。这才是真正的革命性和潜在的颠覆性。

至少在理论上，加密货币还实现了米尔顿·弗里德曼“用计算机取代美联储”的梦想。也就是说，加密货币将由计算机算法控制，而不是由美联储的理事们来决定利率和货币供应。

这个令人兴奋的加密货币新世界到底意味着什么？投机将给少数人带来巨额财富，而造成大多数人的失望，因为到目前为止，加密货币的价值往往会频繁而广泛地波动。考虑一下，如果随着时间的推移，政府不再控制货币的价值及资产和负债的价值，加密货币又将会如何改变公民与政府的关系。它肯定会改变我们目前所了解的金融和银行业的行为规则。

加密货币是电子货币的一种形式，发送方使用加密技术对交易进行认证。支付和余额则被记录在一个电子登记处，每个参与者都可以访问它。这种记录设备有一个有趣的名字——区块链。实际上，这是一个非常简单的概念。想象一下一面一英里长的砖墙。从第一行开始，路过的人可以在砖上刻上各种记录。也许他们会写下自己的名字和参观墙面的日期，或者他们所爱的人的名字，或者他们最喜欢的书的书名。唯一的规则是，他们必须紧挨着旁边那块之前已经被刻过的砖刻上内容，以确保没有间隙。因此，第一行先被填满，然后是下面那一行，以此类推。记录一旦被刻在一块砖上，就不能删除，而且每个人都可以看到每条记录。一旦我们想象的墙被记录满，第二面一英里长的墙就会被平行地建造，过程继续。这些墙可以用于任何目的，例如，记录谁住在酒店的哪个房间、每个酒店的客人每天花费多少，以及他们结账时支付多少钱。谁拥有流通中的每枚硬币或每张钞票，以及这些钱何时被用于支付。

我们可以创建一个由区块链连接的不可变更记录的数字注册表，而不是将这些类型的记录保存在物理墙上。每笔交易可以通过计算机访问和验证，并为整个系统提供所需的透明度。每台计算机都有整个区块链的一个相同副本。我们可以进一步通过“修改交易记录必须经过网络中半数以上的计算机批准”来增加安全需求。表面上看，比特币区块链非常安全。试想一下猜对强力球彩票中奖号码的可能性是 2.92 亿分之一。使用 256 位加密的比特币私钥被黑客攻击的概率极小，大概是 $1/2^{256}$，或超过 $1/115^{4}$（一个 76 位数的数字）。这相当于连续 9 次中强力球彩票的概率。

这种分散的透明系统正是中本聪（化名）[①] 在著名的白皮书《比特币：一种点对点的电子现金系统》中提出的，该白皮书于 2008 年 10 月 31 日被发布在一个加密邮件列表上。这一天意义重大，因为它距离雷曼兄弟破产仅仅几周时间。这篇论文提出一个革命性的概念，即一种纯点对点形式的电子现金将允许在线支付，直接从一方发送至另一方，而不需要经过金融机构。

自从我们发明了货币和银行业，信任就一直是金融活动的核心。比特币白皮书中包含的最大胆的声明是，通过区块链操作的加密货币是“一个不依赖于信任的电子交易系统”。对中本聪来说，“这个网络在其非结构化的简单性方面是稳健的”。在这个系统中，节点“用它们 CPU（中央处理器）的能力投票，以表示它们对有效区块

① 中本聪，比特币的开发者、创始者。——编者注

的接受……通过这种共识机制，任何必要的规则和激励措施都可以得到执行”。只要敲击一下键盘，中本聪很可能就让数千年的金融发展戛然而止。

中本聪声称的目标是实现金融服务的民主化，这是所有加密货币的梦想家、狂热爱好者和企业家的共同目标。Coinbase 的首席执行官布莱恩·阿姆斯特朗（Brian Armstrong）表示：“我们的使命是为全世界创建一个开放的金融体系。我们相信开放的货币协议将创造更多的创新、经济自由和平等机会，就像互联网对信息发布的作用一样。”在此，我们再次看到一种解放技术的承诺，支持者声称这种技术将使世界更美好。

然而，除加密货币的坚定信徒外，更多的人持怀疑态度，甚至怀有深深的敌意。摩根大通的首席执行官杰米·戴蒙（Jamie Dimon）表示：“如果你‘蠢’到购买比特币，总有一天你会为此付出代价。”鲁里埃尔·罗比尼（Nouriel Roubini）对 2008 年金融危机的预测为他赢得了“末日博士”之称，他将加密货币领域称为“一个臭气四溢的粪坑”，他曾公开表示“认为无用的加密货币或垃圾硬币有价值，确实很可笑”。他认为，考虑到运行区块链（支持比特币）每年消耗的电量相当于拥有近 900 万人口的奥地利整个国家的用电量，“进而能够正确地为其消耗能源和破坏环境的负外部性进行定价的话，它们的基本价值是零，或者实际上是负数”。

尽管比特币作为一种货币有其自身的跌升涨落（其价值从 2017 年年底近 2 万美元的峰值跌至一年后不到 2 500 美元就可以看出这一点），但其底层数字基础设施一直存在，原因是区块链为经典的“重复消费问题”提供了一个简单、优雅且奏效的解决方案。也就是说，当一个人使用假币购买东西时，怎样才能防止他再一次使用这种支付手段呢？区块链使数字注册公开、透明，并可由参与其中的人验证，这样就不会发生相同比特币重复消费的问题。为了提振信心，加密货币承诺其供应将保持稳定且相对缓慢的增长，而这种增长总是由可预测且稳定的计算机算法驱动。用中本聪的话来说，区块链另一个吸引人的特性是，“节点可以随意离开和重新加入网络，接受最长的工作证明链，作为它们离开时发生的事情的证据”。

尽管比特币拥有良好的技术基础，但它在很大程度上未能成为一种值得信赖的、方便的交换媒介，更不用说作为一种记账单位或价值储存手段。原因很复杂，但主要与政府打算如何监管加密货币的不确定性有关，也与投机者想轻松赚钱的贪得无厌的欲望有关。其他流行的加密货币也在衰落，包括瑞波币、以太币、莱特币、大零币（Zcash）和 Maker。但是，尽管还没有任何加密货币取代实体货币，区块链已经开始从根本上改变世界。

“万物的标记化”

在全球市场经济中，每天都有数十亿笔交易发生。每笔都至少有两个交易对手方，例如买方和卖方、保险人和被保险人或借款人和贷款人。更广泛地说，只要有一方和另一方，人类就能从事各种交易，包括法律协议，如结婚、离婚或订立在某人去世后分配财产的遗嘱。像区块链这样的技术可以使整个过程更容易、成本更低廉。这项技术不会就此结束。正如加密货币专家约瑟夫·布索恩（Joseph Buthorn）所指出的，区块链可能会导致一切事物的标记化，或者本质上是创建一种数字证书，包括股票、大宗商品、债务、房地产、艺术品、出生、民事结合、文凭、选票……甚至数据也可以变成一个令牌，这可能会扰乱像谷歌和脸书这样的网站。

到目前为止，官方的注册中心都是由所有用户信任的实体、个人集中控制，或最常见的是由国家创建的。虽然最早的书面记录可以追溯到 5 000 年前，但印刷图书以及随后的计算机改变了记录保存和共享的业务。区块链以其独特的分散和不变的性质，承诺会带来更具革命性的变化。

根据欧盟的一份报告，数字注册技术在健康和福利支付及处于区块链发展前沿的各种公共服务领域创造机会，自动执行合同，为无须人工干预的公司自行经营铺平道路。区块链最具开创性的潜力在于，它将“一些对日常技术交互的控制权从核心精英手中转移到普通用户手中。通过这样做，使系统更加透明，也许还更加民主”。这很可能逆转几个世纪以来的中央集权，重塑公民和政府之间的关系，瓦解我们熟知的官僚体制。

区块链的美妙之处在于它能够实现各种形式的横向扩展。一种可能的发展是将数字货币与智能合同、数字记录管理及分散的自治组织相结合，在这些组织中，决策通常是在层次结构之外做出的——所有这些都由区块链支持。“其理念是，区块链可以追踪给定合同的所有权利和义务，并在合同执行过程中自动触发付款，而无须任何人离线追踪付款。”迈克·奥克特（Mike Orcutt）在《麻省理工科技评论》上写道。通过自动从记录在区块链上的每笔交易中扣除政府的份额，税费的征收也可以变得不那么复杂。一般来说，通过结合涉及合同执行、记录保存、跟踪、收款和补充存货的机制，供应链的管理将得以简化和加速。

区块链技术还可用于追踪某些商品的原产地，在一个充斥着企业剥削人力和资源的故事的时代，消费者对透明度的需求越来越高。

例如，在服装行业，一些公司会给每件服装分配一个独特的数字标记，这使消费者能够了解从原料的来源到配送操作的整条供应链，有助于遏制使用童工或使用某些违禁材料的行为。

我以前的一个学生米哈尔·本内迪斯奇（Michal Benedykcinski）创立了 Dexio 公司，该公司使用区块链技术追踪钻石的来源，以向那些希望避免“血钻”的客户提供保证。“血钻”指那些通过剥削和战乱而获得的宝石。我的另一名学生阿杰伊·阿南德（Ajay Anand）则致力于确保每个人在购买订婚戒指时都清楚地知道自己买到的戒指是什么品质。为了写一篇论文，他和其他同学去了印度、孟加拉国和菲律宾了解关于使用童工的情况，他们访问了儿童权利活动家凯拉什·萨蒂亚尔希（Kailash Satyarthi, 2014 年诺贝尔和平奖获得者）。这项工作引领阿杰伊走上创业之路，受到在联合国实习经历的启发，他创立了 Systmapp 公司，该公司致力于优化非营利组织的管理实践。它现在在 50 个国家运行，并接受来自盖茨基金会的资金。那戒指呢？是这样，当阿杰伊决定订婚时，他突然有了灵感，他发现决定买哪只钻戒非常困难且费时。他对市场的不透明感到震惊，人们拼命地寻找有关价格和质量的信息。于是他决定利用人工智能和机器学习来分析市场趋势，并在 2016 年 10 月创立合资公司 Rare Carat。他声称：“我们可以预测钻石的价格，并能比 Zillow[①] 更准确地预测房屋价格。”在 IBM 全球创业大赛上，阿杰伊展示了自己的想法，最终进入前 50 名，并获得资助。此后，他还使用区块链使钻石交易的信息更加透明。如今他的公司拥有 30 名员工，收入超过 1 亿美元。

---

① Zillow 是一家提供免费房地产估价服务的网站。——编者注

区块链与知识产权

在数字革命使窃取软件、视频、音乐和其他类型的数字化商品和服务变得更容易之前，保护专利、商标和版权的旧体系仍然相对有效。然而今非昔比，随着技术创新步伐的加快，专利、商标和版权申请的流动性也在加快。2018 年，《福布斯》杂志提出这样一个问题：我们如何通过区块链让知识产权更加“智能”？

其中一个关键挑战涉及我们在第 7 章讨论的共享平台的类型。原创音乐或视频内容可以不受许可使用的限制在网上共享，通过区块链对版税进行分配和分发，区块链可以跟踪可用内容和它的使用人数。公司也在探索在确保支付的同时使用区块链将所有权转让给另一方的可能性。“区块链技术有助于最大化地减少侵权，同时为每个知识产权提供一个电子保管链。”安德鲁·罗索（Andrew Rossow）在《福布斯》上写道。通过这种方式，公众可以判断特定作品的力量和价值。代顿大学法学教授特雷西·赖莉（Tracy Reilly）表示：“通过 Grokster、Napster 和 iTunes 等平台将受版权保护的歌曲数字化并非新鲜事。对版权所有者来说，最新颖且激动人心的是，区块链技术也许能够很快地创建可行的数字足迹来协助更好地执行未经授权的数字使用方面的巨大潜力，尤其是在社交媒体网站方面。”此外，区块链还可以简化所有艺术家、电影制作人和制片人的工作许可程序。

贝克·麦坚时律师事务所的律师博吉特·克拉克（Birgit Clark）认为，区块链和知识产权是“天作之合”。在她看来，区块链的潜在用途包括“证明创建者身份和来源认证、注册和清除知识产权，控制和跟踪（联合国）注册知识产权的分发，在贸易和 / 或商业中提供真实和/或首次使用的证据，数字版权管理（如在线音乐网站），通过智能合同建立和执行知识产权协议、许可或独家经销网络，并实时向知识产权所有者支付”。其想法是利用区块链，在该区块链中可以找到与特定属性块相关的整个事件历史的不可变更的注册表。

当前的知识产权监管机构和认证机构是在前数字时代设立的，当时没有人能够预料到技术的发展如此迅猛。尼克·伊斯梅尔（Nick Ismail）在《信息时代》（*Information Age*）中写道，区块链可以帮助优化整个创新周期，从头脑风暴到建立所有权和授权许可。对于汽车和电脑等复杂产品，以及软件、音乐和视频等无形内容，情况尤其如此。

他认为：“在全球化经济中管理知识产权具有极大的挑战性，企业需要决定为创意寻求保护的地点，然后在相关地区单独申请保护。”其关键优势在于，数字化的注册表“提供了一个可以把最初的想法放在区块链上，然后更新它的机会”。这项新技术也许会成为创作过程中不可或缺的部分。他指出：“最终，区块链对知识产权行业的影响甚至可能超过它对金融服务行业的影响。挑战在于如何为这项技术创建正确的使用途径。”

区块链与选举投票

区块链的其他横向应用涉及政府机构和公民之间、公司和股东之间、政党和成员之间、政府和选民之间的互动。例如，世界各地的大多数选举仍在使用纸质选票或非常简陋的投票机。由区块链支持的电子投票将消除对投票站的需求，使投票更加方便。

每个登记投票的公民都将在区块链上留下一份记录，人们可以在使用个人密钥进行身份验证后行使投票权。丹麦的一些政党也使用这种系统进行内部投票，爱沙尼亚的公司使用它来收集股东的选票。电子投票的另一个主要优势是消除了选民恐吓。参与率和投票率可能会上升，不过不均衡的数字可访问性可能会加剧不平等，这令人担忧。事实上，使用区块链技术，受教育程度高、经验更丰富的个人选民的参与率可能更高，而这些人之前就已经有很高的参与率。对于全国选举来说，风险可能会很高。欧洲议会发表的一份研究报告指出："仅靠公平有效的选举结果是不够的。全体选民，即使对选举结果感到失望，也必须承认选举过程是合法和可靠的。因此，除提供实际的安全和准确性，电子投票还必须激发选民的信心和信任。"

如果我们横向思考呢？设想一下有如此契机：如果我们使用区块链技术迫使政府官员在某些预先商定的条件下自动履行竞选承诺会怎么样？例如，在选举后，某些政策可以通过"智能合同"或分配给特定预算类别的资金来实施。或者公民可以对政府支出多少以及它是否兑现承诺进行追踪。智能合同可以应用于整个经济领域，而不仅仅是在政府决策方面。它们包括交易各方商定的一套指令，如果满足某些条件，该指令将被自动触发。一个简单的例子是，如果市场利率下降，抵押贷款的保险费就会降低。正如欧洲议会所言，这样的契约将是"自给自足的、自我履行的、自我强制的"，尽管人们需要在契约中加入这样一个要求——"国家法律总是凌驾在铭刻于法典的法律之上"。

英国政府首席科学顾问在 2016 年的一份报告中这样写道："能够创建区块链的算法是强大的、颠覆性的创新。"区块链"可以改变公共和私人服务的交付，并通过广泛的应用提高生产率”。报告特别建议使用区块链技术，通过削减成本、支持合规和加强问责来改善政府服务。它还将有助于收税、支付福利，并使与公民的互动更加灵活。

“数字共和国”爱沙尼亚

如果你想知道到2030年公民和政府之间的互动情景，那就去爱沙尼亚吧，那里拥有世界上最先进的电子政务系统，以至于它呈现给世界的形象是“智能的爱沙尼亚”。这个拥有130万人口的小国的公民可以在网上申请福利、获得医疗处方、注册他们的公司、投票，以及访问近3 000项政府数字服务。《连线》杂志将爱沙尼亚评为“世界上最先进的数字社会”。在为《纽约客》撰稿时，内森·赫勒称爱沙尼亚为“数字共和国”，并称“其政府是虚拟的、无边界的、区块链式的及安全的”，他认为这是“政府协调努力的结果，旨在将国家从一个政府转变为一个数字社会”。

爱沙尼亚模式有许多潜在的模仿者。加泰罗尼亚自治政府试图向爱沙尼亚学习如何建立精简和数字化的国家结构，以此作为成为一个独立的民族国家的徒劳尝试，这个努力与爱沙尼亚实际上试图做的事情直接矛盾，即超越“国家”的旧观念。很明显，赫勒写道，这个国家有一项“数字居住计划，允许注册过的外国人参与一些爱沙尼亚的服务，如银行业”，这对一些用户来说无疑是一种便利，对爱沙尼亚来说也是一项收入来源，但这也可能引发许多不可预见的风险。爱沙尼亚人实际上正在创建首个无国界的后现代虚拟国家。到目前为止，已经有近3万名外国人申请到电子居留权。爱沙尼亚在将区块链横向应用于整个经济和社会方面开辟新的思路。

与移动支付和城市农业一样，包括加纳和肯尼亚在内的一些非洲国家走在尝试的全球前沿，这些尝试旨在通过技术让政府更贴近民众。据世界银行介绍，“eGhana 项目代表 ICT（信息和通信技术）项目的开拓性设计，旨在减少官僚作风，拉近服务与公众的距离，这种做法正在被非洲国家纷纷效仿”。一个独立的研究小组评估过肯尼亚的努力，并得出结论说，该国“已经创造了一个有利的政治、法律和商业环境，适合实施……电子政府”，带来的好处包括“减少官僚作风、24 小时提供服务、快捷方便的交易、增强透明度和问责制、提高工作人员的工作效率，以及便捷的资讯流通”。加纳和肯尼亚继续走在使用信息技术的前列，特别是在卫生、移动支付和公共行政领域。然而，数字鸿沟的问题依然存在。这项研究指出：“在农村地区有一群人被剥夺了公民权，由于缺乏技能和基础设施，他们无法获得政府提供的在线服务。”

政府正在利用区块链的一个核心特点。欧洲议会的研究认为，在商业世界，“区块链中的数据是不可变的这一事实……增强了透明度和问责制”。只要隐私和数据保护得到保障，区块链就能让公民的生活更轻松，简化政府雇员的工作，尽管我们很快就会看到其中一些人可能会因此被裁员。就像投票一样，受教育程度更高和更容易上网的人可能受益最大，只有重新努力实现数字包容，才能打破这一局面。

区块链与枪支管制

这是华盛顿州立大学公共卫生教授托马斯·赫斯顿（Thomas

Heston）在 2017 年 11 月发表的一篇论文的标题，他提出区块链的另一种横向应用。他写道："区块链技术可以在不改变现有法律的情况下用于改善枪支管制。通过更好的枪支跟踪和改进对高危人群的筛查，这项进步技术将改善对个人背景的检查和对犯罪中使用的枪支的追踪。"他认为："基于区块链的数字枪支保险箱将改善现有枪支类法律的实施，维护隐私，并改善对枪支的管制。"

然而现实情况是，美国缺乏一个集中的枪支登记制度，这严重限制着执法部门预防和调查犯罪的能力，美国人口只占全球人口的 4.5%，但拥有枪支的平民却占全球拥有枪支者总数的 42%。枪支权利捍卫者不相信联邦政府有这样的数据库。加州大学伯克利分校计算机科学专业的学生卢克·斯特加（Luke Strgar）说："记录集中的自然解决方案是什么？这是一种记录去中心化。它正在建立一个平台，可以这样说，拥有枪支的社区可以保存这些记录。"他的目标是找到一个双方在枪支管制辩论中能达成一致的解决方案。

然而，除了支持拥有枪支权利的游说团体似乎对此深感担忧外，目前还没有取得任何成功。几位议员似乎被这个想法吓坏了，他们决定采取行动。2017 年 4 月，亚利桑那州通过一项法案，禁止使用任何形式的区块链应用程序追踪枪支，它是第一个这样做的州。那年晚些时候，密苏里州代表尼克·施罗尔（Nick Schroer）也提出一项类似的法案，他认为"立法委员们仍然对由第三方或'老大哥'监控并在不同时间拍摄的照片感到难以置信的不安"。区块链技术控制枪支的前景仍然受阻，就像其他控制全美枪支供应的尝试一样。

与贫困斗争的代币

迈克·奥克特在《麻省理工科技评论》上写道：“中本聪发明比特币区块链是为了让人们不需要银行或政府就可以进行金融交易，可具有讽刺意味的是，区块链最大的支持者之一就是世界银行。”世界银行正在利用区块链让捐赠者看到他们的钱是如何被用于促进教育的。它还推出了基于区块链的债券，已为可持续发展项目筹集 8 000 万美元。世界银行每年以债券的形式筹集 600 亿美元用于资助发展项目，区块链可以减少筹资过程中需要的中介机构的数量，并确保筹集的大部分资金实际上造福于当地人民。这项技术还可以通过简化税收收取、账单和支付程序，帮助资金紧张的市政当局。

经济发展的一个主要障碍是世界上大多数人无法享受正规金融部门的服务。在非洲和南亚的部分地区，只有不到 5% 的人和大约一半的小微企业拥有银行账户。盖茨基金会启动了一级项目，作为其扶贫金融服务计划的一部分，旨在创建基于区块链的国家数字支付系统。与现有系统下的移动支付不同，区块链将使个人和小公司能够转移资金，无论他们联入哪家电信公司。“我的梦想是把整个非洲变成一个可共同操作的大型支付平台。”该项目负责人科斯塔·佩里克（Kosta Peric）说。

索马里是一个“失败国家”的教科书式案例，将近 60% 的人口是游牧或半游牧状态。尽管如此，移动支付平台已经在那里流行起来。在 16 岁及以上的索马里人中，90% 拥有手机，70% 的人每月至少用手机进行一次移动支付。由于索马里没有有效的银行系统，索马里人除了移动支付别无选择。该系统的缺点是它还被用于洗钱和资助恐怖主义活动。移动电话有限的问责制和可追溯性可以通过基于区块链的分散注册得到改善。

用区块链拯救地球

2018 年，一头 66 英尺长的蓝鲸被冲上智利的大西洋海岸。加布里埃拉 · 加里多（Gabriela Garrido）是里约热内卢自然历史博物馆的一名研究人员，他震惊地看着人们跳到这头哺乳动物的尸体上自拍，并在它的身上涂鸦，这一事件迅速传遍全世界。波多黎各濒危物种保护活动人士亚历山德罗 · 罗伯托（Alessandro Roberto）发问道："我们如何才能保护这些物种不受人类侵害？"乌干达非政府组织 Care for the Uncared 正在使用区块链技术追踪、标记和保护濒危物种，如蓝鲸、孟加拉虎、海獭、亚洲象和大熊猫。该组织的发言人贝尔 · 卡布姆巴（Bale Kabumba）说："这些记录将在该区块向公众开放，这将改变我们的行为方式和我们与自然互动的方式。这些记录最终将有助于了解物种灭绝的决定性因素。"Care for the Uncared 也推出了一个比特币平台来获取捐款。

与由互连芯片和传感器组成的物联网相结合，区块链还有可能利于环境保护。一个很有潜力的重要提议是鼓励企业和个人有环保意识的行为，使他们能够将碳信用转换为可在交易所交易的数字代币。

如果我们从侧面考虑，区块链在其他方面也对环境有利。例如，区块链可以帮助推动房主出售多余的太阳能电力，而无须到当地公用事业部门进行烦琐的手续处理。本 · 席勒（Ben Schiller）在《快公司》上写道，欧洲初创企业 WePower 建议通过对等网络"让电力可交易，使任何人都可以使用"。尼克 · 马蒂纽克（Nick

Martyniuk）是该公司的联合创始人之一，他认为："对等网络给了人们更多的控制权。能源生产日益分散化的性质将使电网也变得更加分散，而区块链的特性意味着这两种发展将携手并进。"

另一家初创公司 Energi Mine 使用区块链以代币的形式给人们"金星"，只要人们通过搭乘公共交通减少碳足迹、用更高效的电器替换他们的旧电器，或者改造他们的房子使其更节能。据《福布斯》报道："由于代币具有市场价值，这些代币可以用来支付能源账单、为电动车充电或兑换常规（非数字）货币。"其他初创公司正在创建区块链，以帮助管理其碳信用额，使其更容易交易。Ecosphere+ 的首席执行官莉萨·沃克（Lisa Walker）说："碳信用给减少碳排放定价，但如果没有一个通用的账本，就很难追踪你消耗了多少碳，或者你是否已抵消它，你的减排在有形层面上产生了什么影响。"公司和政府都将能够跟踪他们的产品和服务产生的碳足迹，这样消费者就可以了解他们的选择对环境造成的后果。沃克认为，"随着数以百万计的微交易的规模逐步扩大，产生的集体影响将是巨大的"，区块链可能大大有助于减缓气候变化。

但使用信息技术来拯救地球也有其黑暗的一面，事实证明，信息技术本身也是气候变化的主要推动者。《自然》杂志报道，预测显示到 2030 年，超过 20% 的电力将用于信息和电信基础设施。"数据中心在总碳排放中所占比重约为 0.3%，而 ICT 生态系统作为一个整体，在包括个人数字设备、移动电话网络和电视在内的宽泛定义下，占全球碳排放的 2% 以上。这使得 ICT 的碳足迹与航空业的燃料排放相当。"这还不包括加密货币交易的预期增长，这是非常耗能的。"我们处在一个对数据有巨大需求的社会，我们正在使用越来越多的数据，而所有这些都在消耗越来越多的能源。"在美国，超过 1/3 的数据流量与网飞上的数据流有关，还有一个类似的版块用于分享高清照片。只有承诺走绿色之路，碳足迹才能得到消除。美国最大的数字公司大多使用太阳能和风能来运营数据中心。

区块链会扼杀银行业和其他行业吗

杰米·戴蒙在 2015 年给摩根大通股东的年度信中写道：“硅谷正在迎头赶上。数百家拥有大量人才和资金的初创公司正在从事有别于传统银行业的业务。”受自动化和区块链使用的影响，银行业数以百万计的工作岗位岌岌可危。未来今日研究所的创始人艾米·韦伯（Amy Webb）认为：“随着计算机变得越来越智能，我们不再需要人类作为中间人。毫无疑问，以交易为基础的职业将被机器打乱，而且这会很快发生。”专家指出，在今天的银行、银行业务和银行职员中，只有一个会在区块链革命中幸存。银行正因后台区块链技术而面临威胁，因为年轻一代更喜欢使用应用程序，而银行职员的工作可以被机器人化，就像机器人咨询的趋势所证明的那样。在未来，银行业可以在没有银行或银行职员的情况下存在。

区块链对劳动力市场的影响将与我们在第 6 章中讨论的机器人一样深远，因为它改变了游戏规则。从历史上看，基于合同法和契约记录的自由资本主义催生了不同类型的职业，这些职业充当处理经济和金融交易不同方面的中介，如贸易、清算、核查、履行、结算和记账，这些职业在全世界的从业者有数千万人。一个在线的、所有人都可以访问的分散式、公共式、分布式的区块链将会把许多中介体排挤出去，因为只要绕过它们就可以。包括一些高薪工作在内的金融服务业可能被永远改变。

本章前面提到的基于区块链的智能合约，可能会让大批律师和会计师下岗。2010年以来，美国法学院的入学人数下降了29%，部分原因是证据开示业务拥有了人工智能解决方案，这在一定程度上导致人类律师供大于求，而此前这项任务是由年轻律师完成的。尽管一些专家不同意，但智能合同可能会进一步蚕食法律就业市场。加密资产公司Global Financial Access的联合创始人尼克·绍博（Nick Szabo）警告称："律师们担心自己的工作被机器人抢走，实际上，他们在做的事情基本上是对智能合约的辅助。智能合约主要是让以前没有实践过的新事情成为可能。"在他看来，"传统法律是手工的、地方性的，而且往往具有不确定性，而公共区块链是自动化的、全球性的，其运作是可预测的"。

会计工作也将受到区块链的严重影响。根据Statista的数据，截至2018年，美国约有130万人从事会计或审计工作。账户调节、确认、应收款和应付款等低级服务可以由区块链而不是工作人员来处理，审计、证明和税务报告等任务在区块链的帮助下可能会更有效地得到执行，尽管会计师和审计师被认为是必要的存在。《今日会计》杂志刊文称："区块链是一个让会计专业人士既恐惧又兴奋的话题，但它不一定是未知的东西。"

区块链将改变2030年的世界，因为它将消除许多人工服务窗口，消除大量的文件处理类工作和工作岗位。

区块链和加密货币的未来

这一切都始于把钱变成加密代币。到2030年，与数字货币同样重要的是政府服务、知识产权、贸易交易、制假监管、枪支管制、扶贫和环保等领域对区块链的潜在应用，它们都是横向思维的产物，充满了诱惑力。加密货币将捕获大量用户（或监管机构）的想象力，我认为也许我们改变对金钱的看法和使用金钱的方式，不仅是为了做生意或管理个人财务，还为改善我们的生活开辟了新的视野和可能性。如果数字货币只是取代现金，那么我们可能会失望。但如果我们能够在消除资金流动的高成本的同时，为个人提供激励措施保护资源或减少他们的碳足迹，此后我们可能会目睹金融世界的结构性转变甚至拯救地球。诀窍在于将加密货币的采用与一些可取的行为变化联系起来。除了社会上每个人的长期利益（减少碳排放），人们还需要获得一些直接的利益（比如易用性或每笔交易成本的降低）。例如，如果我通过在数字平台上分享食物和衣服来减少浪费行为，那么我所持有的加密货币的利息收益应该更高。

然而，正如我想在本书中展示的，人口、地缘政治和技术力量都在变化，无论我们喜欢与否，这些因素都不可避免地紧密交织在一起。我们应对它们的方式将是这个即将到来的新世界对我们的决定性考验之一。

总结

2030 年的七个生存指南

你（与外部趋势）抗争，可能就是在与未来抗争。拥抱它们，你就会顺风顺水。

—— **杰夫·贝索斯**

亚马逊创始人兼首席执行官

爱因斯坦 1915 年首次提出广义相对论 100 多年后，2019 年，一个科学家团队宣布他们制作出第一张黑洞的摄影证据，举世震惊。这张照片实际上是由 8 个射电望远镜组成的国际网络在 4 天内拍摄的无数张静止照片合成得来的。领导这项工作的天体物理学家谢普德·多尔曼（Sheperd Doeleman）宣称："我们已经看到之前我们认为无法看到的东西。"

看见"无法看到的东西"是我在 2030 年的使命——努力将一个被人口变化、全球变暖、技术颠覆和地缘政治混乱重塑的新兴世界的隐喻性黑洞可视化。一切都是命中注定吗？

我们谁也无法预测未来，但我们可以明智地对待未来。为此我们必须不断地横向思考。以下是七个原则，我将在下文详细地逐一探讨：

1. 与不确定性共存
2. 有目标地实现多样化
3. 要想成功，从小处着手
4. 保留选择权
5. 乐观对待不确定性
6. 不要害怕匮乏
7. 把握当下

与不确定性共存

威廉·福克纳（William Faulkner）曾写道："只有当你鼓起勇气，告别海岸，你才能遨游到新的地平线。"对未知的恐惧使人们无法抓住2030年及以后将出现的巨大变革中蕴藏的机遇。让我用西班牙对墨西哥的征服来说明这一点，这是有史以来最危险、最不可能的探索之一。1519年，残暴的赫尔南·科尔特斯（Hernán Cortés）在前往阿兹特克人的首都特诺奇蒂特兰，也就是现在的墨西哥城的途中，在韦拉克鲁斯登岸，他下令将他的11艘船全部凿沉。他手下的一名士兵说，此举是确保手下的200多名士兵中无人能试图返回古巴。他要他们"依靠自己的利剑和勇敢的心"。

这名士兵名叫贝尔纳尔·迪亚斯·德尔·卡斯蒂略（Bernal Díaz del Castillo），他出生在西班牙西北部，离我的家乡不远。他于1514年动身前往美洲，18岁时写下自己的许多冒险经历。他的叙述揭示了科尔特斯是如何在对地形（包括物理性的和政治性的）只有粗略了解的情况下，召集他的军队对抗压倒性优势的。科尔特斯违背古巴总督迭戈·贝拉斯克兹·德·库埃里亚尔（Diego Velázquez de Cuéllar）让他们转身返回安全地带的命令；贝拉斯克兹派遣两个仆人前去催促……根据迪亚斯·德尔·卡斯蒂略的叙述，他得到命令和授权——取消对科尔特斯的任命，扣留舰队，将其逮捕，并把他作为囚犯送到圣地亚哥。

但科尔特斯不是一个鲁莽的傻瓜。他总是采取侧面的行动，这样万一冒险失败，他就可以掩盖自己的痕迹。迪亚斯·德尔·卡斯蒂略写道："我们在谈话中提出摧毁船只的建议，其实他已经做好了这个决定，但他希望这个建议看上去像是由我们提出的。这样，如果被索赔，他就可以找借口说他是按照我们的建议去做的，所有人都需要为赔款负责。"这次铤而走险的行动最终得到回报。1519年11月8日，他抵达特诺奇蒂特兰，此时距他从古巴启航已近一年。在一系列的小冲突、欺骗和阴谋之后，致命的天花出现了。1521年8月，阿兹特克帝国灭亡。

非洲的人口增长、移民、自动化和加密货币对大多数美国人来说都是充满挑战和威胁的危险性发展。其中一些担忧可能不是毫无根据的，但对这些担忧的恐惧反而阻碍了对新环境的适应。科尔特斯传递给我们的经验是，要克服恐惧就要向前看，直到看不见海岸。与其设想移民会与本地人竞争工作，不如横向思考，分析他们对经济的诸多贡献；与其对非洲的未来感到悲观，或许我们不如与非洲人合作，在这个十年结束前为非洲即将出生的4.5亿新生儿提供教育。自动化和加密货币背后的力量似乎势不可当，但或许我们可以接受技术颠覆的现实，拥抱创新，并确保没有人掉队。

有目标地实现多样化

在不确定的情况下，恐惧会使得人们进行多样化投资，以减少暴露于感知到的威胁。有句古老的谚语说不要把所有的鸡蛋放在同一个篮子里。投资者、经理和我们这些有幸拥有养老金的人，每天都在使用这条技巧，在不确定的市场中驾驭汹涌的波涛。尽管目的不同，但这一原则在其他许多情况下也是适用的。

以乐高为例，这家公司的产品吸引了一代又一代的儿童和成年人。20 世纪 90 年代这家总部位于丹麦一个古雅村庄的家族企业因电子游戏和其他电子玩具的流行而步履蹒跚，它决定将自己重塑为一家生活形态的公司，进军服装、珠宝和手表领域。它还成立了自己的视频游戏公司和主题公园部门，但这些努力最后都以惨败收场。2001 年，约尔根·维格·克努斯托普（Jørgen Vig Knudstorp）被任命为新一任首席执行官，他将经营方向重新放到积木上，并开始多元化经营，这一次目的明确且奏效。销量的急速飙升使得乐高超过孩之宝（Hasbro）和美泰（Mattel），成为全球最大的玩具公司，它被称为“玩具界的苹果”。那么是什么造就了这种变化？

如果你忽略了你的受众，忽略一开始给你带来优势的东西，多元化就会失败。乐高成立于 1932 年，在创始人的儿子哥德弗雷德·克里斯第森（Godtfred Christiansen）改进现有的自锁积木后，乐高于 1949 年开始生产其标志性的塑料积木；1958 年，该公司为其玩具申请美国专利。它背后的基本理念是兼容性。“在乐高之前，真的没有一个玩具系统可以相互兼容。”威尔·里德（Will Reed）说，他是一位数学老师、作家，也是乐高爱好者，“这个系统的多功能性让用户可以建造任何他们梦寐以求的东西：恐龙、汽车、建筑，甚至是只存在于未来世界的东西。”这个想法非常有活力。戴维·罗伯逊（David Robertson）在《砌砌复砌砌：乐高如何改写创新的规则并征服全球玩具产业》（*Brick by Brick: How LEGO Rewrote the Rules of Innovation and Conquered the Global Toy Industry*）一书中写道：“仅仅六组积木就能形成超过 9.15 亿种潜在组合。”乐高重新定义了玩具和游戏。该公司首席营销官朱莉娅·戈尔丁（Julia Goldin）表示：“乐高玩具注重解决问题及协作。这是一项帮助（孩子们）在这个世界上变得更强大、更成功的技能。我们相信，我们在孩子的成长中扮演着重要的角色。”

乐高意识到可持续成功的公式是缩小代沟，这是 2030 年的一个学习要点。它追求可搭建的动作玩偶、棋盘游戏、家庭风格的电影和连续剧，如《乐高大电影》《乐高星球大战》《乐高蝙蝠侠》《乐高忍者》。电视制作人约翰·汉隆（John Hanlon）表示：“无论年龄或能力如何，任何人都可以拿起乐高积木，自由发挥自己的想象力。”他和弟弟乔舒亚（Joshua）在 2011 年一起创建了乐高优兔。“乐高将年轻人和老年人聚集在一起，享受健康的、非电子的乐趣。”

但是，为了在 2030 年后繁荣发展，我们必须有目标地实现多样化。“想法就像兔子，”约翰·斯坦贝克（John Steinbeck）写道，“你只要有一对兔子，学会怎样饲养它们，你很快就会拥有一窝兔子。”按照这种思路，乐高最大胆的多元化策略与它的灵感来源有关，这也是我们未来需要解决的问题。乐高创意在线社区有近 100 万名成年人，这就是它将数字革命融入业务的方式——通过吸引用户而不是改变产品。借用詹姆斯·索罗维基（James Surowiecki）的畅销书标题——乐高依靠的是“群体的智慧”。乐高社交媒体和视频总监拉斯·西尔伯鲍尔（Lars Silberbauer）表示：“如果你想在一个持续混乱的世界里行动，你必须对你现在正在做的事情持有各种不同的看法。”乐高已经实施了一种不同的众包方式，让它的客户来定义核心用户的需求。

应对 2030 年，我们需要开放思想，接受各种新思路。如果认为坚持我们长期持有的信念和做事的方式能够帮助我们应对预期寿命的持续增长、人口老龄化和人工智能带来的影响，这纯粹是一种误导。当世界上有这么多活动部件时，“时间考验”实际上意味着“过时”。因此，我们需要对有关如何在智能机器时代对退休或职位描述重新定义的新观点持开放态度。

要想成功，从小处着手

在应对大规模变化时，另一个适得其反的信念是成功必须来自大的行动。当被恐惧困扰时，我们往往会反应过度。苹果是第一家市值达到 1 万亿美元的公司，这表明从小创意开始，通过反复迭代和横向思维逐步前进，比尝试一个重大突破要好得多。苹果颠覆了从计算机、电信到音乐和娱乐的一切，给我们带来了一系列不可缺少的小工具。然而，它的方法依赖于对现有产品和服务进行微小的、渐进的改变，并不断寻找新的组合、排列和横向联系。在《纽约客》一篇标题为“改良者”（The Tweaker）的文章中，马尔科姆·格拉德威尔（Malcolm Gladwell）深入思考了沃尔特·艾萨克森为史蒂夫·乔布斯写的传记，指出乔布斯并没有发明数字音乐播放器、智能手机或平板电脑，他只是使它们变得更好，“迫使开发人员做一个又一个版本，总共大约 20 次迭代，坚持一个又一个微小的调整”。苹果实际上是在向客户承诺，它的产品会随着时间的推移不断改进。每一项渐进式的改进都不是由宏大的计划推动的，而是由对新的市场和技术转变的预期及对客户反馈的反应推动的。这就像设计和现实之间持续的反馈循环。乔布斯知道，应对迅速变化的形势的最佳方式不是提前计划每一步，而是时刻了解如何在过程中改进。

除非你重新认识到自己在什么时候以及在什么地方出错，否则增量方法无法奏效。留意那些与你的现实模型不符合的反馈，然后认真对待，并相应地改变方向。这叫作“更新你的先知先觉”——在你前进的过程中愿意吸收新的信息。

想想看，即使证据表明你所做的并不奏效，你仍然固执地走在同一条路上。这种无益的做法被称为“承诺升级”，这个术语是由伯克利的心理学家巴里·斯托（Barry Staw）创造的。简单来说，这意味着当你面对消极的结果时，你会通过合理化或自我辩护来做决定，即使这只会导致更多的消极结果。你从来没有想过改变路线从而产生一个理想的结果，它正好落在你的盲点上。

有一个很好的例子证明在不改变路线的情况下增加承诺的危险性，那就是在阿富汗的一连串失败的外国干预。尽管威灵顿公爵曾发出警告，英、苏、美三国依然分别加紧了对这个幅员辽阔、崎岖不平的中亚国家的干预。这位军事天才在滑铁卢打败拿破仑，结束了这位法国人的光辉生涯。威灵顿曾观察到，在阿富汗，“小部队将被歼灭，大部队则将挨饿”。每支入侵阿富汗的军队都无视这一建议。由于战争无限期地进行着，看不到尽头，入侵者派遣越来越多的军队，但毫无结果。没有任何外部力量能够征服这个笨拙的国家，因为他们固执地坚持失败的行动方针。将军们屈服于赌徒在赌场可能犯的一个最基本的错误——认为坚持不懈就能结束连败。即使你在轮盘赌中输了10次，也不能保证轮盘在下一次旋转时落到红色上。随着2030年的临近，不要认为升级会奏效。巨大的变化需要渐进的适应，而不是固执己见。

保留选择权

如果你发现自己走进了死胡同，陷入会引发恐惧的绝境，那么横向移动和渐进式的调整就不可能发生。通过保留选择权，你可以确保自己适应游戏规则的变化。这个原则违背了许多领导思想和实践中的传统智慧，也违背了无数为日常生活提供建议的书籍中的传统智慧。例如，2011年《快公司》上有一篇文章——《为什么保留选择权是一个特别糟糕的主意》（Why Keeping Your Options Open Is a Really, Really Bad idea）。我却认为保留选择权是一个非常好的主意。如果你面对巨大的不确定性，怎么办？如果你不确定大规模的人口、经济和技术变革的影响，会怎样呢？当你不能把任何事情视为理所当然，当你无法对世界的未来状态做出安全的假设时，保持你的选择余地是不是一种继续前进的合理方式？如果你对未来的预测被证明是错误的，你难道不希望自己能够改变方向吗？

拥有选择权是有害的，这一观点借鉴了哈佛大学心理学教授丹·吉尔伯特（Dan Gilbert）的研究，他证明了可逆的决定会导致较低的满意度。显然，人们总是试图弄清楚自己是否已做出正确的选择，这浪费着他们的精力，并导致他们怀疑自己是否在正确的轨道上。保留选择权据说会导致较差的表现，因为你对任何一个选择的承诺都没有被锁定。

事实果真如此吗？

让我用一个儿时日常生活的例子来说明“选择思维”是如何运作的。我们家过去大部分夏天都是在祖父母家度过的，如果大人们把我们单独留在家里，我们就会邀请堂兄弟和邻居的孩子来玩捉迷藏。为了让游戏更刺激，我们会在黑暗中玩。三四十个年龄在5～15岁的孩子会关掉所有的灯，开始玩捉迷藏。这营造了恐怖的氛围，但还有另一个不确定和恐惧的来源与没有光无关。大一点儿的孩子会完全改变游戏规则，追着小一点儿的孩子在家里跑，把他们吓得半死。黑暗已经够糟糕的了，年幼的孩子们还不得不面对真正的恐惧。

捉迷藏是对许多人的困境的隐喻，他们害怕在快速变化的经济中被无助地抓住，面临未知的威胁。想想看，一个5岁的孩子会因为被大孩子抓住而惊慌失措。他进入一个房间，走向壁橱，躲在那里。不可避免的是，年幼的孩子会被年长的孩子发现并无情地挠痒痒，年幼的孩子没有机会选择逃跑。

为了避免这样的命运，若小孩们聘请麦肯锡咨询师提供建议，你认为他们会建议什么？

有很多事情可以改善孩子的处境。第一步是选择一个大房间而不是一个小的，这个房间最好有多个门。第二步就是保持门是开着的，躲的时候要和每扇门保持同样的距离，而不是躲在桌子下面或者壁橱里。遵循这一系列的决定，小孩会最大化他的选择的价值，而躲在衣柜里会把这些选项减少到零。

这就是保留选择权的全部意义。永远不要做那些让你陷入困境、无路可逃的决定。不要做任何妨碍横向调动的事情。避免做那些不可逆转或需要付出高昂代价才能逆转的决定。投资实物期权，实物期权与金融期权类似，在更大的不确定性出现时，它们的价值会增加。

让我们听一听麦肯锡的顾问解释其中的逻辑。该公司战略实践部门的副主管休·考特尼（Hugh Courtney）表示："实物期权之所以有价值，是因为它们允许决策者随着时间的推移进行再优化，而不会导致重大的沉没成本。"我们可以通过意识到在什么都不做和跳进游泳池这两个极端之间存在不同的灰色梯度，来掌握摆脱"要么拥有全部，要么一无所有；要么现在，要么永别"的困境的技巧。"期权保留了更大的不确定性带来的潜在上行空间，同时限制了下行空间。"在某种程度上，选择思维是一种更普遍的方法，它包括将承诺的行动作为一种更广泛选择的特殊情况。考特尼总结说："最好的战略决策者应该系统地处理实物期权和全承诺期权，并在决定是否保留期权时选择保留自己的期权。"这里的经验是，我们每个人都应该专注于保留我们的选择权，以免前方的转变令人猝不及防，导致最终无处可去。

乐观对待不确定性

传奇棒球投手鲍勃·费勒（Bob Feller）曾经说："每一天都是一个新的机遇。你可以建立在昨天的成功之上，也可以把失败抛在脑后——重新开始。"对不确定性的恐惧是巨大的压力源，即使是经验丰富的运动员也会受到"竞争焦虑"的影响，尤其是当他们在赛场上被意想不到的变化弄得失去平衡的时候——也许是对手难以置信的分数或者是一个非受迫性的失误使他们处于守势。音乐家和演员称之为“怯场”。

与优秀的运动员和音乐大师一样，当我们意识到已经失去对环境的控制，就会对自己的未来感到焦虑。对失败的焦虑促使我们努力避免损失，而不是锁定胜利。正如我们在第 1 章中读到的，这种现象被称为“损失厌恶偏见”。回想一下，这种偏见导致人们更倾向于避免损失，而不是锁定同等收益。

归根结底，我们越是关注机遇而非不利因素，我们成功应对 2030 年挑战的机会就越大。正如丘吉尔曾经说的：“悲观者在每个机会中看到困难，乐观者在每个困难中看到机会。”例如，气候变化似乎是一个棘手的问题，但每个问题都提供了行动的机会。

不要害怕匮乏

到 2030 年，我们将不得不解决淡水、清洁空气和适宜居住的土地短缺的问题。也许我们可以向那些不得不克服自身重大环境危机的古老社会学习一二。以复活节岛为例，它常被认为是世界上最偏远的人类居住地。这个占地 63 平方英里的小火山飞地曾经是一个令人惊叹的文明家园，它在艺术、宗教和政治方面取得了非凡的成就，建造了 1 000 多尊被称为摩艾的比真人大得多的雕像，最大的重达 80 多吨，高近 30 英尺。

早在 1722 年欧洲人到来之前，复活节岛文明就在大量消耗其资源基础后陷入了混乱。“复活节岛和整个现代世界的相似之处显而易见。”贾雷德·戴蒙德在他富有洞察力的畅销书《崩溃》（*Collapse*）中写道，“波利尼西亚复活节岛在太平洋上孤立无援，就像今天的地球在太空中一样”，没有逃脱的可能，也没有外界的帮助。“这就是为什么人们把复活节岛社会的崩溃看作一个比喻、一种最坏的情况，就像我们看待自己的未来一样历历在目。”

正如戴蒙德和其他人所讲述的，传统的故事讲述的是岛上十几个争夺领地的部族之间的狂热竞争。“随着时间的推移，雕像尺寸的增加表明敌对首领之间竞争的加剧，他们通过雕像互相超越……我无法抗拒这样一种想法，即它们是一种高人一等的表演。”戴蒙德的故事开始于人口增长和摩艾的雕刻竞争，然后是森林砍伐、集约农业和雕像运输、生物多样性遭受破坏、粮食减产，最终导致“饥饿，人口崩溃，并沦落到自相残杀”。

人类学家特里·亨特（Terry Hunt）和考古学家卡尔·利波（Carl Lipo）在他们的著作《行走的雕像》（*The Statues That Walked*）中讲述了一个不同的故事：并非是岛上的居民出于鲁莽的狂热耗尽岛上的森林，使生态天平向灾难倾斜。森林不是被人类破坏的，主要是被老鼠破坏的，当殖民者登上这个小岛的时候，老鼠也乘着独木舟和他们一起到此。岛上的居民也没有互相争斗，这可以从武器的缺乏和相对稀少的带有暴力证据的骨架看出。他们进行横向创新，在这片贫瘠的土地上养活不断增长的人口。渐渐地，这个岛变成一个个花园，大约有 2 500 个，由保护性的石墙围起来。

不管你觉得谁的叙述更有说服力，关键一点是要明白这个石器时代的文明之所以繁荣，首先不是因为它拥有丰富的资源，其实它未曾拥有过。两位考古学家写道，复活节岛的故事并不是生态自杀，而是岛上的居民采用创新方法坚持和恢复的故事。那么真正的谜团就不在于这个波利尼西亚社会为什么会崩溃，而在于它是如何在一个缺乏自然资源的小岛上历经数百年的发展而成功的。

岛上的居民的创新能力是最好的例证。他们设计和运输巨大的摩艾石像，并且没有使用轮子或牵引动物背后的技术。实验研究表明，由不超过 20 人组成的团队可以让这些雕像从岛上唯一的采石场沿着精心铺设的道路直立行走数英里，方法是用绳子有条不紊地从侧面摇动这些重达数吨的巨石，就好像它们是一个反向钟摆。十有八九他们没有使用木材来制作雪橇、滚轴或滑块。

毫无疑问，全球变暖目前是复活节岛文明面临的最大威胁。靠近海水的平台上的摩艾石像正面临被上升的海平面淹没的危险。管理复活节岛国家公园的原住民组织领导人卡米洛·拉普（Camilo Rapu）说："我们感到无能为力，连自己祖先的骨头都不能保护。这深深地刺痛着我们。"规划负责人塞巴斯蒂安·帕瓦（Sebastián Paoa）却持谨慎乐观的态度，他说："他们知道他们的环境正在恶化，分崩离析，但这并没有阻止他们在这里坚守下去。面对今天的气候变化也是如此。"放眼全球，当前的气候危机意味着，即使全球中产阶级消费继续增长、城市不断扩大，我们仍不得不坚持使用更少的资源、排放更少的温室气体。

考古学家保罗·巴恩（Paul Bahn）和植物学家约翰·弗伦利（John Flenley）在他们的著作中谈到复活节岛的历史中蕴含着双重信息，这或许是最恰当的表述。"这给我们的星球上了一课，同时也是人类创新能力和克服逆境的一个充满希望的例子——岛民成功地使自己适应新环境。"巴恩和弗伦利得出的结论是，复活节岛的独特之处与它的衰落无关，而是与"和平似乎已经统治一千年"这一事实有关。根据人类学家戴尔·辛普森（Dale Simpson）的说法，不同的领地族群之间似乎并没有竞争或冲突。相反，"继续保持最少资源的最大化使用这一模式表明了一种合作形式"，使各族群根据需要分享资源。辛普森断言："我认为这与崩溃模型相悖，即他们所做的都是为了建造更大的雕像。”

为了生存，岛上的居民甚至改变过他们的文化，这也是我们必须做的。“他们从一个基于神化祖先（典型的波利尼西亚模式）的宗教转变为信奉单一的神——神的创造者 Make Make，大多数典礼和仪式都与丰饶和多产有关，包括人类的生育。”新的文化习俗包括一年一度的比赛，或为“第一个蛋举行赛跑仪式”以选出作为下一年统治者的“鸟人”，这是一种相当和平而有效的应对资源不断萎缩的方式。因此，早在欧洲人到来之前，岛上的居民就已经开始远离创造摩艾这项庞大而耗力的任务。“据估计，1 500 年以后鲜有或再也没有雕像被竖立起来。”鸟人竞争是一种治理方案，解决了在属地部落中分配稀缺资源的问题，这与埃莉诺·奥斯特罗姆为克服公地悲剧而提出的方案如出一辙。也许我们可以通过地质学家戴维·布雷森（David Bressan）的研究得出结论，史前的复活节岛是一个“被剥夺多种未来可能性的社会”——和我们当今的社会一样。

随着我们向 2030 年迈进，我们的心态应该是通过创新和保护有限的财富来规避选择的减少。如果我们采取更加环保的举措，世俗的适应和横向思维将在阻止气候变化和其他全球威胁方面发挥作用。

把握当下

游戏规则一直在变。虽然对变化唯一可能的反应就是变化本身，但当它们显化自己时，你不能仅仅通过试图将损失最小化或一次一个地克服匮乏而成功地回应转变，不管这种转变是大是小。第七个也是最后一个原则是成为“冲浪者”，当人口、经济、文化和技术变革的浪潮向我们袭来时，要组织众人抓住它们。在莎士比亚的《裘利斯·凯撒》中，勃鲁托斯用非常简单的语言阐述了这个原则："倘不能顺水行舟，我们的事业就会一败涂地。"

驾驭变革浪潮的重要性体现在经济和技术的诸多领域。我们经常想知道下一个大的商业或技术突破会是什么。然而，发明的历史充满这样的例子：由于没有潮流作为推动力，这些创意的光辉时刻并没有来临。事实上，许多企业家是通过从遗忘中找回一些被搁置已久的洞察力或设备，然后在最初设想时或数年、数十年甚至数百年后为其注入新的生命。罗恩·米勒（Ron Miller）和亚历克斯·威廉（Alex Wilhelm）写道："如果你对科技行业的观察期足够长，你就会看到一些同样的想法被重新利用。也许它们第一次没有被理解，因为它们太超前。"WebVan在20世纪90年代提供送货上门服务，它失败了，20年后，创业洪流席卷了这个领域；IBM于1992年推出西蒙智能手机，并配有触摸屏键盘，比iPhone早15年；"信息权限管理"的概念出现在云计算普及之前的几年；微软的平板电脑比iPad早10年问世；PointCast在推特出现的10年前就提出过对消息长度进行字符限制的想法。米勒和威廉总结道："一个想法没有独创性并不意味着它不会成功。与早期公司首次尝试时相比，世界可能更愿意接受这些概念。"早熟的公司往往会衰落，那些等待合适时机的公司则会成功。雨果曾警告："一个思想的时代已经到来，你无法抗拒它。"

现在为2030年做准备还为时不晚。首先，也是必不可少的一步，是要认识到我们所了解的这个世界将在我们有生之年的某个时刻不可挽回地消失，最有可能发生的时间点就在10年内。这种意识必须推动人类对传统智慧发起挑战，而不是继续遵从继承的假设和思维方式。通过多样化的想法，循序渐进，保持选择的开放性，关注机会，将稀缺作为激励，顺势而行来寻求横向联系。

除非我们改变传统思维方式，否则将无法在 2030 年的挑战中生存下来。我们的传统思维方式过于线性和垂直，这无助于我们的发展。现在开始为前方的转变做好准备还不算太晚。成功将需要在每个侧面的建议和技巧之间取得微妙的平衡。记住：没有回头路可走。我们所知道的世界即将发生变化，即使有可能，也不会很快转变回来。规则正在改变并将永远改变。

剧作家尤金 · 奥尼尔（Eugene O’Neill）曾写道：“追求幸福是一个伟大的游戏。”

拥抱 2030 年，抓住未来的机遇。

后记

新冠肺炎疫情如何加剧世界变局

在撰写本书时（2020 年 3 月），新冠肺炎正在全球暴发。这场大流行病的规模还不十分明朗，但它一定会对全世界成千上万甚至数百万人造成影响。它对消费和金融市场的重大影响已经促使各国政府对本国财政和货币政策做出大幅调整，以将损失降到最低。截至 2020 年 8 月本书英文版首次出版时，很有可能长期的经济衰退与急剧上升的失业率这两个重要议题已为全人类需要面对的众多现实中的一部分。正如我在前言中所述，我们不可能知道未来会是怎样，但是新冠肺炎危机提供了一个研究未来趋势的独特案例：一个令人震惊且具有全球性后果的现象是如何影响本书中提出的论点的。

大多数人相信，如果“先”“后”趋势顺序明确，那么一场重大危机会扰乱当前的趋势。但与传统观点相反，新冠肺炎疫情就是这样一场危机，它很可能会加剧及加速（而不是阻挠）本书中分析的趋势。参照第 1 章中讨论的生育率下降问题，大流行病会加速这一趋势的原因有三：首先，当面临不确定性时，人们通常会推迟做出重大决定（比如生孩子）；其次，生育是一项财务承诺，经济衰退的威胁将迫使许多人重新考虑生育时机是否合适，20 世纪 30 年代“大萧条”和 2008 年金融危机之后都显现了这一点；最后，战争、自然灾害和大流行病等改变生活的重大事件扰乱了我们的日常生活和优先事项，其中也包括生育决定。

第 2 章讨论的代际经历的分化（即“代际差异”）是另一个将加速发展的趋势。截至本书撰写完成，新冠病毒被认为对免疫力有缺损的人（包括 60 岁以上的老年人和有先天疾病的人）有致命的伤害。病毒对不同年龄组的影响似乎也有差异，当我们考虑到如今不同代际间的融合交叉程度如此普遍时，这就更加令人不安。当我们展望人口和老龄化的未来，欧洲和东亚的人口组成侧重于老年群体，而非洲和南亚则出现了婴儿潮，如果全球的死亡率继续以我们看到的速度上升，世界人口比重向后者转移的速度只会加快。

新冠肺炎疫情还将加剧社会现有的不平等趋势，受影响最大的无疑是贫困劳动者和无家可归者，他们不太可能获得良好的医疗保健，而且他们的免疫系统可能已经因为不良饮食或肮脏破旧的生活条件受到损害。虽然病毒本身对人的危害不会因收入或医疗保健覆盖范围的差异而有所不同，但处于社会经济金字塔底层的人群更容易受到感染后果的影响。

我们也必须考虑到这场危机所引发的严重的经济后果。例如，对许多仍处于 2008 年金融危机后的复苏阶段的欧洲国家来说，这场大流行病发生在最糟糕的时间点，尤其是受此次疫情影响最严重的意大利和西班牙两国，由于公共部门资金严重不足，在应对疫情时显得捉襟见肘。第 3 章提到，欧洲中产阶级已经落后于新兴市场国家的中产阶级，并且这种趋势只会在疫情防控期间加速。对伊朗这类已经政治不稳定或经济脆弱的国家来说，由于焦虑的公众向各方不断施压，这场危机将是一次对国家领导力的严峻考验。

整个社会通常都已做好应对地震或飓风等常见自然灾害的准备，并且有一些指导性方针供个人和公司遵循，国家的基础设施建设（如商业建筑与民用住宅）都能够抵御这类灾害。应对大流行病类的疫情，我们是否也配备了相应的设施？2011—2017年，世界卫生组织记录了1 307起区域性的疫情暴发。一般来说，全球每40～70年就会经历一次全球性的大流行病：1855年的第三次鼠疫大流行，1918—1919年的大流感，20世纪80年代初开始的艾滋病大流行，还有2020年的新冠肺炎疫情。此外，大地震发生的时间间隔也大致相同。例如，在旧金山湾区，最近两次大地震分别发生于1906年和1989年。与地震应急计划相似，公共部门和私营企业都应该制定相关规程，以便当流行病暴发直至发展为大流行病的那一刻起能够实施有效的管理，这样可以缓解公众的过激情绪与担忧。当然，这还应该包括一个拥有良好医务人员和医疗设备的医疗体系，并能相应地增加其力度，以应对公共卫生危机。

除了政策性的决策，在人口稠密的区域，如城市（如第5章所述，城市是2030年及之后大多数人的发展方向），推行个人责任解决方案（“社交距离”“就地庇护”等方法）来限制流行病社区蔓延显得更为重要。这将加剧几个正在发展的趋势：网上购物（亚马逊发觉到需求激增，开启了疯狂招聘模式并增加了所有仓库员工的加班工资），虚拟通信（从远程工作到维持社交联系，几乎所有人都转而使用Zoom或瓦次艾普等通信服务来保持联络），数字娱乐（例如，电影、图书和音乐的制作人将被迫在网上寻找他们的客户，而不是在零售实体店）。已经成为一股颠覆性力量的共享经济将在危机下进一步加速分化发展，在可预见的未来，一些行业（如交通）将承担后果，而一些行业（如数字平台）将迎来兴起，这都将对我们的生活、工作、互动及经济产生持久且深远的影响。再加上正在出现的技术革命，我将其意义与第 6 章所探讨的寒武纪大爆发进行了比较。例如，3D 打印机已经被用于生产医疗必需品，如呼吸机和呼吸器，这表明这项技术将很快走向社会的前沿。

新冠肺炎疫情一类的事件，本书中所谈及的这些趋势是以怎样加剧及适应的过程展现在我们眼前的？大多数趋势——从生育率下降到代际动态变化，再到技术的应用，都将因大流行病而加速。但是我们必须扪心自问的关键问题是：像新冠肺炎疫情这样的事件（或者下一个不可预见的危机），是否会促使我们更全面地做好准备，又或者导致我们对已经发生的集体变化麻木不仁？正如我所论述的，这些变革将在未来十年内达到一个临界点。

致谢

没有一个作家是一座孤岛，本书的出版经历了漫长的打磨。我于七年前开始着手从事关于本书内容的研究。在此期间，受益于沃顿商学院和宾夕法尼亚大学美妙的学术环境，我得以专注于促成本书出版的研究工作。

与此同时，我有幸受到出版界最乐于助人和最富有乐趣的人的指导：Aevitas创意管理公司的简·冯·梅伦，来自圣马丁出版社的编辑普罗诺伊·萨尔卡、制作编辑艾伦·布拉德肖和文案编辑休·沃尔高，蒙泰罗公司的芭芭拉·蒙蒂罗，还有我在FINN Partners的公关团队——保罗·斯里克、路易莎·巴克斯利和斯泰西·托帕利安。Chartwell演讲事务所的弗朗西斯·霍克也帮助宣传了本书及其主要思想。他们的专业精神和纯粹的智力驱动是我的灵感和动力源泉。简为我在出版界开辟了一个全新的天地。普罗诺伊是我能找到的最称职的编辑，他专注于观点的首要地位和表达它们的最佳方式。我也要感谢米歇尔·卡什曼、加比·甘茨、劳拉·克拉克、保罗·霍克曼、欧文·塞拉诺及圣马丁出版社团队的其他成员，感谢他们为本书做出的贡献。

我还要诚挚地感谢上千名学生、高管和决策者，他们在我做演讲的时候，基于本书的内容向我提出过各种尖锐的问题。我还收到了成千上万上过我的 Coursera 和沃顿在线课程的人的鼓励和反馈。贝尼托·卡奇内罗、乔西·曼纽尔·坎帕、卡洛斯·克鲁兹、阿尔瓦罗·库尔沃、穆罕默德·埃尔-埃利安、胡里奥·加西亚·科博、杰弗里·加勒特、维多利亚·约翰逊、埃米利奥·翁蒂韦罗斯、桑德拉·苏亚雷斯和约瑟夫·韦斯特法尔为我提供了大量的本书中各个主题的优秀资料和提示。

在我的妻子桑德拉、我的女儿丹妮拉和安德烈娅的支持下，我得以全身心投入本书的写作，并能够不断地去遥远的地方搜寻素材。谨以此书献给她们三人。

资料来源

一些事实与数据

1. 所有网站的最后访问日期为 2019 年 11 月 1 日。
2. 关于非洲农业，请参阅非洲发展银行，“Africa Agribusiness,” https://www.afdb.org/en/news-and-events/africa-agribusiness-a-us-1-trillion-business-by-2030-18678。
3. 对女性财富的预测来自凯捷咨询公司和 RBC 财富管理公司，*World Wealth Report*,2014, https://worldwealthreport.com/wp-content/uploads/sites/7/2018/10/2014-World-Wealth-Report-English.pdf。
4. 关于饥饿和肥胖的预测来自联合国，请参阅“Goal 2: Zero Hunger,” https://www.un.org/sustainable-development/hunger; UN, “Pathways to Zero Hunger,” https://www.un.org/zerohunger/content/challenge-hunger-can-be-eliminated-our-lifetimes; T.Kelly et al., “Global Burden of Obesity in 2005 and Projections to 2030,” *International Journal of Obesity* 32, no. 9 (2008): 1431–1437; WHO, “Obesity and Overweight,” February 16, 2018, https://www.who.int/news-room/fact-sheets/detail/obesity-and-overweight##targetText=Some%20recent%20WHO%20global%20estimates,%25%20of%20women)%20were%20overweight。另参阅第 5 章的资料来源。
5. 关于城市的数据，参阅第 5 章的资料来源。
6. 关于新生儿的数据和预测，参阅第 1 章的资料来源。
7. 关于中产阶级的数据和预测，参阅第 3 章的资料来源。

前言

1. 所有网站的最后访问日期为 2019 年 9 月 22 日。
2. 前言中提到的统计数据在后续章节中都有引用。
3. 在《杀死一只知更鸟》一书中泰勒法官的话在第 17 章。
4. 印度火星任务预算在 Ipsita Agarwal 中讨论，“These Scientists Sent a Rocket to Mars for Less than It Cost to Make ‘The Martian,’” *Wired*, March 17, 2017. 也可参阅 Jonathan Amos, “Why India’s Mars Mission Is So Cheap—and Thrilling,” BBC, September 24, 2014, https://www.bbc.

com/news/science-environment-29341850。

5. 关于印度在月球上发现水和美国国家航空航天局的确认，请参阅 Helen Pidd, “India’s First Lunar Mission Finds Water on Moon,” *Guardian*, September 24, 2009; Jesse Shanahan, “NASA Confirms the Existence of Water on the Moon,” *Forbes*, August 22, 2018。
6. 德·波诺的话引自 Shane Snow, “How to Apply Lateral Thinking to Your Creative Work,” 2014, https://99u.adobe.com/articles/31987/how-to-apply-lateral-thinking-to-your-creative-work。
7. 乔治·戴和保罗·舍梅克出版的图书为 *Peripheral Vision: Detecting the Weak Signals That Will Make or Break Your Company* (Boston: Harvard Business School Press, 2006)。
8. 普鲁斯特的话引自他的书 *The Captive* 的第五卷 *Remembrance of Things Past*, 1923 年出版。可在 http://gutenberg.net.au/ebooks03/0300501h.html 上查看。

1. 人口大逆转

1. 所有网站的最后访问日期为 2019 年 5 月 12 日。
2. 埃德温·坎南的话引自 V. C. Sinha and Easo Zacharia, *Elements of Demography* (New Delhi: Allied Publishers, 1984), 233.
3. 保罗和安妮·埃利希出版的图书为 *The Population Bomb*, 1968 年由 Sierra Club/Ballantine Books 出版。由于某种原因，安妮没有被认定为作者。有关不同人口理论的简明指南，请访问 http://www.economicsdiscussion.net/theory-of-population/top-3-theories-of-population-with-diagram/18461。关于人口统计学理论与趋势的详细介绍参见 *Global Turning Points*, by Mauro F. Guillén and Emilio Ontiveros, 2nd ed. (Cambridge: Cambridge University Press, 2016). 人口、生育率和预期寿命的数据与预测由联合国人口司定期汇总和更新，http://www.un.org/en/development/desa/population。图 3 的数据统计使用中位人口估算。
4. 马尔萨斯的观点引自 *An Essay on the Principle of Population*, 最初出版于 1798 年 , http://www.esp.org/books/malthus/population/malthus.pdf, 44。美国人性欲望下降的情况，请参阅 Jean M. Twenge, Ryne A. Sherman, and Brooke E. Wells, “Declines in Sexual Frequency Among American Adults, 1989–2014,” *Archives of Sexual Behavior* 46, no. 8 (2017): 2389–2401。
5. 关于停电及其对生育率的影响，请参阅 A. Burlando, “Power Outages, Power Externalities, and Baby Booms,” *Demography* 51, no. 4 (2014): 1477–1500; and Amar Shanghavi, “Blackout Babies: The Impact of Power Cuts on Fertility,” *CentrePiece* (London School of Economics), Autumn 2013。
6. 关于为什么美国人没有像过去一样多生孩子的调研与个人案例，请参阅 Claire Cain Miller, “Americans Are Having Fewer Babies. They Told Us Why,” *New York Times*, July 5, 2018。在美国抚养一个孩子的成本估算汇总，请参阅 Abha Bhattarai，“It’s More Expensive than Ever to Raise a Child in the U.S.,” *Washington Post*, January 10, 2017。
7. 有关加里·贝克尔的人口学理论的总结，请参阅 Matthias Doepke，“Gary Becker on the Quantity and Quality of Children,” *Journal of Demographic Economics* 81 (2015): 59–66。引自 Gary Becker, *A Treatise on the Family* (Cambridge, MA: Harvard University Press, 1991), 144。
8. 独生子女政策实施前后的中国农村与城镇地区的生育率数据来自 Junsen Zhang, “The Evolution of China’s One-Child Policy and Its Effects on Family Outcomes,” *Journal of Economic Perspectives* 31, no. 1 (2017): 141–160。有关独生子女政策的讨论，请参阅 Martin King Whyte, Wang Feng, and Yong Cai, “Challenging Myths About China’s One-Child Policy,” *China Journal* 74 (2015): 144–159, 以及 Amartya Sen, “Women’s Progress Outdid China’s One-Child Policy,” *New York Times*, November 2, 2015。
9. 关于中国因独生子女政策而产生的储蓄盈余，请参阅 Shang-Jin Wei and Xiaobo Zhang,

"The Competitive Savings Motive: Evidence from Rising Sex Ratios and Savings Rates in China," NBER Working Paper no. 15093, 2009; Taha Choukhmane, Nicolas Coeurdacier, and Keyu Jin, "The One-Child Policy and Household Savings," September 18, 2014, https://economics.yale.edu/sites/default/files/tahamaclunch100214_2.pdf。

10. 数字约会服务的数据引自 Statista, *eServices Report 2017* (Hamburg: Statista, 2017)。在中国交友平台上的实验，请参阅 David Ong and Jue Wang, "Income Attraction: An Online Dating Field Experiment," *Journal of Economic Behavior and Organization* 111 (2015): 13–22。
11. 西伯利亚的男性短缺由 Caroline Humphrey 研究，请参阅 Mira Katbamna, "Half a Good Man Is Better than None at All," *Guardian*, October 26, 2009, 也可参阅 Kate Bolick, "All the Single Ladies," *Atlantic*, November 2011。
12. Samuel Owiti Awino、Celestina Mumba、Felix Afolabi 及其他非洲农民的故事，见非洲农业技术基金会网站 https:// www.aatf-africa.org/fieldstories。
13. 关于非洲 54 个主权国家，请参阅 Center for Systemic Peace, Global Report 2017, www.systemicpeace.org/vlibrary/GlobalReport2017.pdf。
14. 关于非洲的木薯种植，请参阅 Emiko Terazono, "African Farming: Cassava Now the Centre of Attention," *Financial Times*, January 21, 2014。Naomi Wanjiru Nganga 的故事请参阅 Harry McGee, "How the Mobile Phone Changed Kenya," *Irish Times*, May 14, 2016。肯尼亚的电子健康倡议请参阅 Martin Njoroge, Dejan Zurovac, Esther A. A. Ogara, Jane Chuma, and Doris Kirigia, "Assessing the Feasibility of eHealth and mHealth: A Systematic Review and Analysis of Initiatives Implemented in Kenya," *BMC Research Notes* 10 (2017): 90–101。
15. 关于移民特征的数据、分析和引自 *UN Migration Report 2015* (New York: United Nations, 2015); OECD, *Is Migration Good for the Economy*? (Paris: OECD, 2014); Giovanni Peri, "Immigrants, Productivity, and Labor Markets," *Journal of Economic Perspectives* 30, no. 4 (2016): 3–30; David H. Autor, "Why Are There Still So Many Jobs?," *Journal of Economic Perspectives* 29, no. 3: 3–30; National Academies of Sciences, Engineering and Medicine, *The Economic and Fiscal Consequences of Immigration* (Washington, DC: National Academies Press, 2017)。
16. 有关在美国工作的外籍人员的统计数据，请参阅 Nicole Prchal Svajlenka, "Immigrant Workers Are Important to Filling Growing Occupations," Center for American Progress, May 11, 2017, https://www.americanprogress.org/issues/immigration/news/2017/05/11/431974/immigrant-workers-important-filling-growing-occupations。有关布里塔 · 格伦农的研究，请参阅 Stuart Anderson, "Restrictions on H-1B Visas Found to Push Jobs Out of the U.S.," *Forbes*, October 2, 2019。
17. 关于移民创办的企业和公司的数据和分析引自 Stuart Anderson, *American Made 2.0: How Immigrant Entrepreneurs Continue to Contribute to the U.S. Economy* (Washington, DC: National Venture Capital Association, 2015); Stuart Anderson, *Immigrant Founders and Key Personnel in America's 50 Top Venture-Funded Companies* (Arlington, VA: National Foundation for American Policy, 2011); Stuart Anderson, *Immigrants and Billion Dollar Startups* (Arlington, VA: National Foundation for American Policy, 2016)。
18. 供职于美国医疗机构的外籍员工的数据来自乔治梅森大学移民研究院，"Immigrants in Healthcare," June 2016; Anupam B. Jena, "U.S. Immigration Policy and American Medical Research: The Scientific Contributions of Foreign Medical Graduates," *Annals of Internal Medicine* 167, no. 8 (2017): 584–586。
19. 关于损失厌恶偏见，请参阅 Daniel Kahneman and Amos Tversky, "Choices, Values, and Frames," *American Psychologist* 39, no. 4 (1984): 341–350; Daniel Kahneman and Amos Tversky, "Advances in Prospect Theory: Cumulative Representation of Uncertainty," *Journal*

of Risk and Uncertainty 5, no. 4 (1992): 297–323; Thea Wiig, "Can Framing Change Individual Attitudes Towards Migration?," master's thesis, University of Bergen, 2017, https://pdfs.semanticscholar.org/f48f/2aac7860277f9fb97e234f0d28963b5d618d.pdf; Mehtap Akgüç et al., "Risk Attitudes and Migration," *China Economic Review* 37, no. C (2016): 166–176; William A. V. Clark and William Lisowski, "Prospect Theory and the Decision to Move or Stay," *Proceedings of the National Academy of Sciences* 114, no. 36 (2017): E7432–E7440; Mathias Czaika, "Migration and Economic Prospects," *Journal of Ethnic and Migration Studies* 41, no. 1 (2015): 58–82; James Surowiecki, "Losers!," New Yorker, May 30, 2016。

20. 关于移民对社会保障的影响，请参阅 *The 2018 Report of the Board of Trustees of the Federal Old-Age and Survivors Insurance and Federal Disability Insurance Trust Funds* (Washington, DC: Social Security Administration, 2018), https://www.ssa.gov/OACT/TR/2018/tr2018.pdf; Andrew Cline, "Social Security and Medicare Are Slowly Dying, but No One in Washington Will Lift a Finger," *USA Today*, June 13, 2018; Alexia Fernández Campbell, "Why Baby Boomers Need Immigrants to Fund Their Retirement," *Vox*, October 23, 2018, https://www.vox.com/2018/8/1/17561014/immigration-social-security; Nina Roberts, "Undocumented Immigrants Quietly Pay Billions into Social Security and Receive No Benefits," Marketplace, January 28, 2019, https://www.marketplace.org/2019/01/28/undocumented-immigrants-quietly-pay-billions-social-security-and-receive-no。
21. 关于人才流通的概念，请参阅 AnnaLee Saxenian, "From Brain Drain to Brain Circulation: Transnational Communities and Regional Upgrading in India and China," *Studies in Comparative International Development* 40 (2005): 35–61。世界银行关于跨国企业家的研究报告请参阅：*Diaspora Networks and the International Migration of Skills* (Washington, DC: World Bank, 2006)。关于吴敏的内容，请参阅 Anna Lee Saxenian, "Brain Circulation: How High-Skill Immigration Makes Everyone Better Off," Brookings Institution, 2002, https://www.brookings.edu/articles/brain-circulation-how-high-skill-immigration-makes-everyone-better-off。关于金哲仁的内容请参阅 Tim Hyland, "Kim: 'There Is Much to Be Done,'" *Wharton Magazine*, Summer 2010, http://whartonmagazine.com/issues/summer-2010/kim-there-is-much-to-be-done/#sthash.bepdPPNK.dpbs。
22. 加拿大会议委员会的研究报告，请参阅 https://www.conferenceboard.ca/press/newsrelease/2018/05/15/imagining-canada-s-economy-without-immigration?AspxAutoDetectCookieSupport=1。

2. 银发族引领新潮流

1. 所有网站的最后访问日期为 2019 年 7 月 9 日。
2. 在本章中，关于不同年龄组人口数量的数据来自 United Nations, World Population Prospects, 2019 Revision, https://population.un.org/wpp。
3. 摩根士丹利的资料引自 John Gapper, "How Millennials Became the World's Most Powerful Consumers," *Financial Times*, June 6, 2018。有关千禧一代的媒体头条编自 Carly Stern, "'I Wanted to Make a Memorial of All Our Destruction,'" *Daily Mail*, August 17, 2017。
4. 有关美国按年龄组划分的医疗保健支出的分析，请参阅 Tate Ryan-Mosley, "U.S. Health-Care Costs Are Soaring, but Don't Blame Old People," *MIT Technology Review*, September–October 2019, 57。
5. 关于老年人的财富，请参阅 AARP and Oxford Economics, *The Longevity Economy: How People over 50 Are Driving Economic and Social Value in the US*, September 2016, https://www.

aarp.org/content/dam/aarp/home-and-family/personal-technology/2016/09/2016-Longevity-Economy-AARP.pdf。

6. 尼尔·豪的引述和美联储的财富数据，请参阅 Neil Howe, "The Graying of Wealth," *Forbes*, March 16, 2018。引自 John Dos Passos，https://www.brainyquote.com/quotes/john_dos_passos_402864。Linda Bernstein, "What to Say When They Blame It on the Boomers," *Forbes*, November 15, 2016。
7. 文中引用的世代理论来自 Karl Mannheim, "The Problem of Generations," *Essays on the Sociology of Knowledge*, 由 Paul Kecskemeti 编辑 (London: Routledge & Kegan Paul, 1952), 276–322; Pierre Bourdieu, *Outline of a Theory of Practice* (Cambridge: Cambridge University Press, 1977)。
8. 佩吉·努南的话引自 https://www.brainyquote.com/quotes/peggy_noonan_159262。
9. 斯特凡诺·哈特菲尔德的文章，请参阅 "Why Is Advertising Not Aimed at the Over-50s?," *Guardian*, December 3, 2014。AARP 的文章，请参阅 "Selling Older Consumers Short", https://www.aarp.org/money/budgeting-saving/info-2014/advertising-to-baby-boomers.html。
10. 有关老年人作为消费者群体的内容，请参阅 Paul Irving, "Aging Populations: A Blessing for Business," *Forbes*, February 23, 2018; "The Grey Market," *Economist*, April 7, 2016; Elizabeth Wilson, "Find Hidden Opportunities in the Senior Market," *Entrepreneur*, April 16, 2019。威尔逊的文章引自玛丽亚·亨克，而香奈儿的引述请参阅 Ben Cooper, "Analysis: Why Retailers Should Be Engaging the Aging," *Retail Week*, July 28, 2017。
11. 杰夫·比尔、萨拉·拉比阿和娜迪亚·图马的引述，请参阅 Jeff Beer, "Why Marketing to Seniors Is So Terrible," *Fast Company*, June 6, 2019。
12. 有关洗衣机的引文，请参阅 Nellie Day, "Elder Friendly Guide to Top-Loading Washing Machines," Elder Gadget, December 1, 2019, http://eldergadget.com/eldergadget-guide-to-top-loading-washing-machines。
13. 有关老年人生活质量的数据来自 "The United States of Aging Survey," https:// www.aarp.org/content/dam/aarp/livable-communities/old-learn/research/the-united-states-of-aging-survey-2012-aarp.pdf。
14. 国际理事会关于年龄友好型健身中心的内容，请参阅 https://www.icaa.cc/facility-locator/facilitylocator.php。
15. 来自 eMarketer 的关于老年人网上购物的数据，请参阅 https://www-statista-com.proxy.library.upenn.edu/statistics/868862/online-shopping-buying-related-activities-internet-users。可自由支配的开支的数据来自 Fung Global Retail and Technology, *The Silver Wave: Understanding the Aging Consumer*, 2016, https://www.fbicgroup.com/sites/default/files/Silver%20Wave%20The%20Aging%20Consumer%20Report%20by%20Fung%20Global%20Retail%20Tech%20May%2023%202016_0.pdf。
16. 关于飞利浦的部分，请参阅 https://www.philips.nl/en/a-w/philips-museum.html, 以及其他网络资料。
17. 詹妮弗·乔利的话引自她的文章 "Best New Tech to Help Aging Parents," *USA Today*, May 11, 2014。
18. 关于互联网使用和经济衰退，请参阅 Shelia R. Cotton, George Ford, Sherry Ford, and Timothy M. Hale, "Internet Use and Depression Among Retired Older Adults in the United States," *Journals of Gerontology*, *Series B*, 69, no. 5 (September 2014): 763–771。有关安嫩娜·麦克莱斯基的内容引自 Robin Erb, "Teaching Seniors to Use Internet Cuts Depression Risk," *USA Today*, April 22, 2014。
19. 关于 Rendever 的部分，请参阅 Gökay Abacı, "Reconnecting the Elderly with the Joys of Everyday Life Through Virtual Technology," *Medium*, August 8, 2018, https://medium.com/@

MassChallengeHT/reconnecting-the-elderly-with-the-joys-of-everyday-life-through-virtual-reality-277bf957483e。关于外骨骼，请参阅 Jonas Pulver, "An Ageing Japan Looks to Mechanical Exoskeletons for the Elderly," *World Weekly,* February 4, 2016。
20. 关于美国股票市场市盈率的研究，请参阅 Zheng Liu and Mark M. Spiegel, "Boomer Retirement: Headwinds for U.S. Equity Markets?," FRBSF Economic Letter 2011-26, Federal Reserve Bank of San Francisco, August 22, 2011, http://www.frbsf.org/publications/economics/letter/2011/el2011-26.html。
21. 关于劳、科坦斯基、弗拉克斯和蒂施勒的引述，请参阅 Penny Crosman, "6 Fintechs Targeting Seniors and Their Families," *American Banker*, June 20, 2018。
22. 关于老年企业家，请参阅 Lauren Smiley, "Late-Stage Startup," *MIT Technology Review*, September–October 2019; Roger St. Pierre, "How Older Entrepreneurs Can Turn Age to Their Advantage," *Entrepreneur*, May 26, 2017。
23. 关于老年人的经济虐待，请参阅 Sara Zeff Geber, "Hot Tech Solutions to Keep Older Adults Safe from Financial Abuse," *Forbes*, April 23, 2019; Victoria Sackett, "New Law Targets Elder Financial Abuse," AARP, May 24, 2018, https://www.aarp.org/politics-society/government-elections/info-2018/congress-passes-safe-act.html。关于 EverSafe，请参阅 Financial Solutions Lab, "EverSafe," http://finlab.finhealthnetwork.com/challenges/2017/eversafe。
24. 柯利森和温斯托克的引述，请参阅 Kenneth Terrell, "Why Working After Retirement Works," AARP, August 13, 2018, https://www.aarp.org/work/working-at-50-plus/info-2018/why-work-after-retirement.html。
25. 有关宝马的跨代团队，请参阅 Helen Dennis, "The HR Challenges of an Ageing Workforce," *HR Magazine*, February 16, 2016; Robert M. McCann, "Aging and Organizational Communication," *Oxford Research Encyclopedias: Communication*, August 2017, doi: 10.1093/acrefore/9780190228613.013.472。
26. 关于千禧一代的不同观点，请参阅 Jean Twenge, *Generation Me: Why Today's Young Americans Are More Confident, Assertive, Entitled—and More Miserable than Ever Before* (New York: Free Press, 2006); *PR Newswire*, October 20, 2016; William Strauss and Neil Howe, *Millennials Rising: The Next Great Generation* (New York: Vintage Original, 2000); David Burstein, *Fast Future: How the Millennial Generation Is Shaping Our World* (Boston: Beacon Press, 2013); Eric Hoover, "The Millennial Muddle," *Chronicle of Higher Education*, October 11, 2009; Jia Tolentino, "Where Millennials Come From," *New Yorker*, November 27, 2017; Council of Economic Advisers, 15 *Economic Facts About Millennials*, October 2014, https://obamawhitehouse.archives.gov/sites/default/files/docs/millennials_report.pdf; World Values Survey, http://www.worldvaluessurvey.org/WVSContents.jsp?CMSID=Findings; Kathleen Shaputis, *The Crowded Nest Syndrome* (New York: Clutter Fairy, 2004)。
27. 关于千禧一代和储蓄，请参阅 Josh Zumbrun, "Younger Generation Faces a Savings Deficit," *Wall Street Journal*, November 9, 2014; Bank of America, 2018 *Better Money Habits Millennial Report*, https://bettermoneyhabits.bankofamerica.com/content/dam/bmh/pdf/ar6vnln9-boa-bmh-millennial-report-winter-2018-final2.pdf。
28. 关于 Z 世代，请参阅 Varkey Foundation, "Generation Z," January 2017, https://www.varkeyfoundation.org/what-we-do/policy-research/generation-z-global-citizenship-survey。
29. 关于中国老年人，请参阅 Chong Koh Ping, "China's Elderly: Old and Left Behind," *Straits Times*, October 28, 2017; Jieyu Liu, "Ageing, Migration, and Familial Support in Rural China," *Geoforum* 51 (January 2014): 305–312。
30. 关于养老院式宿舍，请参阅 Tiffany R. Jansen, "The Nursing Home That's Also a Dorm," Citylab, October 2, 2015, https://www.citylab.com/equity/2015/10/the-nursing-home-thats-also-a-

dorm/408424。
31. 莱文的观点引自 Bridey Heing, *Critical Perspectives on Millennials* (New York: Enslow, 2018), 23。
32.《连线》与辉瑞的老龄化项目，请参阅“The Future of Getting Old: Rethinking Old Age,” *Wired*, April 2018, https://www.wired.com/brandlab/2018/04/the-future-of-getting-old。

3. 新兴市场的中产阶级

1. 所有网站的最后访问日期为 2019 年 8 月 29 日。
2. 玛格丽特·哈尔西对中产阶级的看法引自她的著作 *The Folks at Home* (New York: Simon & Schuster, 1952)。
3. 塔塔Nano的内容请参阅“Ratan Tata Hands Over First Three Nano Cars to Customers,” *Economic Times*, July 17, 2009; Saurabh Sharma, “How a Scooter on a Rainy Day Turned into Ratan Tata's Dream Project Nano,” *Business Today*, April 14, 2017; Kamalika Ghosh, “It's Time to Say Ta-Ta to the World's Cheapest Car,” *Quartz*, July 13, 2018。关于韦伯–斯蒂芬烧烤架在印度的成功，请参阅 Dave Sutton, “8 Common Mistakes When Expanding into Emerging Markets,” TopRight, April 20, 2017, https:// www.toprightpartners.com/insights/8-common-mistakes-expanding-emerging-markets;Natasha Geiling, “The Evolution of American Barbecue,” *Smithsonian.com*, July 18, 2013; Shrabonti Bagchi and Anshul Dhamija, “Licence to Grill: India Takes to the Barbecue,” *Times of India*, November 18, 2011。
4. 世界各地中产阶级购买力的数据引自 Homi Kharas, “The Unprecedented Expansion of the Global Middle Class,” Brookings Institution, February 2017, https://www.brookings.edu/wp-content/uploads/2017/02/global_20170228_global-middle-class.pdf。“双十一购物节”、“黑色星期五”和“网络星期一”期间的销售额比较，请参阅 Niall McCarthy, “Singles' Day Sets Another Sales Record,” Statista, November 12, 2018, https://www.statista.com/chart/16063/gmv-for-alibaba-on-singles-day。
5. 查尔斯·狄更斯的观点引自他 1855 年 10 月写给威廉·C. 麦克雷迪的一封信，http://www.victorianweb.org/authors/dickens/ld/bezrucka1.html。乔治·奥威尔的话摘自 *The Road to Wigan Pier*, http://gutenberg.net.au/ebooks02/0200391.txt。克莱夫·贝尔的话摘自 Clive Crook, “The Middle Class,” *Bloomberg*, March 2, 2017, https://www.bloomberg.com/quicktake/middle-class. J.K. 罗琳的话摘自 https://www.stylist.co.uk/people/life-according-to-jk-rowling-harry-potter-books/18793。关于荷马·辛普森的经济地位，请参阅“Homer Simpson: An Economic Analysis,” posted by Vox on YouTube on September 16, 2018, https://youtu.be/ 9D420SOmL6U。
6. 玛格丽特·哈尔西的引述，请参阅 *The Folks at Home* (New York: Simon & Schuster, 1952); 格特鲁德·斯坦的引述，请参阅 *Three Lives* (New York: Pocket Books, 2003), 250。
7. 关于从众心理的概念，请参阅 Damon J. Phillips and Ezra W. Zukerman in “Middle Status Conformity: Theoretical Restatement and Empirical Demonstration in Two Markets,” *American Journal of Sociology* 107, no. 2 (September 2001).
8. 对违法行为的研究，请参阅 P. Piff et al., “Higher Social Class Predicts Increased Unethical Behavior,” *Proceedings of the National Academy of Sciences of the United States of America*, 109, no. 11 (2012): 4086–4091.
9. 周元燕的故事请参阅 David Pilling, “Asia: The Rise of the Middle Class,” *Financial Times*, January 4, 2011；约翰·蒙代的故事请参阅 Norimitsu Onishi, “Nigeria Goes to the Mall,” *New York Times*, January 5, 2016.
10. 德勤的研究“Africa: A 21st Century View”，请参阅 https://www2.deloitte.com/content/dam/Deloitte/ng/Documents/consumer-business/the-deloitte-consumer-review-africa-a-21st-century-

view.pdf；非洲品牌的排名，请参阅 http://www.brandafrica.net/Rankings.aspx。
11. 有关专利权的数据请参阅 World Intellectual Property Organization, "World Intellectual Property Indicators 2017," 12, http://www.wipo.int/edocs/pubdocs/en/wipo_ pub_941_2017.pdf。
12. 胡克家具公司的内容，请参阅 Jason Margolis, "North Carolina's Fight to Keep Its Foothold on Furniture," *The World*, May 2, 2018, https://www.pri.org/stories/2018-05-02/north-carolina-s-fight-keep-its-foothold-furniture。其他数据引自 Hooker Furniture,"Creating Opportunities: 2018 Annual Report," http://investors.hookerfurniture.com/static-files/3551b785-4637-4d55-a5b7-8221c1b15164。
13. 皮尤的研究 "The American Middle Class Is Losing Ground," 请参阅 http://www.pewsocialtrends.org/2015/12/09/the-american-middle-class-is-losing-ground。
14. Spotify 的销售数据可以在该公司的首次公开募股文件中查阅，https://www.sec.gov/Archives/edgar/data/1639920/000119312518063434/d494294df1.htm。关于 Netflix 的数据引自 Louis Brennan, "How Netflix Expanded to 190 Countries in 7 Years," *Harvard Business Review*, October 12, 2018; Manish Singh, "Netflix Will Roll Out a Lower-Priced Subscription Plan in India," TechCrunch, July 17, 2019, https://techcrunch.com/2019/07/17/netflix-lower-price-india-plan; P. R. Sanjai, Lucas Shaw, and Sheryl Tian Tong Lee, "Netflix's Next Big Market Is Already Crowded with Cheaper Rivals," *Economic Times*, July 20, 2019, https://economictimes.indiatimes.com/industry/media/entertainment/media/netflixs-next-big-market-is-already-crowded-with-cheaper-rivals/articleshow/70287704.cms。
15. 美国公司在世界各地失败的案例引自 "10 Successful American Businesses That Have Failed Overseas," International Business Degree Guide, September 12, 2013, https://www.internationalbusinessguide.org/10-successful-american-businesses-that-have-failed-overseas。
16. 关于中国年轻消费者放纵消费行为的内容引自 Yiling Pan, "Why Chinese Mille-nnials Are Willing to Max Out Their Cards for Luxury Goods," https://www.scmp.com/magazines/style/people-events/article/2178689/can-chinas-debt-ridden-millennial-and-gen-z-shoppers; 请参阅 Stella Yifan Xie, Shan Li, and Julie Wernau, "Young Chinese Spend Like Americans—and Take on Worrisome Debt," *Wall Street Journal*, August 29, 2019。
17. 中美两国的回收问题，请参阅 Cassandra Profita, "Recycling Chaos in U.S. as China Bans 'Foreign Waste,'" *Morning Edition*, NPR, December 9, 2017, https://www.npr.org/2017/12/09/568797388/recycling-chaos-in-u-s-as-china-bans-foreign-waste; Sara Kiley Watson, "China Has Refused to Recycle the West's Plastics. What Now?," NPR, June 28, 2018, https://www.npr.org/sections/goatsandsoda/2018/06/28/623972937/china-has-refused-to-recycle-the-wests-plastics-what-now; Amy L. Brooks, Shunli Wang, and Jenna R. Jambeck, "The Chinese Import Ban and Its Impact on Global Plastic Waste Trade," ScienceAdvances 4, no. 6 (2018), http://advances.sciencemag.org/content/4/6/eaat0131.
18. 红迪网的帖子，请参阅 https://www.reddit.com/r/jobs/comments/6e6p3n/is_it_really_that_hard_to_find_a_ job_as_a. 经济合作与发展组织的研究，请参阅 *Under Pressure: The Sque-ezed Middle Class* (Paris: OECD Publishing, 2019). 引自 26、57 和 69 页。
19. 有关帕特里克·科尔曼的内容请参阅 "America's Middle-Class Parents Are Working Harder for Less," Fatherly, May 15, 2019, https://www.fatherly.com/love-money/american-middle-class-parents-cant-afford-kids。
20. 关于布法罗的内容，请参阅 David Russell Schilling, "Buffalo: The Best Designed & Planned City in the United States," Industry Tap, January 25, 2015, http://www.industrytap.com/buffalo-best-designed-planned-city-united-states/26019; Courtney Kenefick, "Buffalo, New York, Is Staging a Comeback," *Surface*, June 26, 2017, https://www.surfacemag.com/articles/architecture-buffalo-newyork-urban-renewal; David A. Stebbins, "Buffalo's Comeback,"

Urbanland (blog), Urban Land Institute, October 17, 2014, https://urbanland.uli.org/development-business/buffalos-comeback; Jesse McKinley, "Cuomo's 'Buffalo Billion': Is New York Getting Its Money's Worth?," *New York Times*, July 2, 2018。布鲁金斯学会的研究，请参阅 Alan Berube and Cecile Murray, "Renewing America's Economic Promise Through Older Industrial Cities," April 2018, https://www.brookings.edu/wp-content/uploads/2018/04/2018-04_brookings-metro_older-industrial-cities_full-report-berube_murray_-final-version_af4-18.pdf#page=16。

21. 丹尼尔·拉夫的文章出现在 "Wage Determination Theory and the Five-Dollar Day at Ford," *Journal of Economic History* 48, no. 2 (June 1988): 387–399. John Dos Passos, *The Big Money* (New York: New American Library, 1979), 最初出版于 1936 年，引述在第 73 页。*The Henry Ford*，https://www.thehenryford.org/explore/blog/fords-five-dollar-day. 有关亚马逊时薪 15 美元的内容，请参阅 Louise Matsakis, "Why Amazon Really Raised Its Minimum Wage to $15," *Wired*, October 2, 2018。内森·海勒的话引自 "Who Really Stands to Win from Universal Basic Income?" *The New Yorker*, July 9–16, 2018.
22. Jodie T. Allen 对约翰逊政府负所得税试点的结果总结，请参阅 "Negative Income Tax," *Encyclopedia of Economics*, http://www.econlib.org/library/Enc1/NegativeIncomeTax.html。
23. 关于全民基本收入的引用和研究来自 Catherine Clifford, "Why Everyone Is Talking About Free Cash Handouts—an Explainer on Universal Basic Income," CNBC, June 27, 2019, https://www.cnbc.com/2019/06/27/free-cash-handouts-what-is-universal-basic-income-or-ubi.html。关于美国国家经济研究局对阿拉斯加的研究，请参阅 Damon Jones and Ioana Elena Marinescu, "The Labor Market Impacts of Universal and Permanent Cash Transfers: Evidence from the Alaska Permanent Fund," NBER Working Paper No. w24312, February 2018。更悲观的研究请参阅 Hilary W. Hoynes and Jesse Rothstein, "Universal Basic Income in the U.S. and Advanced Countries," NBER Working Paper No. 25538, February 2019. 阿拉斯加红利的社会效应研究，请参阅 Mouhcine Chettabi, "What Do We Know about the Effects of the Alaska Permanent Fund Dividend?," Institute of Social and Economic Research, University of Alaska Anchorage, May 20, 2019, https://pubs.iseralaska.org/media/a25fa4fc-7264-4643-ba46-1280f329f33a/2019_05_20-EffectsOfAKPFD.pdf。

4. 女性影响力增加

1. 所有网站的最后访问日期为 2019 年 9 月 6 日。
2. 玛格丽特·阿特伍德在《综艺》杂志 2018 年女性力量午餐会上的演讲，请参阅 https://variety.com/2018/tv/features/margaret-atwood-power-of-women-handmaids-tale-1202751729。
3. 本章使用的关于妇女社会和经济地位的数据，包括 Sarah Jane Glynn, "Breadwinning Mothers Are Increasingly the U.S. Norm," Center for American Progress, 2016, https://www.americanprogress.org/issues/women/reports/2016/12/19/295203/breadwinning-mothers-are-increasingly-the-u-s-norm; Capgemini and RBC Wealth Management, *World Wealth Report*, 2014, https://worldwealthreport.com/wp-content/uploads/sites/7/2018/10/2014-World-Wealth-Report-English.pdf; Equal Measures 2030, "Harnessing the Power of Data for Gender Equality: Introducing the EM2030 SDG Gender Index," 2019, https://data.em2030.org/2019-global-report; Alexandre Tanzi, "U.S. Women Outpacing Men In Higher Education," Bloomberg, August 6, 2018, https://www.bloomberg.com/news/articles/2018-08-06/u-s-women-outpacing-men-in-higher-education-demo graphic-trends。
4. 尼尔·贝内特、戴维·布鲁姆和帕特里夏·克雷格的哈佛大学和耶鲁大学的联合研究，请参阅“The Divergence of Black and White Marriage Patterns,” *American Journal of Sociology* 95, no. 3 (November 1989): 692–722。有关“完美风暴”的内容，请参阅 Lisa Marie Petersen, “They’re Falling in Love Again, Say Marriage Counselors,” *Advocate* (Stamford, CT), February 14, 1986, A1 and A12。《纽约时报》的封面专题“The Marriage Crunch”出版于 1986 年 6 月 2 日。对争议的批评性评论，请参阅 Andrew Cherlin, “A Review: The Strange Career of the ‘Harvard-Yale’ Study,” *Public Opinion Quarterly* 54, no. 1 (1990): 117–124。

5. 按性别区分的消费、储蓄和投资的统计数据，引自“Sales Share of the Luxury Goods Market,” https://www.statista.com/statistics/246146/sales-of-the-luxury-goods-market-worldwide-by-gender; S. A. Grossbard and A. Marvao Pereira, “Will Women Save More than Men? A Theoretical Model of Savings and Marriage,” Working Paper No. 3146, Ifo Institute for Economic Research, Munich, 2010; Gary Charness and Uri Gneezy, “Strong Evidence for Gender Differences in Risk Taking,” *Journal of Economic Behavior and Organization* 83, no. 1 (2012): 50–58.
6. 格罗夫和斯坎伦等女性的不同经历，请参阅 Quoctrung Bui and Claire Cain Miller, “The Age That Women Have Babies,” *New York Times*, August 4, 2018. 有关单身妈妈的内容请参阅 Mike Dang, “A Conversation with a Single Mom Living on $40,000 a Year,” Billfold, April 22, 2013, https://www.thebillfold.com/2013/04/a-conversation-with-a-single-mom-living-on-40000-a-year。有关离婚的信息，请参阅 Pamela J. Smock, Wendy D. Manning, and Sanjiv Gupta, “The Effect of Marriage and Divorce on Women’s Economic Well-Being,” *American Sociological Review* 64, no. 6 (December 1999): 794–812; Jay L. Zagorsky, “Marriage and Divorce’s Impact on Wealth,” *Journal of Sociology* 41, no. 4 (2005): 406–424。
7. 关于未成年母亲的故事和数据，请参阅 CDC, “About Teen Pregnancy,” https:// www.cdc.gov/teenpregnancy/about/index.htm; 有关杰米·拉什的内容，请参阅“My Life as a Teen Mom,” *Parents*, https://www.parents.com/parenting/dynamics/single-parenting/my-life-as-a-teenage-mom; Kevin Ryan and Tina Kelley, “Out of the Shelter: How One Homeless Teenage Mother Built a Life of Her Own,” *Atlantic*, November 16, 2012; Paul Heroux, “Two Stories of Homeless, Teenage Mothers,” *Huffington Post*, July 9, 2016, https://www.huffingtonpost.com/paul-heroux/homeless-teenage-mothers_b_7758958.html; Poverty USA, “Facts: The Population of Poverty USA,” https://povertyusa.org/facts。
8. 关于无子女的女性和男性，请参阅 U.S. Census Bureau, “Childlessness Rises for Women in Their Early 30s,” May 3, 2017, https://www.census.gov/newsroom/blogs/random-samplings/2017/05/childlessness_rises.html; Lindsay M. Monte and Brian Knop, “Men’s Fertility and Fatherhood: 2014,” Current Population Reports, P70-162, June 2019, https://www.census.gov/content/dam/Census/library/publications/2019/demo/P70-162.pdf; Claire Cain Miller, “They Didn’t Have Children, and Most Said They Don’t Have Regrets,” *New York Times*, July 23, 2018; Sian Cain, “Women Are Happier Without Children or a Spouse, Says Happiness Expert,” *Guardian*, May 25, 2019; Jennifer Glass, Robin W. Simon, and Matthew A. Anderson, “Parenthood and Happiness,” *American Journal of Sociology* 122, no. 3 (November 2016): 886–929。
9. 关于未成年妻子和母亲，请参阅 Girls Not Brides, “Child Marriage Around the World,” https://www.girlsnotbrides.org/where-does-it-happen; Office of the High Commissioner on Human Rights, “Ending Forced Marriage Worldwide,” November 21, 2013, https://www.ohchr.org/EN/NewsEvents/Pages/EnforcedMarriages.aspx; United Nations Population Fund, “Female Genital Mutilation,” https://www.unfpa.org/female-genital-mutilation。
10. 关于女性与创业精神，请参阅 Ester Boserup, *Woman’s Role in Economic Development* (London: Earthscan, 1970); UNIFEM, *Annual Report 2009–2010* (New York: United Nations

Development Fund for Women, 2010), 克拉克的引述出现在第 3 页；Global Entrepreneurship Monitor, https://www.gemconsortium.org。有关基斯央比、萨姆布、法赫米、迪翁、罗亚、卡苏日、库巴纳和扎莫拉的故事，请参阅 Mauro F. Guillén, ed., *Women Entrepreneurs: Inspiring Stories from Emerging Economies and Developing Countries* (New York: Routledge, 2013)。有关世界银行对女性遭受法律歧视的研究，请参阅 *Women, Business, and the Law* (Washington, DC: World Bank, 2010)。

11. 关于工作和家庭平衡的讨论和引用，请参阅 "5 Women, 5 WorkLife Balance Tales," *Forbes*, May 29, 2013; "If I Think about My Money Problems Too Much, I'll Miss My Babies Growing Up," *HuffPost*, December 6, 2017, https://www.huffpost.com/entry/helen-bechtol-working-poor_n_4748631?utm_hp_ref=%40working_poor; Katie Johnston, "The Working Poor Who Fight to Live on $10 an Hour," *Boston Globe*, August 17, 2014; Adrienne Green, "The Job of Staying Home," *Atlantic*, September 30, 2016; M. Bertrand, C. Goldin, and L. F. Katz, "Dynamics of the Gender Gap for Young Professionals in the Financial and Corporate Sectors," *American Economic Journal*, July 2010, 228–255; Emma Johnson, "You Cannot Afford to Be a SAHM," June 20, 2019, https://www.wealthysinglemommy.com/you-cannot-afford-to-be-a-sahm-mom; Motoko Rich, "Japan's Working Mothers," *New York Times*, February 2, 2019; Wendy J. Casper et al., "The Jingle- Jangle of Work-Nonwork Balance," *Journal of Applied Psychology* 103, no. 2 (2018): 182–214; Nancy Rothbard, Katherine W. Phillips, and Tracy L. Dumas, "Managing Multiple Roles: Family Policies and Individuals' Desires for Segmentation," *Organization Science* 16, no. 3 (2005): 243–248; Gøsta Esping-Andersen, *Social Foundations of Postindustrial Economies* (Oxford: Oxford University Press, 1999)。有关安查娅的内容，请参阅 from Mauro F. Guillén, ed., *Women Entrepreneurs: Inspiring Stories from Emerging Economies and Developing Countries* (New York: Routledge, 2013)。
12. 关于按性别区分因工死亡率的变化，请参阅 United Nations, World Population Prospects, 2019 Revision, https://population.un.org/wpp; Bertrand Desjardins, "Why Is Life Expectancy Longer for Women than It Is for Men?," *Scientific American*, August 30, 2004; Rochelle Sharpe, "Women's Longevity Falling in Some Parts of the U.S., Stress May Be Factor," Connecticut Health I-Team, November 12, 2012, http://c-hit.org/2012/11/12/womens-longevity-falling-in-some-parts-of-u-s-stress-may-be-factor; Irma T. Elo et al., "Trends in Non-Hispanic White Mortality in the United States by Metropolitan-Nonmetropolitan Status and Region, 1990–2016," *Population and Development Review*, 2019, 1–35; Arun S. Hendi, "Trends in Education - Specific Life Expectancy, Data Quality, and Shifting Education Distributions: A Note on Recent Research," *Demography* 54, no. 3 (2017): 1203–1213; Monica Potts, "What's Killing Poor White Women?," American Prospect, September 3, 2013。
13. 关于"玻璃天花板"，请参阅 Justin Wolfers, "Fewer Women Run Big Companies than Men Named John," *New York Times*, March 2, 2015。女性在商业和政治领域的数据来源于 OECD, "Gender Equality," https://www.oecd.org/gender; ILO, *Women in Business and Management: Gaining Momentum* (Geneva: ILO, 2015), https://www.ilo.org/wcmsp5/groups/public/—dgreports/—dcomm/—publ/documents/publication/wcms_316450.pdf。劳拉 · 里斯伍德的话引自 https://www.goodreads.com/quotes/159719-there-s-no-such-thing-as-a-glass-ceiling-for-women。
14. 关于撒切尔和默克尔，请参阅 Judith Baxter, "How to Beat the Female Leadership Stereotypes," *Guardian*, December 9, 2013; Daniel Fromson, "The Margaret Thatcher Soft-Serve Myth," *New Yorker*, April 9, 2013; "Nicknames of Margaret Thatcher," Searching in History (blog), https://searchinginhistory.blogspot.com/2014/04/nicknames-of-margaret-thatcher.html; Helen Walters, "Ban the Word Bossy. Sheryl Sandberg Lights Up TEDWomen 2013," *TED Blog*, December 5, 2013, https://blog.ted.com/sheryl_sandberg_tedwomen 2013; "Americans

No Longer Prefer Male Boss to Female Boss," Gallup News, November 16, 2017, https:// news.gallup.com/poll/222425/americans-no-longer-prefer-male-boss-female-boss.aspx。

15. 罗莎贝斯·莫斯·坎特的理论首先出现于她的文章 "Some Effects of Proportions on Group Life: Skewed Sex Ratios and Responses to Token Women," *American Journal of Sociology* 82, no. 5 (March 1977): 965–990。
16. 杂志中对中国女性的建议总结，请参阅 Roseann Lake, "China: A Wife Less Ordinary," *The Economist* 1843, April–May 2018, https://www.1843magazine.com/features/a-wife-less-ordinary. 关于沙特阿拉伯女性购车选择的内容，请参阅 Margherita Stancati, "What Saudi Women Drivers Want: Muscle Cars," *Wall Street Journal*, July 18, 2018。
17. 最近的研究记录更多女性担任权力职务对腐败和暴力水平的影响，包括 Chandan Kumar Jha and Sudipta Sarangi, "Women and Corruption: What Positions Must They Hold to Make a Difference?," *Journal of Economic Behavior and Organization* 151 (July 2018): 219–233; C. E. DiRienzo, "The Effect of Women in Government on Country-Level Peace," *Global Change, Peace and Security* 31, no. 1 (2019): 1–18; Naomi Hossein, Celestine Nyamu Musembi, and Jessica Hughes, "Corruption, Accountability and Gender," United Nations Development Programme, 2010, https://www.undp.org/content/dam/aplaws/publication/en/publications/womens-empowerment/corruption-accountability-and-gender-understanding-the-connection/Corruption-accountability-and-gender.pdf。
18. 关于气候变化对妇女和儿童的影响，请参阅 WHO, *Gender, Climate Change, and Health* (Geneva: WHO, 2014), https://www.who.int/globalchange/GenderClimateChangeHealthfinal.pdf。

5. 城市成为变革引擎

1. 所有网站的最后访问日期为 2019 年 9 月 12 日。
2. 关于城市、城市地区和气候变化的统计数据来自 United Nations, "World Urbanization Prospects 2018," https://population.un.org/wup; Rohinton Emmanuel, "How to Make a Big Difference to Global Warming—Make Cities Cooler," The Conversation, February 9, 2015, http://theconversation.com/how-to-make-a-big-difference-to-global-warming-make-cities-cooler-37250; Laura Parker, "Sea Level Rise Will Flood Hundreds of Cities in the Near Future," *National Geographic*, July 12, 2017, https://news.nationalgeographic.com/2017/07/sea-level-rise-flood-global-warming-science; Jonathan Watts, "The Three-Degree World: The Cities That Will be Drowned by Global Warming," *Guardian*, November 3, 2017; John Englander, "Top 10 Sinking Cities in the World," January 7, 2018, http://www.johnenglander.net/sea-level-rise-blog/top-10-sinking-cities-in-the-world。
3. 沃特斯的话引自 Larry O'Hanlon, "Heat Stress Escalates in Cities Under Global Warming," American Geophysical Union, September 8, 2017, https://phys.org/news/2017-09-stress-escalates-cities-global.html。
4. 联合国关于气候变化的文件，请参阅 https://www.un.org/en/sections/issues-depth/climate-change。气候变化对考古影响的讨论，请参阅 Nick Paumgarten, "An Archeological Space Oddity," *New Yorker*, July 8–15, 2019。
5. 狄更斯的观点引自他 1855 年 10 月写给威廉·C. 麦克雷迪的信，请参阅 http://www.victorianweb.org/authors/dickens/ld/bezrucka1.html。
6. 关于城市贫富的数据引自 *World Ultra Wealth Report 2018*, WealthX, 2018, https://www.wealthx.com/report/world-ultra-wealth-report-2018; Michael Savage, "Richest 1% on Target to Own Two-Thirds of All Wealth by 2030," *Guardian*, April 7, 2018; Economic Analysis Division,

Census and Statistics Department, *Hong Kong Poverty Situation Report* 2016 (Hong Kong: Government of the Hong Kong Special Administrative Region, 2017), https://www.povertyrelief.gov.hk/eng/pdf/Hong_Kong_Poverty_Situation_Report_2016(2017.11.17).pdf。

7. 关于美国的贫困问题，请参阅 Allan Mallach, *The Divided City: Poverty and Prosperity in Urban America* (Washington, DC: Island Press, 2018); Barbara Raab, "Poverty in America: Telling the Story," Talk Poverty, May 21, 2014, https://talkpoverty.org/2014/05/21/raab; Poverty USA, "Facts: The Population of Poverty USA," https://povertyusa.org/facts; Leon Dash, "Rosa Lee's Story," *Washington Post*, September 18–25, 1994, https://www.washingtonpost.com/wp-srv/local/longterm/library/rosalee/backgrnd.htm。
8. 关于盖茨比的引述，请参阅 F. Scott Fitzgerald, *The Great Gatsby,* https://ebooks.adelaide.edu.au/f/fitzgerald/f_scott/gatsby/contents.html。关于托斯丹·凡勃伦的引述，请参阅 *The Theory of the Leisure Class*, http://www.gutenberg.org/files/833/833-h/833-h.htm#link2HCH0004。
9. 关于肥胖，请参阅 Sarah Catherine Walpole et al., "The Weight of Nations: An Estimation of Adult Human Biomass," *BMC Public Health* 12, article no. 439 (2012); WHO, "Obesity," https:// www.who.int/topics/obesity/en; OECD, *Obesity Update* 2017, https://www.oecd.org/els/health-systems/Obesity-Update-2017.pdf; Nation Institute of Diabetes and Digestive and Kidney Disease, "Overweight and Obesity Statistics," August 2017, https://www.niddk.nih.gov/health-information/health-statistics/overweight-obesity; "Why the Pacific Islands Are the Most Obese Nations in the World," Healthcare Global, April 21, 2015, https://www.healthcareglobal.com/hospitals/why-pacific-islands-are-most-obese-nations-world。
10. 关于社交媒体使用的统计数据，请参阅 "Digital in 2019," We Are Social, https://wearesocial.com/global-digital-report-2019。
11. 关于小变化导致大结果的想法，请参阅 Daniel F. Chambliss, "The Mundanity of Excellence: An Ethnographic Report on Stratification and Olympic Swimmers," *Sociological Theory* 7, no. 1 (1989): 70–86; Richard H. Thaler and Cass R. Sunstein, *Nudge: Improving Decisions About Health, Wealth, and Happiness* (New Haven, CT: Yale University Press, 2008); Olivier Poirier-Leroy, "Mary T. Meagher: Success Is Ordinary," Your Swim Book, https://www.yourswimlog.com/mary-t-meagher-success-is-ordinary。
12. 关于水的章节，依据 "Water: Scarcity, Excess, and the Geopolitics of Allocation," Lauder Institute, Wharton School, University of Pennsylvania, 2016, https://lauder.wharton.upenn.edu/life-at-lauder/santander-globalization-trendlab-2016; Willa Paterson, et al., "Water Footprint of Cities," *Sustainability* 7 (2015): 8461–8490; UN–Water Decade Programme on Advocacy and Communication, "Water and Cities: Facts and Figures," 2010, https://www.un.org/waterforlifedecade/swm_cities_zaragoza_2010/pdf/facts_and_figures_long_final_eng.pdf; *Water Security and the Global Water Agenda: A UN-Water Analytical Brief* (Hamilton, Ontario: United Nations University Institute for Water, Environment and Health, 2013); *Towards Green Growth* (Paris: OECD, 2011); *Report on Women and Water* (New Delhi: National Commission for Women, 2018), http://ncw.nic.in/pdf Reports/WomenandWater.pdf; Bethany Caruso, "Women Carry More than Their Fair Share of the World's Water," Grist, July 22, 2017, https://grist.org/article/women-carry-more-than-their-fair-share-of-the-worlds-water; Kassia Binkowski, "Clean Water for a Thirsty World: Cynthia Koenig, Founder of Wello," The Good Trade, 2019, https://www.thegoodtrade.com/features/interview-series-cynthia-koenig-wello; Mary Howard, "An Idea That Holds Water," *Trinity Reporter*, Spring 2017, https://commons.trincoll.edu/reporter-spring2017/features/an-idea-that-holds-water; "Cynthia Koenig, Wello Water," Asia Society, April 23, 2014, https://asiasociety.org/texas/events/cynthia-koenig-wello-water。
13. 关于城市农业，请参阅 Christopher D. Gore, "How African Cities Lead: Urban Policy Innova-

tion and Agriculture in Kampala and Nairobi," *World Development* 108 (2018): 169–180; Ravindra Krishnamurthy, "Vertical Farming: Feeding the Cities of the Future?," Permaculture News, October 29, 2015, https://permaculturenews.org/2015/10/29/vertical-farming-feeding-the-cities-of-the-future; Breana Noble, "Indoor Farms Give Vacant Detroit Buildings New Life," *Detroit News*, August 15, 2016; "Nigerian Entrepreneur: 'We're Farming in a Shipping Container,'" BBC, February 2, 2018, https://www.bbc.com/news/av/business-42919553/nigerian-entrepreneur-we-re-farming-in-a-shipping-container。

14. 关于毕尔巴鄂的复兴，请参阅 Herbert Muschamp, "The Miracle in Bilbao," *New York Times Magazine*, September 7, 1997; Ibon Areso, "Bilbao's Strategic Evolution," *Mas Context* 30 (2017), http://www.mascontext.com/issues/30-31-bilbao/bilbaos-strategic-evolution-the-metamorphosis-of-the-industrial-city; "The Internationalization of Spanish Companies: Ferrovial, the Rise of a Multinational," MIT, February 28, 2008, https://techtv.mit.edu/videos/16339-the-internationalization-of-spanish-companies-ferrovial-the-rise-of-a-multinational (the comment by Rafael del Pino appears at 5:09 in the video)。
15. 关于匹兹堡与美国其他城市的复兴，请参阅 Eillie Anzilotti, "American Cities Are Reviving—But Leaving the Poor Behind," *Fast Company*, July 5, 2018; David Rotman, "From Rust Belt to Robot Belt," *MIT Technology Review*, June 18, 2018; Allan Mallach, *The Divided City: Poverty and Prosperity in Urban America* (Washington, DC: Island Press, 2018); Richard Florida, *The New Urban Crisis* (New York: Basic Books, 2017) 。
16. 关于查塔努加，请参阅 David Eichenthal and Tracy Windeknecht, "Chattanooga, Tennessee," Metropolitan Policy Program, Brookings Institution, 2008, https://www.brookings.edu/wp-content/uploads/2016/06/200809_Chattanooga.pdf; Jason Koebler, "The City That Was Saved by the Internet," *Vice*, October 27, 2016, https://www.vice.com/en_us/article/ezpk77/chattanooga-gigabit-fiber-network; Bento J. Lobo, "The Realized Value of Fiber Infrastructure in Hamilton Country, Tennessee," Department of Finance, University of Tennessee, Chattanooga, June 18, 2015, http://ftpcontent2.worldnow.com/wrcb/pdf/091515EPBFiberStudy.pdf; Daniel T. Lewis, "A History of the Chattanooga Choo-Choo Terminal," http://lewisdt.net/index.php?option=com_content&view=article&id=77%3Aa-history-of-the-chattanooga-choo-choo-terminal-station-a-trolley&catid=39%3Ahistory-&Itemid=1。
17. 关于充满活力的城市文化及其居民的技能，请参阅 Saskia Sassen, *The Global City* (Princeton, NJ: Princeton University Press, 2001); Richard Florida, "Bohemia and Economic Geography," *Journal of Economic Geography* 2 (2002): 55–71; Richard Florida, "America's Leading Creative Class Cities in 2015," CityLab, April 20, 2015, https://www.citylab.com/life/2015/04/americas-leading-creative-class-cities-in-2015/390852; Richard Florida, "A New Typology of Global Cities," CityLab, October 4, 2016, https://www.citylab.com/life/2016/10/the-seven-types-of-global-cities-brookings/502994; David J. Deming, "The Growing Importance of Social Skills in the Labor Market," NBER Working Paper No. 21473, June 2017, https://www.nber.org/papers/w21473; World Values Survey, http:// www.worldvaluessurvey.org/WVSContents.jsp?CMSID=Findings。

6. 技术创新与未来

1. 所有网站的最后访问日期为 2019 年 9 月 21 日。
2. 关于厕所的内容，请参阅 "A Brief History of the Flush Toilet," British Association of Urological Surgeons, https://www.baus.org.uk/museum/164/the_flush_toilet; Nate Barksdale,

"Who Invented the Flush Toilet?," History Channel, last updated August 22, 2018, https://www.history.com/news/who-invented-the-flush-toilet; Lina Zeldovich, "Reinventing the Toilet," Mosaic, June 19, 2017, https://mosaicscience.com/story/poo-toilet-waste-energy-madagascar-loowatt-future; Phoebe Parke, "More Africans Have Access to Cell Phone Service than Piped Water," CNN, January 19, 2016, https://www.cnn.com/2016/01/19/africa/africa-afrobarometer-infrastructure-report/index.html; United Nations University, "Greater Access to Cell Phones than Toilets in India: UN," press release, April 14, 2010, https://unu.edu/media-relations/releases/greater-access-to-cell-phones-than-toilets-in-india.html; Pramit Bhattacharya, "88% of Households in India Have a Mobile Phone," LiveMint, December 5, 2016, https://www.livemint.com/Politics/kZ7j1NQf5614UvO6WURXfO/88-of-households-in-India-have-a-mobile-phone.html。

3. 关于手表的历史，请参阅 Alexis McCrossen, *Marking Modern Times: A History of Clocks, Watches, and Other Timekeepers in American Life* (Chicago: University of Chicago Press, 2013); Michael L. Tushman and Daniel Radov, "Rebirth of the Swiss Watch Industry, 1980–1992 (A)," Harvard Business School Case 400-087, June 2000。
4. 熊彼特的话引自 *Capitalism, Socialism, and Democracy* (New York: Harper & Brothers, 1942), 83。
5. 关于人工智能，请参阅 Laura Geggel, "Elon Musk Says 'Humans Are Underrated,'" Live Science, April 17, 2018, https://www.livescience.com/62331-elon-musk-humans-underrated.html; William Fifield, "Pablo Picasso: A Composite Interview," *Paris Review* 32 (Summer Fall 1964)。
6. 关于科技、机器人和就业，请参阅 Association for Advancing Automation, "Record Number of Robots Shipped in North America in 2018," February 28, 2019, https://www.a3automate.org/record-number-of-robots-shipped-in-north-america-in-2018; Executive Office of the President, "Artificial Intelligence, Automation, and the Economy," December 2016, https://obamawhitehouse.archives.gov/sites/whitehouse.gov/files/documents/Artificial-Intelligence-Automation-Economy.pdf; Maximiliano Dvorkin, "Jobs Involving Routine Tasks Aren't Growing," Federal Reserve Bank of St. Louis, January 4, 2016, https://www.stlouisfed.org/on-the-economy/2016/january/jobs-involving-routine-tasks-arent-growing; Michael J. Hicks and Srikant Devaraj, "Myth and Reality of Manufacturing in America," Center for Business and Economic Research, Ball State University, 2017; Mark Muro, "Manufacturing Jobs Aren't Coming Back," *MIT Technology Review*, November 18, 2016; "Automation and Anxiety," *Economist*, June 23, 2016, https://www.economist.com/news/special-report/21700758 -will-smarter-machines-cause-mass-unemployment-automation-and-anxiety; Eliza Strickland, "Autonomous Robot Surgeon Bests Humans in World First," IEEE Spectrum, May 4, 2016, https://spectrum.ieee.org/the-human-os/robotics/medical-robots/autonomous-robot-surgeon-bests-human-surgeons-in-world-first; Laura Sydell, "Sometimes We Feel More Comfortable Talking to a Robot," NPR, February 24, 2018, https://www.npr.org/sections/alltechconsidered/2018/02/24/583682556/sometimes-we-feel-more-comfortable-talking-to-a-robot; Eyal Press, "The Wounds of a Drone Warrior," *New York Times*, June 13, 2018; E. Awad et al., "The Moral Machine Experiment," *Nature* 563 (November 2018): 59–64; Mauro F. Guillén and Srikar Reddy, "We Know Ethics Should Inform AI. But Which Ethics?," World Economic Forum, July 26, 2018, https://www.weforum.org/agenda/2018/07/we-know-ethics-should-inform-ai-but-which-ethics-robotics。
7. 关于 3D 打印，请参阅 Tim Moore, "This Startup Is Building Houses with the World's Biggest Freeform 3D Printer," Hypepotamous, April 9, 2019, https://hypepotamus.com/companies/branch-technology; Dave Flessner, "3D Printer to Move into Branch Technology's Riverside Drive Warehouse," *Times Free Press*, July 8, 2018, https://www.timesfreepress.com/news/business/aroundregion/story/2018/jul/08/branch-technology-expands-beyond-

incubator3d/474370; Davide Sher, "Branch Technologies' C-FAB 3D Process Can Build Better Walls . . . on Mars," 3D Printing Media Network, February 26, 2018, https://www.3dprintingmedia.network/branch-technologies-c-fab-3d-process-can-take-us-mars。

8. 关于物联网的预测，请参阅 Michelle Manafy, "Exploring the Internet of Things in 5 Charts," Digital Content Next, October 13, 2015, https://digitalcontentnext.org/blog/2015/10/13/exploring-the-internet-of-things-in-5-charts。
9. 关于虚拟现实，请参阅 Daniel Freeman and Jason Freeman, "How Virtual Reality Could Transform Mental Health Treatment," *Psychology Today*, May 13, 2016, https://www.psychologytoday.com/us/blog/know-your-mind/201605/how-virtual-reality-could-transform-mental-health-treatment; S. M. Jung and W. H. Choi, "Effects of Virtual Reality Intervention on Upper Limb Motor Function and Activity of Daily Living in Patients with Lesions in Different Regions of the Brain," *Journal of Physical Therapy Science* 29, no. 12 (December 2017): 2103–2106; Juanita Leatham, "How VR Is Helping Children with Autism Navigate the World Around Them," VR Fitness Insider, June 22, 2018, https://www.vrfitnessinsider.com/how-vr-is-helping-children-with-autism-navigate-the-world-around-them。
10. 关于纳米技术，请参阅 "The Price of Fast Fashion" (editorial), *Nature Climate Change* 8, no. 1 (2018); Jelena Bozic, "Nano Insulation Materials for Energy Efficient Buildings," *Contemporary Materials* 6, no. 2 (2015): 149–159; Amy Yates, "Potential Breakthrough in Cancer-Fighting Nanomedicine," National Foundation for Cancer Research, June 19, 2018, https://www.nfcr.org/blog/potential-breakthrough-cancer-fighting-nanomedicine; "MIT Programmable Material Adapts to Temperature Just Like Human Skin," Design Boom, February 13, 2017, https://www.designboom.com/technology/mit-programmable-material-adapts-to-tempterature-02-13-2017; Michael Alba, "The Promise and Peril of Programmable Matter," Engineering.com, May 24, 2017, https://www.engineering.com/DesignerEdge/DesignerEdgeArticles/ArticleID/14967/The-Promise-and-Peril-of-Programmable-Matter.aspx。
11. 关于纸质书与电子书的区别，请参阅 Edward Tenner, "Why People Stick with Outdated Technology," *Scientific American*, November 24, 2015; Craig Mod, "Digital Books Stagnate in Closed, Dull Systems, While Printed Books Are Shareable, Lovely and Enduring. What Comes Next?," *Aeon*, October 1, 2015, https://aeon.co/essays/stagnant-and-dull-can-digital-books-ever-replace-print; Gregory Bufithis, "Books vs. E-Books," July 4, 2016, http:// www.gregorybufithis.com/2016/07/04/books-vs-e-books-lets-not-lose-sight-of-the-main-goal-diverse-reading-and-increased-literacy; Ferris Jabr, "The Reading Brain in the Digital Age: The Science of Paper Versus Screens," *Scientific American*, April 11, 2013; Pew Research Center, "Book Reading 2016," https://www.pewinternet.org/2016/09/01/book-reading-2016。1 岁女孩的视频，请参阅 "A Magazine Is an iPad That Does Not Work.m4v, posted by UserExperienceWOrks, October 6, 2011, https://www.youtube.com/watch?v=aXV-yaFmQNk。统计数据来自 Amy Watson, "Book Formats in the U.S.," Statista, January 11, 2019, https://www.statista.com/topics/3938/book-formats-in-the-us。
12. 关于电子书平台与儿童教育，请参阅 "Revolutionising eBook Access in South African Schools," Montegray Capital, February 2015, https://www.montegray.com/our-e-learning-solution-revolutionises-ebook-access-in-south-african-schools; "Worldreader," Center for Education Innovations, https://educationinnovations.org/program/worldreader。
13. 关于结构惯性与结构性跨越，请参阅 "Structural Inertia and Organizational Change," *American Sociological Review* 49, no. 2 (1984): 149–164; United Nations Conference on Trade and Development, *Technology and Innovation Report* 2018 (Geneva:UN, 2018), https://unctad.org/en/PublicationsLibrary/tir2018_en.pdf。
14. 在线葡萄酒销售数据来自欧睿。有关英国的情况，请参阅 Julia Bower, "The Evolution of

the UK Wine Market: From Niche to Mass-Market Appeal," *Beverages*, November 2018, https://www.mdpi.com/2306-5710/4/4/87/pdf。
15. 关于飞轮，请参阅 Ben Harder, "Reinventing the (Fly)Wheel," *Washington Post*, April 18, 2011。

7. 共享与协同经济

1. 所有网站最后的访问日期为 2019 年 9 月 21 日。
2. 关于零工经济，请参阅 Eileen Appelbaum, Arne Kalleberg, and Hye Jin Rho, "Nonstandard Work Arrangements and Older Americans, 2005–2017," Economic Policy Institute, February 28, 2019, https://www.epi.org/publication/nonstandard-work-arrangements-and-older-americans-2005-2017; "Run, TaskRabbit, Run: July 2030," *Economist*, July 7, 2018; Niam Yaraghi and Shamika Ravi, "The Current and Future State of the Sharing Economy," Brookings Institution, Impact Series No. 032017, March 2017; PwC, "The Sharing Economy," 2015, https://www.pwc.fr/fr/assets/files/pdf/2015/05/pwc_etude_sharing_economy.pdf; Brad Stone, *The Upstarts: How Uber, Airbnb, and the Killer Companies of the New Silicon Valley Are Changing the World* (New York: Little, Brown, 2017), Kindle ed., 32; Shirin Ghaffary, "The Experience Economy Will be a 'Massive Business,' According to Airbnb CEO Brian Chesky," Vox, May 30, 2018, https://www.recode.net/2018/5/30/17385910/airbnb-ceo-brian-chesky-code-conference-interview; Kari Paul, "Millennials Are Trying to Redefine What It Means to Be an American Tourist Abroad," MarketWatch, October 5, 2017, https:// www.marketwatch.com/story/what-we-can-all-learn-from-millennials-about-travel-2017-10-04。
3. 尤瓦尔·赫拉利的话引自 "Were We Happier in the Stone Age?," *Guardian*, September 5, 2014。
4. 关于产权的政治和社会方面的内容，请参阅 Andrew G. Walder, "Transitions from State Socialism: A Property Rights Perspective," in *The Sociology of Economic Life*, ed. Mark Granovetter and Richard Swedberg (Boulder, CO: Westview, 2011), 510; Nathan Heller, "Is the Gig Economy Working?," *New Yorker*, May 15, 2017。
5. 关于瓦次艾普，请参阅 Jillian D'Onfro, "Facebook Bought WhatsApp One Year Ago Today. Here Are 11 Quotes from Its Billionaire Cofounders," *Business Insider*, February 19, 2015, https://www.businessinsider.com/brian-acton-jan-koum-quotes-whatsapp-2015-2#koum-on-their-no-nonsense-style-neither-of-us-has-an-ability-to-bull—10. 祖克曼的观点引自 Jillian D'Onfro, "11 Mark Zuckerberg Quotes That Show How He Built the Company That Took Over the World," *Business Insider*, January 1, 2014, https://www.businessinsider.com/best-mark-zuckerberg-quotes-2013-12?。
6. 关于独角兽公司的排名和位置，请参阅 CB Insights, "The Global Unicorn Club," https://www.cbinsights.com/research-unicorn-companies。
7. 关于共享文化，请参阅 Rachel Botsman, *What's Mine Is Yours: The Rise of Collaborative Consumption* (New York: HarperCollins, 2010); Caren Maio, "Forget the American Dream: For Millennials, Renting Is the American Choice," Inman, August 30, 2016, https://www.inman.com/2016/08/30/forget-the-american-dream-for-millennials-renting-is-the-american-choice/#; Enel, "Millennials: Generation (Car) Sharing," August 29, 2018, https:// www.enel.com/stories/a/2018/08/millennials-sharing-economy; Blake Morgan, "NOwnership, No Problem," *Forbes*, January 2, 2019; Anjli Raval, "What Millennial Homes Will Look Like in the Future," *Financial Times*, July 30, 2018; Bernard Marr, "The Sharing Economy— What It Is, Examples, and How Big Data, Platforms and Algorithms Fuel It," *Forbes*, October 21, 2016; "Uberize," Collins Dictionary, https://www.collinsdictionary.com/us/dictionary/english/uberize; Executive Office of

the President, "Artificial Intelligence, Automation, and the Economy," December 2016, https://obamawhitehouse.archives.gov/sites/whitehouse.gov/files/documents/Artificial-Intelligence-Automation-Economy.pdf; Nielsen, "Global Survey of Share Communities," 2014, https://www.nielsen.com/apac/en/press-releases/2014/global-consumers-embrace-the-share-economy/。

8. 关于公地与共享经济的悲剧，请参阅 Tad Borek, "Uber Exemplifies the Tragedy of the Commons," *Financial Times*, December 6, 2017; Arwa Mahdawi, "How to Monetise Your Home," *Guardian*, October 28, 2018; Garrett Hardin, "The Tragedy of the Commons," *Science* 162, no. 3859 (December 13, 1968): 1243–1248; Peter Cohen et al., "Using Big Data to Estimate Consumer Surplus: The Case of Uber," NBER Working Paper No. 22627, 2016, https://www.nber.org/papers/w22627; David Sloan Wilson, "The Tragedy of the Commons: How Elinor Ostrom Solved One of Life's Greatest Dilemmas," Evonomics, October 29, 2016, https://evonomics.com/tragedy-of-the-commons-elinor-ostrom。

9. 亚当·斯密的名言摘自 *Wealth of Nations*, chapter 2 (1776), https://www.gutenberg.org/files/3300/3300-h/3300-h.htm。

10. 关于优步，请参阅 Andy Kessler, "Travis Kalanick: The Transportation Trustbuster," *Wall Street Journal*, January 25, 2013; Marcus Wohlsen, "Uber's Brilliant Strategy to Make Itself Too Big to Ban," *Wired*, July 8, 2014; Sheelah Kolhatkar, "At Uber, a New CEO Shifts Gears," *New Yorker*, March 30, 2018; Sam Knight, "How Uber Conquered London," *Guardian*, April 27, 2016; Christopher N. Morrison et al., "Ridesharing and Motor Vehicle Crashes in 4 US Cities: An Interrupted Time-Series Analysis," *American Journal of Epidemiology* 187, no. 2 (2018): 224–232。

11. 关于零工经济的就业，请参阅 Matt Williams, "The Evolution of American Labor: A Defense of the Gig Economy," Department of Anthropology, University of Notre Dame, April 2005, https:// anthropology.nd.edu/assets/200504/williamsmatthew.pdf; Robert Reich, "The Share-the- Scraps Economy," February 2, 2015, http://robertreich.org/post/109894095095; Lawrence F. Katz and Alan B. Krueger, "The Rise and Nature of Alternative Work Arrangements in the United States, 1995–2015," https://krueger.princeton.edu/sites/default/files/akrueger/files/katz_krueger_cws_-_march_29_20165.pdf; Guy Standing, *The Precariat: The New Dangerous Class* (London: Bloomsbury, 2011); Steven Hill, "Good Riddance, Gig Economy," *Salon*, March 27, 2016; Samuel P. Fraiberger and Arun Sundararajan, "Peer-to-Peer Rental Markets in the Sharing Economy," Heartland Institute, October 6, 2015, https:// www.heartland.org/publications-resources/publications/peer-to-peer-rental-markets-in-the-sharing-economy; Juliet B. Schor, "Does the Sharing Economy Increase Inequality Within the Eighty Percent?," *Cambridge Journal of Regions, Economy, and Society* 10, no. 2 (July 2017): 263–297; Emma Plumb, "Author Insights: Diane Mulcahy on the Gig Economy," 1 Million for Work Flexibility, February 2, 2017, https://www.workflexibility.org/diane-mulcahy-gig-economy。关于零工工作者的内容引自肖尔的文章。

12. 关于共享和社会阶层的系统，请参阅 Julian Brave NoiseCat, "The Western Idea of Private Property Is Flawed. Indigenous People Have It Right," *Guardian*, March 27, 2017; Jacob S. Hacker, *The Great Risk Shift* (New York: Oxford University Press, 2019). 菲什巴克的话引自 Hill, "Good Riddance, Gig Economy"。

13. 关于在政治活动中使用社交媒体的内容，请参阅 Lynda Lee Kaid, "Changing and Staying the Same: Communication in Campaign 2008," *Journalism Studies* 10 (2009): 417–423; Derrick L. Cogburn, "From Networked Nominee to Networked Nation: Examining the Impact of Web 2.0 and Social Media on Political Participation and Civic Engagement in the 2008 Obama Campaign," *Journal of Political Marketing* 10 (2011): 189–213。

14. 关于共享环境效益，请参阅 “Sharing Is Caring,” *Scientific American*, October 10, 2013; “How Green is the Sharing Economy?,” Knowledge@Wharton, December 11, 2015, http://knowledge.wharton.upenn.edu/article/how-green-is-the-sharing-economy; Laura Bliss, “The Ride-Hailing Effect: More Cars, More Trips, More Miles,” CityLab, October 12, 2017, https://www.citylab.com/transportation/2017/10/the-ride-hailing-effect-more-cars-more-trips-more-miles/542592; Benjamin Snyder, “Exclusive: Airbnb Says It's Saving Our World with Each Rented Room,” *Fortune*, July 31, 2014; Andrew Simon, “Using Airbnb Is Greener than Staying in Hotels,” Grist, July 31, 2014, https://grist.org/business-technology/using-airbnb-is-greener-than-staying-in-hotels; Martin J. Smith, “Don't Toss That Lettuce—Share It,” Stanford Graduate School of Business, October 23, 2017, https:// www.gsb.stanford.edu/insights/dont-toss-lettuce-share-it; “The Real Sustainable Fashion Movement,” Rent the Runway, https://www.renttherunway.com/sustainable-fashion?action_type=footer_link。

8. 加密货币与区块链

1. 所有网站的最后访问日期为 2019 年 9 月 22 日。
2. 关于货币的部分，请参阅 Walter Bagehot, *Lombard Street: A Description of the Money Market* (London: Henry S. King, 1873); “The Invention of Money,” *New Yorker*, August 5–12, 2019; Dante Bayona, “The Fed and the ‘Salvador Dalí Effect,’” Mises Institute, August 19, 2014, https://mises.org/library/fed-and-%E2%80%9Csalvador-dali-effect%E2%80%9D; Barry Eichengreen, “Number One Country, Number one Currency?,” *World Economy* 36, no. 4 (2013): 363–374; Milton Friedman, *Inflation: Causes and Consequences* (New York: Asia Publishing House, 1963), 39; Milton Friedman, *There Is No Such Thing as a Free Lunch* (Chicago: Open Court, 1975); Deroy Murdock, “The Friedmans, Up Close: An Interview with Rose and Milton Friedman,” *National Review*, May 11, 2001。
3. 关于美元在全球经济中的卓越地位，请参阅 Emine Boz, Gina Gopinath, and Mikkel Plagborg-Moller, “Global Trade and the Dollar,” March 31, 2018, https://scholar.harvard.edu/files/gopinath/files/global_trade_dollar_20180331.pdf; Gita Gopinath, “Dollar Dominancein Trade,” Exim Bank of India, December 21, 2017, https://www.eximbankindia.in/blog/blog-content.aspx?BlogID=9&BlogTitle=Dollar%20Dominance%20in%20 Trade:%20Facts%20and%20Implications。
4. 关于罗斯柴尔德家族，请参阅 Michael A. Hirchubel, *Vile Acts of Evil: Banking in America* (CreateSpace Independent Publishing, 2009), 1:28。
5. 关于比特币，请参阅 Satoshi Nakamoto, “Bitcoin: A Peer-to-Peer Electronic Cash System” (2008), https://bitcoin.org/bitcoin.pdf; Brian Armstrong, “What Is Coinbase's Strategy?,” *Medium*, June 6, 2017, https://medium.com/@barmstrong/what-is-coinbases-strategy-1c5413f6e09d; Evelyn Chang and Kayla Tausche, “Jamie Dimon Says If You're ‘Stupid’ Enough to Buy Bitcoin, You'll Pay the Price One Day,” CNBC, October 13, 2017, https://www.cnbc.com/2017/10/13/jamie-dimon-says-people-who-buy-bitcoin-are-stupid.html; Ryan Browne, “Roubini Doubles Down on Criticisms of Crypto,” CNBC, October 12, 2018, https://www.cnbc.com/2018/10/12/dr-doom-economist-nouriel-roubini-calls-crypto-stinking-cesspool.html。
6. 关于区块链，请参阅 European Parliament, *How Blockchain Technology Could Change Our Lives* (Strasbourg: European Parliament, 2017); Mike Orcutt, “Hate Lawyers? Can't Afford One? Blockchain Smart Contracts Are Here to Help,” *MIT Technology Review*, January 11, 2019; Michael Del Castillo, “Relax Lawyers, Nick Szabo Says Smart Contracts

Won't Kill Jobs," CoinDesk, last updated August 11, 2017, https://www.coindesk.com/nick-szabo-lawyers-jobs-safe-in-smart-contract-era; Jacob Pramuk, "Trump to Slap 25% Tariffs on Up to $50 Billion of Chinese Goods; China Retaliates," CNBC, June 15, 2018, https://www.cnbc.com/2018/06/15/trump-administration-to-slap-a-25-percent-tariff-on-50-billion-of-chinese-goods-threatens-more.html; Andrew Rossow, "How Can We Make Intellectual Property Rights 'Smarter' with the Blockchain?," *Forbes*, July 24, 2018; Birgit Clark, "Blockchain and IP Law: A Match Made in Crypto Heaven," *WIPO Magazine*, February 2018, https://www.wipo.int/wipo_magazine/en/2018/01/article_0005.html; Nick Ismail, "What Is Blockchain's Role in the Future of Intellectual Property?," *Information Age*, July 12, 2018; UK Government Chief Scientific Adviser, *Distributed Ledger Technology: Beyond Block Chain* (London: Government Office for Science, 2016); Nathan Heller, "Estonia, the Digital Republic," *New Yorker*, December 18–25, 2017; Matt Reynolds, "Welcome to E-stonia," *Wired*, October 26, 2016; World Bank, "eGhana Additional Financing," http://projects.worldbank.org/P093610/eghana?lang=en; Esther Nderitu Imbamba and Nancy Kimile, "A Review of Status of e-Government Implementation in Kenya," *Regional Journal of Informa tion and Knowledge* 2, no. 2 (2017): 14–28; Sissi Cao, "Blockchain Could Improve Gun Control—But Lawmakers Hate the Idea," *Observer*, February 22, 2018; "Blockchain Could Be Key to Cracking Gun Debate," ScienceBlog, May 12, 2018, https://scienceblog.com/500871/blockchain-could-be-key-to-cracking-gun-debate; Thomas F. Heston, "A Blockchain Solution to Gun Control," PeerJ.com, November 13, 2017, https://peerj.com/preprints/3407.pdf; Matt Egan, "30% of Bank Jobs Are Under Threat," CNN Money, April 4, 2016, https://money.cnn.com/2016/04/04/investing/bank-jobs-dying-automation-citigroup/index.html; Mike Orcutt, "The World Bank Is a Verified Blockchain Booster," *MIT Technology Review*, September 13, 2018; Mike Orcutt, "The World Bank Is Betting Big on Blockchain-Based Bonds," *MIT Technology Review*, August 10, 2018; Elizabeth Woyke, "How Blockchain Can Bring Financial Services to the Poor," *MIT Technology Review*, April 18, 2017, https:// www.technologyreview.com/s/604144/how-blockchain-can-lift-up-the-worlds-poor/; World Bank, "Somalia Economic Update: Rapid Growth in Mobile Money," press release, September 13, 2018, https://www.worldbank.org/en/news/press-release/2018/09/13/somalia-economic-update-rapid-growth-in-mobile-money; "Endangered Species Protection Finds Blockchain and Bitcoin Love," Bitcoin Warrior, February 22, 2018, https://bitcoinwarrior.net/2018/02/endangered-species-protection-finds-blockchain-and-bitcoin-love; Moe Levin, "Top Five Blockchain Projects That Will Save the Environment," *Medium*, March 26, 2018, https://medium.com/@kingsland/top-five-blockchain-projects-that-will-save-the-environment-28a2d4366ec0; Kate Harrison, "Blockchain May Be the Key to a Sustainable Energy Future," *Forbes*, February 14, 2018; Lisa Walker, "This New Carbon Currency Could Make US More Climate Friendly," World Economic Forum, September 19, 2017, https:// www.weforum.org/agenda/2017/09/carbon-currency-blockchain-poseidon-ecosphere; Nicola Jones, "How to Stop Data Centres from Gobbling Up the World's Electricity," *Nature*, September 12, 2018; Sean Stein Smith, "Tackling Blockchain in the Accounting Profession," *Accounting Today*, March 13, 2018。

7. 杰米 · 戴蒙和艾米 · 韦伯的话引自 Egan, "30% of Bank Jobs Are Under Threat"。

总结 2030 年的七个生存指南

1. 所有网站的最后访问日期为 2019 年 9 月 22 日。
2. 贝索斯在 1997 年写给亚马逊股东的信中引用了有关顺风的话，请参阅 https:// www.sec.

gov/Archives/edgar/data/1018724/000119312517120198/d373368dex991.htm。
3. 黑洞的第一张快照参见 Dennis Overbye, “Darkness Visible, Finally: Astronomers Capture First Ever Image of a Black Hole,” *New York Times*, April 10, 2019。
4. 关于福克纳的话引自 Christopher Columbus: https://www.quotery.com/quotes/one-doesnt-discover-new-lands。
5. 征服墨西哥的编年史，请参阅 Bernal Díaz del Castillo, *The True History of the Conquest of New Spain* (New York: Penguin, 1963), first published in 1632, https://archive.org/stream/tesisnoqueprese00garcgoog/tesisnoqueprese00garcgoog_djvu.txt. Quotes are in chapters 58 and 22。
6. 关于乐高，请参阅 David C. Robertson, *Brick by Brick: How LEGO Rewrote the Rules of Innovation and Conquered the Global Toy Industry* (New York: Crown Business, 2013); Mary Blackiston, “How Lego Went from Nearly Bankrupt to the Most Powerful Brand in the World,” Success Agency, February 27, 2018, https://www.successagency.com/growth/2018/02/27/lego-bankrupt-powerful-brand; Lucy Handley, “How Marketing Built Lego into the World’s Favorite Toy Brand,” CNBC, April 27, 2018, https://www.cnbc.com/2018/04/27/lego-marketing-strategy-made-it-world-favorite-toy-brand.html; Johnny Davis, “How Lego Clicked: The Super Brand That Reinvented Itself,” *Guardian*, June 4, 2017; Jeff Beer, “The Secret to Lego’s Social Media Success Is in the Creative Power of Crowds,” *Fast Company*, June 20, 2017; Jonathan Ringen, “How Lego Became the Apple of Toys,” *Fast Company*, August 1, 2015; David Kindy, “How Lego Patents Helped Build a Toy Empire, Brick by Brick,” *Smithsonian Magazine*, February 7, 2019。
7. 斯坦贝克关于思想与兔子的引述摘自 1947 年对他的一次采访：https://smallbusiness.com/monday-morning-motivation/john-steinbeck-quote-ideas-are-like-rabbits。
8. 关于乔布斯，请参阅 Malcolm Gladwell, “The Tweaker,” *New Yorker*, November 14, 2011。
9. 关于承诺升级，请参阅 Barry M. Staw, “The Escalation of Commitment: An Update and Appraisal,” in *Organizational Decision Making*, ed. Zur Shapira (New York: Cambridge University Press, 1997), 191–215。威灵顿公爵的引述摘自 *The Nineteenth Century: A Monthly Review*, volume 17 (London: Kegan Paul, Trench, 1885), 905。
10. 关于选项思考，请参阅 Heidi Grant Halvorson, “Why Keeping Your Options Open Is a Really, Really Bad Idea,” *Fast Company*, May 27, 2011; Hugh Courtney, “Keeping Your Options Open,” *World Economic Affairs*, Winter 1999, https://www.mcgill.ca/economics/files/economics/keeping_ your_options_open.pdf。
11. 关于竞争焦虑，请参阅 Nathan Davidson, “The 20 Greatest Sports Psychology Quotes of All Time,” Thriveworks, August 8, 2017, https://thriveworks.com/blog/greatest-sports-psychology-quotes-of-all-time; Simon M. Rice et al., “Determinants of Anxiety in Elite Athletes: A Systematic Review and Meta-analysis.” *British Journal of Sports Medicine* 53, no. 11 (2019): 722–730。
12. 关于复活节岛，请参阅 Jared Diamond, *Collapse* (New York: Viking, 2005); Terry Hunt and Carl Lipo, *The Statues That Walked: Unraveling the Mystery of Easter Island* (Berkeley, CA: Counterpoint, 2012)，第 53、92、155 和 180 页；Paul Bahn and John Flenley, *Isla de Pascua, Isla de Tierra*, 4th ed. (Viña del Mar, Chile: Rapanui Press, 2018)，第 15、204、235 和 257 页；Nicholas Casey and Josh Haner, “Easter Island Is Eroding,” *New York Times*, March 15, 2018; Megan Gannon, “People of Easter Island Weren’t Driven to Warfare and Cannibalism. They Actually Got Along,” LiveScience, August 13, 2018, https://www.livescience.com/amp/63321-easter-island-collapse-myth.html; David Bressan, “Climate, Overpopulation and Environment—The Rapa Nui Debate,” *Scientific American*, October 31, 2011。

13. 关于旧技术理念的复兴，请参阅 Ron Miller and Alex Wilhelm, "With Tech, What's Old Is New Again," TechCrunch, April 6, 2015, https://techcrunch.com/2015/04/06/with-tech-whats-old-is-new-again。
14. 关于尤金·奥尼尔的话引自 *Recklessness: It's a Great Game—The Pursuit of Happiness* (Amazon Digital Services, 2014)。